湖北发展研究报告

武汉大学湖北发展问题研究中心 组编
武汉大学发展研究院

武汉大学出版社

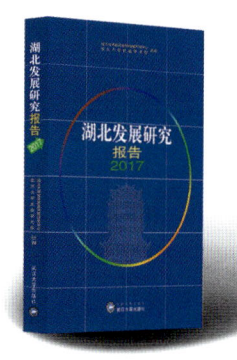

编辑委员会主任：	李 健

秘 书 长：	李 光

报告撰写人：
（以姓氏笔画为序）

马贵兵	毛宗福	牛婧红	王微微	王德莉
邓 瑞	邓 聪	冯刚顶	卢 春	乔纳纳
刘 晶	刘义胜	刘延平	刘远翔	朱丽霞
阮景星	余昶颖	吴麟章	张 琳	张欲晓
张鹏飞	李 光	李述武	李喜英	杜 群
杨雨佳	邹 蔚	邹小伟	邹进泰	邹艳皎
陈 俊	陈桂香	易晓波	林 洪	范欲晓
胡 然	胡甲刚	胡经纬	钟钦崟	徐 峰
徐干城	徐顽强	殷 潇	郭恺茗	郭艳萍
盛建新	黄 涛	彭骥飞	曾小丰	曾菊新
简文国	雍婷婷	潘 峰	颜慧超	

《湖北发展研究报告2017》由武汉大学湖北发展问题研究中心、武汉大学发展研究院组织研究和出版，是武汉大学自主科研项目（人文社会科学）研究成果，并获湖北省普通高校人文社会科学重点研究基地建设基金、"中央高校基本科研业务费专项资金"资助。

目 录

湖北加快实现科教大省向创新强省跨越的对策研究
　　湖北省科技厅·武汉大学发展研究院联合课题组 …………………… 1

湖北省深化创新驱动的体制机制改革研究
　　黄　涛　郭　恺著 ……………………………………………………… 28

湖北省参与长江经济带协同创新的对策研究
　　武汉大学发展研究院课题组 …………………………………………… 60

非均衡发展区域创新资源统筹与协调配置机制研究
　　盛建新　等 ……………………………………………………………… 91

科技创新引领和支撑湖北质量强省对策研究
　　武汉大学发展研究院课题组 …………………………………………… 114

湖北省精准创新驱动发展对策研究
　　潘　峰　等 ……………………………………………………………… 137

湖北省科技服务业聚集化发展研究
　　徐顽强　等 ……………………………………………………………… 167

加快武汉国家中心城市建设的重要举措研究
　　李　光 …………………………………………………………………… 184

湖北省"十三五"专利创造提档进位分析
　　湖北省知识产权局课题组 ……………………………………………… 203

湖北省国家级开发区土地利用效率及对策研究
　　邹　蔚 …………………………………………………………………… 217

湖北省高新区创新政策体系研究
　　胡　然　等 …………………………………………………………… 247
以完善基层用药供应保障机制推动"健康湖北"建设
　　武汉大学健康学院药物政策课题组 ………………………………… 265
武汉水生态保护法治建设：现状、问题与对策
　　杜　群　邓　瑞 ……………………………………………………… 280
武汉市产业、就业结构变化与城镇化发展的动态关系研究
　　邹艳皎　朱丽霞　曾菊新 …………………………………………… 291
以提高农村产权制度改革效率助力武汉国家中心城市建设
　　徐　峰　邹进泰　王微微 …………………………………………… 309
2016年湖北省国民经济和社会发展主要指标
　　易晓波　整理 ………………………………………………………… 317
后记 …………………………………………………………………………… 318

湖北加快实现科教大省向创新强省跨越的对策研究

湖北省科技厅·武汉大学发展研究院联合课题组

"十三五"时期是湖北省全面建成小康社会的决胜期、全面深化改革的攻坚期、加快发展的黄金机遇期。积极适应新常态、引领新常态，深入实施创新驱动发展战略，全面推进创新发展，充分整合创新资源、发挥创新优势、释放创新潜力，加快实现科教大省向创新强省跨越，到"十三五"末同步建成"国家创新型省份"和"创新湖北"，是湖北省落实习近平总书记"建成支点、走在前列"重要指示精神的关键途径。

一、湖北加快实现科教大省向创新强省跨越的新认识

"十三五"时期，全球新一轮科技革命和产业变革蓄势待发，我国经济发展进入速度变化、结构优化和动力转换的新常态，湖北省面临加快实现科教大省向创新强省跨越的新挑战，为此必须重新认识加快创新强省建设的环境和基础。

（一）湖北省创新驱动发展的新环境

创新驱动是国家命运所系、世界大势所趋和发展形势所迫，湖北省实施创新驱动发展战略处于新的社会环境。

1. 全球创新竞争日趋激烈

当今世界，新一轮科技革命和产业变革蓄势待发，科学技术从微观到宏观各个尺度向纵深演进，学科多点突破、交叉融合趋势日益明显，

尤其是信息网络、人工智能、生物技术、清洁能源、新材料、先进制造等领域呈现群体跃进态势，颠覆性技术不断涌现，催生新经济、新产业、新业态、新金融、新模式，对人类生产方式、生活方式乃至思维方式将产生前所未有的深刻影响。全球创新进入高度密集活跃期，人才、知识、技术、资本等创新资源全球流动的速度、范围和规模达到空前水平，创新活动的网络化、全球化特征更加突出，全球创新版图正在加速重构，创新多极化趋势日益明显。面对新变化新挑战，主要发达国家和新兴国家都在强化创新部署，如德国工业 4.0、美国的再工业化战略、欧盟地平线 2020 计划、韩国的创造经济行动计划等，全球创新竞争日益激烈。湖北省要加快创新强省建设，必须具备前瞻性视野，充分利用标志科技创新能力及优势，勇于探索最前沿的科学问题；必须具备全球性视野，积极主动参与全球创新网络，尽可能充分利用全球创新资源，掌握新一轮全球科技竞争的战略主动；必须具备集大成视野，借鉴先进国家和发达地区的创新经验，探索一条具有湖北省特色的创新发展之路。

2. 国家创新驱动战略顶层设计

党中央、国务院对创新驱动发展战略高屋建瓴的顶层设计，指引着湖北创新强省建设。一是不断深化强化创新发展理念内涵。党的十八大提出深入实施创新驱动，强调科技创新是提高社会生产力和综合国力的战略支撑，必须摆在国家发展全局的核心位置。十八届五中全会进一步提出"创新、协调、绿色、开放、共享"发展的理念，把创新发展作为引领发展的第一动力置于五大发展理念之首，要充分发挥科技创新在全面创新中的核心和引领作用。二是明确建设世界科技强国宏伟目标。2016 年颁布的《国家创新驱动发展战略纲要》，明确提出我国科技事业发展的目标：到 2020 年时使我国进入创新型国家行列，到 2030 年时使我国进入创新型国家前列，到新中国成立 100 年时使我国成为世界科技强国。三是全面部署推进科技体制改革。党的十八大以来，党中央、国务院出台了一系列重大改革举措，形成了系统、全面、可持续的改革部署和工作格局，竭尽全力打通科技创新与经济社会发展通道，最大限度地激发科技第一生产力、创新第一动力的巨大潜能。党中央、国务院对创新驱动发展战略高屋建瓴的顶层设计，引导着湖北省加快创新强省建设，为我国实现世界科技强国目标作出湖北的重要贡献。

3. 地方创新驱动发展竞相突破

我国众多省市在创新驱动发展举措方面的竞相突破，鞭策着湖北省加快创新强省建设。一是竞相提升区域创新发展战略目标。北京市早在"十二五"期间就提出建设"国家创新中心"、"全国科技创新中心"，2016年进一步提出要在2020年建成"具有国际影响力的科技创新中心"，引领支撑我国进入创新型国家行列。上海市要在2030年着力形成"具有全球影响力的科技创新中心"的核心功能，创新驱动发展走在全国前头、走到世界前列。二是竞相争取各类国家创新发展试验区、示范区。京津冀、上海、广东、安徽、四川、武汉、西安、沈阳是系统推进全面创新改革试验区。国家自主创新示范区也由2009年的北京中关村、武汉东湖这2个扩大至16个，仅湖北周边省份就有6个。三是竞相突破创新发展政策。近两年上海、北京率先在科研项目和经费管理政策改革方面实现重大突破，给予科研人员更大的资源支配权和技术决定权，力图真正做到让科研经费为人的创造性活动服务。2016年9月，上海市发布《关于进一步深化人才发展体制机制改革加快推进具有全球影响力的科技创新中心建设的实施意见》，旨在以更积极、更开放、更有效的政策集聚海内外人才。在2016年9月召开的北京市科技创新大会期间，北京市出台了《北京市进一步完善财政科研项目和经费管理的若干政策措施》，聚焦科研人员最关注、社会反响最热烈的科研项目和经费管理改革，提出了若干具有突破性的改革措施。成都市2016年6月正式发布的《促进国内外高校院所科技成果在蓉转移转化若干政策措施》，其突出特点是真正以全球视野谋划创新驱动发展，深入发掘国内外高校院所的科技创新潜能。这些省市采取的一系列重要举措，已经形成聚集科技创新资源的激烈竞争，客观上对湖北省产生"东西南北"的全方位挤压之势，尤其值得湖北省深切关注、认真对待和积极行动。

4. 区域创新驱动发展目标导向

"十三五"将是湖北省跨越式发展的黄金机遇期,产业转型升级的关键加速期,而创新则是湖北省能否迈上发展新台阶、进入发展新阶段的关键。湖北省遵循习总书记"建成支点、走在前列"的嘱托,提出了"率先、进位、升级、奠基"的总体目标,到"十三五"末,要在中部地区率先全面建成小康社会,在全国发展方阵中位次进一步前移,力争综合竞争力迈入"全国发展第一梯队",为实现第二个百年奋斗目标奠定坚实基础。具体目标包括:经济增速继续保持高于全国、中部领先,在结构优化、转型提质的基础上,全省生产总值和城乡居民人均可支配收入比2010年提前翻一番;在中部地区率先实现脱贫目标;迈入文化强省行列;在长江经济带率先形成节约能源资源和保护生态环境的产业结构、增长方式、消费模式等。为实现上述目标,湖北省必须把创新驱动发展作为湖北省的核心战略,放在"一元多层次"战略体系"置顶"的位置,切实依靠科技创新,牢牢把握并利用好新常态蕴含的新机遇,在科技创新上实现新的突破,在科技发展上有新的作为,充分发挥科技创新在创新强省建设中的引领和支撑作用,推动创新驱动发展走在全国前列。

(二) 湖北省科教资源禀赋的新盘点

湖北省是我国科教大省,最大的资源是科教资源和科技创新资源。"十二五"以来,湖北省科教资源进一步聚集,科技创新能力不断提高。根据科技部《中国区域科技进步评价报告2015》,湖北省2015年综合科技进步水平指数为62.84%,比2014年的59.20%提高了3.64%,位居全国第10位,在中部地区处于领先地位,但仍然低于全国平均综合科技进步水平指数66.49%。按照中国区域科技进步水平指数分类,湖北省在五个类别中处于第二类水平,即属于综合科技进步水平指数低于全国平均水平,但高于50%的地区。

1. 创新投入持续增长

湖北省财政科技投入逐年快速增长,引导带动全社会加大创新投入。从 2008 年到 2015 年，湖北省地方财政科技支出从 23 亿元增加到 157.36 亿元，占地方财政支出的比重从 1.4% 增加到 2.57%；全社会 R&D 经费支出从 149 亿元增加到 570.3 亿元，R&D 占 GDP 比重从 1.31% 增加到 1.93%。按照科技部《中国区域创新能力监测报告 2015》的数据，2014 年湖北省地方财政科技投入 134 亿元，位居中部地区第一。2014 年，湖北省企业研发费用加计扣除额超过 80 亿元，共有 1180 家高新技术企业享受税收减免优惠，减免所得税 36 亿元。湖北省科技金融全方位推进，省创业投资引导基金规模增至 6.88 亿元，设立创业投资、天使投资子基金 17 支，子基金总规模达 37.64 亿元；获国家引导基金参股支持基金 19 支，支持金额 8.5 亿元，位居全国前列和中部地区第一。武汉、襄阳、宜昌等 13 个市县（区）地方政府先后设立创投引导基金，全省各地的政府引导基金总规模已超 110 亿元，初步建成了较为完善的横向协同、纵向联动的科技投融资体系。

2. 创新人才资源富集

2015 年底，湖北省共有科技人员 38.84 万人；R&D 人员 21.81 万人，居全国第 7 位；在鄂两院院士 70 名，入选国家"973"计划首席科学家 79 人次，国家"千人计划"专家 273 名，居全国前 5 位。作为我国高等教育大省，2015 年湖北省普通高等教育本专科在校生 141.06 万人，在校研究生 11.99 万人，居全国前列；省会武汉高等院校密集，是世界上在校生和毕业生最多的城市。这些多层次的在校生和毕业生，不仅为湖北省创新创业提供了源源不断的人力资源，而且保障了湖北省科技创新专业人才的有效供给。通过多年实施国家及地方一系列人才聚集计划，湖北省引进海内外高层次创新人才方面也取得明显进展。

3. 创新平台量质并举

湖北省目前拥有 123 所高等院校，尤其是部属高校约占全国总量的 10%，超过中部地区其他五省之和；中科院武汉分院、武汉邮电科学研究院等大院大所云集。依托高校、院所和骨干企业，湖北省建设了一大批科技创新平台（基地），在鄂国家级科技创新平台数量居全国前列、中西部地区之首。武汉光电国家实验室是全国 6 个国家实验室之一，此外湖北省还建有国家重点实验室27个、国家部委重点实验室58个、国家工程（技术）研究中心19个、国家企业技术中心44家、国家级产业技术创新战略联盟8家、国家技术转移示范机构20家（位居中部地区第一）。湖北省从产业发展实际需要出发，依托行业领军企业和高校院所，建设了一批省级产业技术研究院、工程技术研究中心、校企共建研究中心等省级产业技术创新平台，成为区域经济发展的重要支撑。目前，湖北省共有省级产业技术研究院11家，省级重点实验室149家，省级工程技术研究中心384家，省级校企共建研发中心205家。

4. 区域创新体系健全

"十二五"期间，湖北省区域创新体系建设进一步健全和完善。继东湖新技术开发区获批建设国家自主创新示范区之后，湖北省的国家创新型试点省份、系统推进全面创新改革试验城市、国家创新型试点城市陆续获批并有序推进。近年来，武汉市被列为国家系统推进全面创新改革试验城市；武汉城市圈成为全国第一个科技金融改革创新试验区；武汉、襄阳、宜昌三市先后跻身国家创新型试点城市；国家还在鄂布局建设技术转移中部中心，批准建设东湖国家军民融合科技创新示范基地。不仅如此，湖北省产业科技创新载体建设迈上新台阶，截至2015年底已拥有国家高新区7个、国家农业科技园区8个、国家可持续发展实验区12个。湖北省对外科技合作交流不断拓展，高校及大院大所的国际学术交流进一步加强，省级以上国际科技合作基地已达到87家，呈现出积极融入全球创新网络态势。

5. 创新成果竞进提质

按照《中国区域创新能力监测报告2015》中的数据，2014年湖北省许多科技创新产出指标位居全国前列，SCI收录科技论文数中部地区第一，EI收录科技论文数中部地区第一，CPCI-S收录科技论文数中部地区第一，万人国际科技论文中部地区第一，万人国内科技论文中部地区第一。2008年以来，湖北省科技人员承担的国家自然科学基金和"973计划"项目数量一直保持在全国前列。2014年，湖北省登记重大科技成果1778项，稳定应用、转化1697项；获国家科技奖27项，连续5年获奖总数居全国第4位和中部地区第一。2015年，湖北省共登记科技成果1963项，同比增长10.4%。2015年，湖北省发明专利申请量居全国第11位，发明专利授权量居全国第9位，均比上年前进一位；2015年，湖北省技术合同成交额不仅在中部地区稳居第一，而且从2014年的全国第5位跃居第2位。

（三）湖北省科技创新优势的新审视

综合评价湖北省科技创新优势，既要有定性描述也要有数据定量分析。本研究参照科技部《中国区域创新能力监测报告2015》、中国科技发展战略研究小组和中国科学院大学中国创新创业管理研究中心《中国区域创新能力评价报告2015》、中国科学技术发展战略研究院《中国区域科技进步评价报告2015》进行综合评价。[①] 由于湖北省科技创新能力与沿海发达省份有明显差距，因而选择中部地区省份评价更具有可比性。

1. 湖北省科技创新综合优势面临挑战

依据《中国区域创新能力评价报告2015》，湖北省区域创新能力综合排名居全国12位，比前一年度倒退两个位次；湖北省不仅连续四年位居安徽（稳居全国第9位）之下，而且又被湖南省超越。也就是说，湖北省区域综合创新能力不仅在全国、甚至在中部地区已经没有明显优势可言。根据《中国区域科技进步评价报告2015》，湖北省综合科技进步水平指数名列全国第8位，比2014年前进一个位次，仍然稳居中部地区首位。这两套评价体系，指标不同，侧重点不同，结果会有差异，但近几年来对湖北省的综合评价结果都保持着自身一致性。按照《中国区域科技进步评价报告2015》，湖北省综合科技进步水平指数位居中部地区第一。就具体指标而言，"科技进步环境指数"位居全国13位，

---

① 《中国区域创新能力监测报告2015》的指标数据为2014年的统计数据。《中国区域科技进步评价报告2015》的基础指标来自于2014年的统计数据。《中国区域创新能力评价报告2015》的基础指标来自于2013年的统计数据。文中所涉其他同类年度报告，以此类推。

"科技活动投入指数"位居全国第9位,"科技活动产出指数"位居全国第10位,"高新技术产业化指数"位居全国第8位,"科技进步促进经济社会发展指数"位居全国第12位。相比之下,安徽省综合科技进步水平指数位居全国15位,但"科技进步环境指数"位居全国第10位(比前一年上升五位),"科技活动投入指数"位居全国第8位,"高新技术产业化指数"位居全国第12位(比前一年上升十位),表现出后来者居上的咄咄逼人之势。湖北省必须强化忧患意识,正视传统科技创新综合优势所面临的新挑战。

2. 湖北省知识创造能力优势趋于弱化

依据《中国区域科技进步评价报告2015》,湖北省"科技活动产出指标"位居全国第10位,曾多年稳居中部地区首位。依据近年的《中国区域创新能力报告》,自2014年起安徽省的知识创造能力指标就从2013年第19位跃居第11位,2015年进一步跃升到第8位;而这两年湖北省都维持在第15位,2013年甚至倒退了两位。事实上,从2015年的发明专利申请量和授权量来看,安徽省的优势比湖北省更为明显。2016年,国家知识产权局发布《2015年全国专利实力状况报告》,中部地区进入"专利综合实力"指数全国前10名的仅有湖南省,安徽省的"专利创造实力"指数在全国第5位,河南省的"专利运用实力"指数位居全国第7位,湖北省的"专利服务实力"指数、"专利管理实力"指数分别位居全国第8位和第9位。由此可见,湖北省多年引以为豪的知识创造优势已有所弱化。根据《中国区域科技进步评价报告2015》,湖北省科技活动产出优势主要集中在"万人科技论文数"和"国家级科技成果奖系数"两个指标,分别位居全国第7位和第3位;而重要的"万人发明专利拥有量"指标则位居全国第12位。

3. 湖北省技术市场优势有所强化

技术市场发展反映一个地区科技成果市场化水平,反映一个地区的技术输出和吸纳能力。湖北省在技术输出与吸纳能力方面的比较优势在两套评价指标体系中得到了一致反映。根据《中国区域科技进步评价报告 2015》，湖北省"万人输出技术成交额"居全国第 5 位，中部首位；"万人吸纳技术成交额"居全国第 13 位，在中部位居第二，低于山西的第 11 位；但比上一年的第 16 位前进了 3 个位次，而上一年湖北省"万人吸纳技术成交额"居中部首位。在《中国区域创新能力评价报告 2015》中，湖北省知识获取能力居全国第 11 位、中部首位，比上一年前进三位。实际上，湖北省技术合同成交额从 2014 年的 601.74 亿元跃进到 2015 年的 830.07 亿元，排名从全国第 5 位前进到第 2 位，仅次于北京。2015 年，武汉市输出技术 15096 项，成交额 440.93 亿元；吸纳技术 9515 项，成交额 361.96 亿元；在全国 10 个副省级城市中低于南京、西安，位居第 3 位。按照《中国区域创新能力监测报告 2015》的数据，2014 年湖北省企业引进技术经费支出 14.68 亿元，位居中部地区第一。湖北省已由"技术输出大省"转变为"技术输出和技术吸纳大省并重"的科教大省。这些数据表明湖北省技术输出与吸纳能力优势得力于历史积淀和地理区位特点，在新形势下更需要承前启后、强基固本、稳中求进。

4. 湖北省创新环境优势亟待改善

近年来，湖北省大刀阔斧进行科技体制及其相关改革，先后出台了 40 多项政策文件，不断完善科技体制改革总体设计，持续为科技创新清障搭台，使创新环境得到极大改善。但是，在各省市改革发展的竞争与博弈中，湖北省的创新环境优势面临新的挑战。在《中国区域创新能力评价报告 2015》中，湖北省区域创新能力五大指标，环境创新指标全国排名位置最好，居全国第 7 位，中部地区第一，领先于安徽的第 8 位；但在前两年都是安徽省第 8 位，湖北省屈居其后。依据《中国区域创新能力监测报告 2015》和《中国区域科技进步评价报告 2015》，湖北省"科技进步环境"指数全国排名由 2014 年的第 12 位，后退到 2015 年的第 13 位；安徽省则由第 15 位前进到第 10 位，可见安徽省在改善创新环境方面所下的工夫之大。事实上，在中部地区围绕科技创新的竞争性博弈中，安徽省已成为湖北省的一个强劲竞争对手。这些数据表明湖北省创新环境优势亟待进一步改善。

(四) 湖北省科技创新能力的新判断

从加快实现科教大省向创新强省跨越的迫切需要看，湖北省科技创新能力现状已不能完全满足和适应，必须进一步强化忧患意识，以前所未有的力度强化科技创新。

1. 湖北省企业创新能力成为短板

近年来，湖北省企业创新能力已经得到很大提高，但依然相对较弱。根据《中国区域创新能力评价报告2015》，湖北省企业创新综合指标排名居全国第13位，比前一年退后一位；而湖南排在第8位，安徽排在第9位；湖北省已经连续三年排在湖南、安徽之后。与中部地区湖南、安徽的企业相比，湖北省企业创新能力明显处在相对落后地位。《中国区域创新能力监测报告2015》提供的数据表明：2014年，安徽省企业专利申请数为40244件，企业发明专利申请数为15701件，企业发明专利拥有量21667件；湖南省这三项企业专利指标分别为17979件、7333和14415件；湖北省这三项企业专利指标分别为16839件、6471件和12444件，在中部地区位居第三。2014年，安徽省有R&D活动的企业数为2946个，有研发机构的企业数为2576个；湖南省这两项企业指标分别为2203个和1325个；河南省这两项企业指标分别为2126个和1267个；湖北省这两项企业指标分别为1960个和927个，在中部地区位居第三。2014年，湖南省企业技术改造经费支出266.68亿元；安徽省企业技术改造经费支出145.24亿元；河南省企业技术改造经费支出125.92亿元；山西省企业技术改造经费支出99.35亿元；湖北省企业技术改造经费支出97.91.68亿元，在中部地区位居第五。2014年，湖北省企业R&D经费支出占R&D经费支出比重位居中部地区六省之末。这些数据客观反映出湖北省企业技术创新能力已经成为短板。

2. 湖北省创新产出绩效明显偏低

与发达地区相比，湖北省科技促进经济发展的水平较低，科技优势向经济社会发展优势转化还存在障碍。2014—2015年，湖北省"高新技术产业化"指数均居全国第8位,位居中部地区之首;但是"科技促进经济社会发展"指数却分别落在第15位、第12位,落后于山西的第11位、第9位;高新技术产业对湖北省整体经济的贡献相对偏低。这表明湖北省的科教优势和创新优势,还并没有真正成为区域经济社会发展的重要助推器、倍增器和放大器。《中国区域创新能力评价报告2015》则表明湖北省创新绩效位居全国第13位,在中部地区也连续两年落后于河南省与湖南省。按照《中国区域创新能力监测报告2015》,2014年安徽省发明专利申请数为49960件,湖北省为22536件;安徽省"亿元R&D经费支出发明专利申请数"为126.93件,河南省为49.11件,湖北省为44.11件;安徽省"亿元R&D经费支出发明专利授权数"为13.17件,湖南省为11.31件,山西省为10.24件,湖北省仅为9.50件。2014年,河南省农业植物新品种授权数为375个,湖南省为220个,安徽省为127个,湖北省为111个。这些数据表明湖北省创新绩效明显偏低,创新投入产出不尽如人意。

3. 湖北省创新能力呈总体下行趋势

综上所述,湖北省综合创新能力在中部地区已无绝对优势,安徽省、湖南省等中部兄弟省份已经以"黑马"之姿改变了中部地区创新能力分布格局,结束了湖北省历史上的长期领先地位。不仅如此,湖北省创新能力与沿海发达地区的差距也在逐渐扩大之中。从历年的《中国区域创新能力评价报告》和《中国区域科技进步评价报告》(前身为《全国科技进步统计监测报告》)看,无论是从区域创新能力评价还是从区域科技进步评价,无论是综合指标还是具体指标,湖北省很少进入前5名(第一梯队),综合排名始终处在第二梯队、甚至第三梯队,在第10名前后、甚至更靠后位置徘徊,各项指数的具体效应值与排名最前面的几个省份的差距非常明显。在《中国区域创新能力评价报告2013》、《中国区域创新能力评价报告2014》、《中国区域创新能力评价报告2015》中,湖北省创新能力综合效应值分别为28.71、28.82和28.59;第1名都是江苏省,其创新能力综合效应值分别为57.58、58.86和58.01;湖北省分别仅为江苏省的49.86%、48.96%和

49.28%。《中国区域科技进步评价报告2015》也同时显示，2014年，湖北省综合科技进步水平指数为59.20%，第1名北京为83.12%；2015年，湖北省综合科技进步水平指数为62.84%，第1名上海为84.57%，湖北省不到上海数值的3/4。由此可见，湖北省创新能力与东部沿海发达地区相比差距明显，呈总体徘徊不前趋势。在我国各地创新发展的激烈竞争和博弈中，湖北省面临前所未有的挑战。对湖北省来说，深入实施创新驱动战略，加快实现科教大省向创新强省跨越，提升以科技创新为核心的综合创新能力已迫在眉睫、时不我待。

4. 湖北省创新能力明显不适应经济社会发展

在我国日趋激烈的科技创新竞争与博弈中，犹如"逆水行舟，不进则退"。一方面，湖北省创新能力可能被前方的"标兵"越甩越远，另一方面，湖北省创新能力可能被后面的"追兵"不断赶超。关键是如果创新能力不适应，将影响湖北省在整个国家创新体系中的重要地位，影响湖北省经济社会跨越式发展的时间安排，影响湖北省建设"中部地区崛起重要战略支点"的历史进程。从总体上看，尽管湖北省目前在全国的创新能力水平、科技进步水平与经济发展水平（GDP）基本对应，但已经明显表现出不适应经济社会发展的态势。客观而论，湖北省科技创新能力表现出以下特点：一是湖北省应用研究能力不如基础研究能力；二是湖北省专利产出能力不如论文产出能力；三是湖北省企业技术创新能力不如高校科研院所科技创新能力；四是湖北省民生科技创新能力不如标志科技创新能力；五是湖北省科技成果转化能力不如科技创新成果产出能力；六是湖北省市场配置创新资源能力不如政府强化创新治理能力；七是湖北省现代思想库（智库）建设能力不如人才库、科技库建设能力；八是湖北省科技创新促进经济社会发展能力不如科技成果在全国获奖能力……湖北省如果不采取积极有效措施强化科技创新优势，不仅不能适应创新强省建设的需要，而且多年保有的科技创新优势也会逐渐弱化乃至丧失，这绝不是空穴来风和危言耸听。从中部地区安徽省、湖南省加快科技创新能力提升的成功实践看，政府采取切实有效的行动举措，能够在短时间内实现科技创新竞进提质、弯道超车和换道超越。湖北省若采取一系列积极有效的重要举措，完全可以强化科技创新优势，系统推进全面创新，加快实现科教大省向创新强省的成功跨越。面对我国创新驱动发展浪潮以及各省市之间的激烈竞争与博弈，湖北省提升科技创新能力已刻不容缓。

二、湖北加快实现科教大省向创新强省跨越的制约因素

为充分发挥湖北省科教资源优势潜能，加快实现科教大省向创新强省的跨越，必须认真剖析制约创新发展的相关因素及主要问题。

（一）思想解放创新不够

湖北省地处内陆腹地，与沿海发达地区相比，对外开放程度不够，经济社会发展也相对落后，思想观念相对封闭保守。不仅如此，长期津津乐道自身的科教大省地位和科教资源优势，对周边省份乃至全国创新发展竞争格局变化失去敏感，甚至沉浸于自诩中部创新老大的自娱自乐之中。殊不知，科教资源优势并不是创新能力优势，科教大省并不意味着就是创新强省，昔日科技辉煌并不代表今日科技灿烂。事实上，安徽、湖南等中部地区省份在创新能力建设方面的行动，已经在不经意间悄悄走到湖北省前面，湖北省与发达地区的差距也越来越明显。值得警醒的是，我们一边讲弯道超车、换道超越，一边被竞争对手超车、超越，必须深刻反省我们的精神状态和行动效率。究其原因，由于传统体制机制的历史惯性和急功近利的社会时疫，湖北省多年来重科研论文轻发明专利、重科技奖励轻科技成果转化、重标志科技轻民生科技、重高校及科研院所知识创新轻企业技术创新、重政府支持轻技术创新市场导向等现象没有从根本上改变。这几"重"几"轻"折射出湖北省的创新思想和创新观念不能与时俱进，也制约了湖北省由科教大省向创新强省的跨越。

(二) 市场导向创新不够

湖北省技术创新市场导向意识不强,自然会具体影响技术创新市场导向机制的建设,影响市场在科技资源配置和技术创新中发挥决定性作用。科技体制机制改革的关键问题是处理好政府与市场的关系问题,建立健全以市场为导向的技术创新机制。政府作为技术创新制度与政策供给者、技术创新环境营造者和公共创新服务提供者,具有支持和引导技术创新发展的重要使命,必须强化高质量的创新服务供给。实际上,湖北省或多或少还存在政府过多干预企业技术创新活动的现象,许多企业的技术引进、技术改造带有浓重的政府行为色彩,政府有时甚至代替企业成为技术创新的投资和决策主体。不仅如此,政府与企业、科研机构和社会中介组织的关系尚待进一步理顺,在局部事项客观还存在政府替代市场而不是积极培育市场体系的现象。在创新服务方面,湖北省政府部门在一定程度上还停留在科技管理时代,过多地从事科技资金的具体分配和项目的日常管理,政府现有科技资源配置工具大多是供给导向的,在支持创新技术和产品的市场培育方面明显不足。

(三) 市场主体创新不够

技术创新市场导向意识不强、技术创新市场导向机制建设不够,归根结底是湖北省创新的市场主体培育不够。湖北省曾是传统制造业大省,特别是传统国有大中型企业比较多,国有企业改革改制任务比较重,企业创新发展相对乏力,或多或少影响了民营企业的蓬勃发展。改革开放以来,湖北省在新兴企业、特别是高新技术企业的培育和发展方面取得了长足发展,但与东部沿海发达省市相比,湖北省无论在企业数量、质量和规模上都存在很大的差距。一是企业规模明显偏小,尤其是缺乏一大批高速发展的"瞪羚"式科技中小企业。截至2015年,湖北省高新技术企业总数达到3300家,增加值突破5000亿元,但平均下来每个企业大约只有1.5亿元。在《2016湖北企业百强》榜单中,仅东风汽车(5204.5亿元)的营业收入就超过42家民营企业(4748.1亿元）的营业收入，由此可见，支撑湖北省产业经济发展的仍然是少数大型国有企业。二是知名龙头企业过少。拥有一批具有国际竞争力的知名龙头企业是一个国家或地区竞争力的重要体现。尽管湖北省在光电子信息等领域有烽火科技、长飞光纤、华工科技、凯迪电力等少数龙头企业，但与北京的联想、新浪、百度，广东的华为、中兴，浙江的阿里巴巴等业界领军企业相比，无论企业规模还是行业影响力，都不在同一个数量级上。受自身发展规模和实力的限制，湖北省企业普遍创新能力不强、自主创新意识不高甚至缺乏，重引进、轻研发，重加工、轻品牌，企业的技术创新主体地位得不到真正确立，企业的技术创新主体作用得不到有效发挥。

（四）政产学研协同创新不够

政产学研协同创新不够是制约湖北省加快科教大省向创新强省跨越的重要因素。由于企业实力不强、创新意愿不高，加上思想观念和传统体制机制的惯性，湖北省政产学研协同创新发展不够，且创新效率不尽如人意。一是政产学研协同创新动力不足。政产学研协同创新各主体分处于不同领域，有着各自不同的事业追求、价值观念和科研评价体系，各主体参与协同创新的动力和活力不足。二是政产学研合作组织形式不适应。湖北省政产学研合作仍然以产业政策供给、技术转让、单一项目合作、围绕某一领域的"点对点"合作居多，围绕产业链进行协同创新的重大项目比较少。三是利益分配不合理。没有形成真正的科技协同创新利益共同体，共同投入、成果共享、风险共担的机制建设不完全到位，责权不清导致的协同创新利益分配不尽合理。四是创新投入不够。湖北省高校及科研机构自身并不具备实现科技成果自我转化的资金实力，企业受自身实力限制面对技术创新高风险的压力往往望而却步，社会投资机制不健全导致政产学研协同创新资金不足。五是创新平台建设不足。尽管湖北省形成了比较完善的知识创新体系，高水平重点实验室等创新平台的数量也较多，但是创新平台的领域、数量、结构分布不能完全适应市场发展的需要，特别是依托企业建立的实验室占全省各类实验室的比重不大，面向中小企业的公共研发服务平台建设实效还不明显。六是公共科技资源共享不足。湖北省一方面企业研发投入不足，科研基础设施缺乏；另一方面仪器、设备等公共科技资源重复建设、多头管理，科技资源共享的制度、法规不健全，政策引导作用效果不明显，尚未真正形成科技资源的社会共享机制。

（五）创新人才队伍建设不够

在我国各省市聚集资源的竞争与博弈背景下，由于多年来发展不够、发展不快、发展不优的困扰，湖北省创新人才队伍建设难免受到一定的影响。一是人才流失现象较为严重。首先，本地高校毕业生在汉就业率相对比较低，湖北省会城市武汉作为中国人才培养的重要基地，为全国各地乃至世界上许多国家输送了大量人才，湖北省却没有因此而"近水楼台先得月"。其次，湖北省企业现有人才、特别是中青年优秀人才流失较为严重，且主要流向北京、东南部沿海发达省市以及周边地区。2016年以来，湖北省又面临着优秀高层次人才流失的新挑战。二是高端领军人才缺乏。尽管湖北省通过实施若干人才引进优惠政策，引进了一些海内外高级人才，但真正能够承担起湖北省创新强省建设重任的人才，尤其是具有世界水平的高端基础研究人才、高端产业研究开发人才、高端企业管理人才、高端创业人才和高端服务人才，仍然相当缺乏。湖北省优秀人才外流及高端人才聚集不足的主要原因，一方面在于湖北省经济、产业、企业和社会的整体发展相对发达地区滞后，对优秀人才及高端人才的吸引、接纳和承载能力有限；另一方面在于湖北省体制机制改革开放的力度不强、程度不够、高度不够，缺乏优越的创新环境和人才发展的激励机制。

（六）创新社会环境强度不够

近年来，湖北省在创新环境建设方面下了很大工夫，集中出台了一系列激励和保障政策，但仍然存在一些问题。从湖北省创新政策环境看，一是政策时效性不足。湖北省一些创新政策刚出台时，在中部地区乃至全国引起了热烈反响，但很快就被其他省市仿效和超越，在创新资源的激烈竞争中反而很快减效失效。二是政策保障性不够，监督执行力度不强。许多创新政策未上升到立法层面，缺乏立法保障，造成创新政策执行力不强、落地实施很难。三是综合引导类政策较多，专项政策较少。专项类政策的缺乏会导致创新政策落实扶持配套能力的减弱，造成创新政策体系运行不畅。四是创新政策出台较多，实施细则较少。创新政策缺少配套实施细则，在后期操作层面不能对创新政策法规做出更为详细、具体的解释和补充。五是管理办法较多，具体实施办法较少。在管理办法中多为项目资金类、人才类管理办法，实施办法偏绩效考评、奖励、产品鉴定等量化指标较为明显的办法，其他偏管理层面创新政策法规并无配套实施办法，缺乏具体操作性。从湖北省创新的区域环境看，一方面，湖北省是不与沿海沿边省市接壤的省份，不仅无法直接享受国家相关沿海沿边区域发展战略红利，反而会受这些沿海沿边区域发展战略影响，在创新资源的激烈竞争和区域创新合作中处于劣势，也直接影响了湖北省在中部地区崛起、长江经济带、长江中游城市群等区域发展合作战略中的地位和作用。另一方面，湖北省的国家层面区域发展战略及示范区，往往集中、叠加在首位度很高的武汉市乃至东湖国家自主创新示范区，但对武汉城市圈、湖北省其他市州的辐射带动作用不明显，其他市州反而因为"虹吸效应"流失大量创新资源和机会。显而易见，武汉城市圈不论是发展速度还是发展质量，与周边的长株潭城市群、中原城市群、合芜蚌城市群等区域有一定差距，其对湖北省经济社会发展的辐射带动作用未能充分释放。国家赋予武汉作为长江经济带超大城市和国家中心城市的战略使命，有可能进一步强化武汉在湖北省的首位度。

（七）全球创新网络参与不够

在经济全球化向纵深发展的背景下，任何国家及地区都不可能游离在全球创新网络之外。从总体上看，湖北省国际化发展相对滞后，客观上影响全球创新网络的参与数量和质量。一是国际影响力有限。相对于沿边沿海省市,湖北省的国际影响力和知名度十分有限,国际形象塑造和品牌营造存在先天不足。首先,深处内陆的区位限制在客观上导致湖北省对外交流不够,开放程度相对较低,积极参与国际创新交流和合作意识不强;其次,没有充分利用现代科技手段和武汉交通枢纽优势,努力创造国际创新交流和合作的便利条件;再次,故步自封的区域观念和地方文化不能与时俱进,相应的配套生活设施和社会环境对国际优秀人才缺乏足够的吸引力。二是国际竞争力不强。湖北省产品销售收入主要来自国内,参与国际分工的能力还非常有限。这具体表现为整体的国际竞争力较弱、缺乏参与国际竞争的国际化大企业、相当一部分企业的研发处于非核心技术环节、产品的国际竞争力不强、缺少国际知名品牌等。三是国际化人才不多。目前,湖北省归国人员占从业总人数的比例较低,具有国际化视野的优秀创新人才、产业领军人才、高端技术人才和经营管理人才稀缺明显不足。四是国际化治理水平不高。湖北省尤其是武汉要加快国际化进程,需要尽快形成与之相匹配的国际化治理和服务能力。目前,尽管湖北省已经采取了一系列特殊政策和举措,但体制机制等软环境建设仍不够完善,吸引并留住天下英才的政策创新仍显不足,还不能提供具备国际水准的高舒适度生活条件和社会服务,这都将在很大程度上制约创新强省的国际化水平提升。

三、湖北加快实现科教大省向创新强省跨越的对策措施

实现从科教大省向创新强省的跨越,湖北省必须贯彻落实创新驱动发展战略,切实推进以科技创新为核心和引领的全面创新,深入实施创新型省份建设推进计划和科技创新"十三五"规划,进一步聚集创新资源,完善创新体系,激发创新活力,优化创新生态,提升创新能力,培育和厚植创新优势。

(一)系统推进全面创新改革试验

按照国家创新驱动发展战略、建设创新型国家总体部署,湖北省要

完善创新强省建设顶层设计，坚定不移地深入开展全方位、全要素、全系统的全面创新改革试验，大力推进系统性、整体性、协同性先行先试改革，努力破解创新驱动发展的瓶颈制约，构建推进全面创新改革的长效机制，探索和积累有效果、可复制、可推广的创新改革举措和重大政策，推动发展由主要依靠要素投入向更多依靠科技进步和人力资源素质提升转变，加快把湖北建设成为促进中部地区崛起的重要战略支点，为创新强省建设提供重要支撑，为创新型国家建设做出重要贡献。

（1）完善创新强省建设顶层设计，强化科技创新在全面创新中的核心地位和引领作用。深入贯彻落实《国家创新驱动发展战略纲要》和《湖北省创新型省份建设推进计划（2016—2020）》，进一步完善创新强省建设的顶层设计及行动方案，充分利用湖北省的科技创新资源禀赋，强化科技创新在全面创新中的核心地位和引领作用。积极参与、应对我国区域创新发展的竞争和博弈，建议在创新强省建设中采取"强基固本、扬长补短、软硬兼施、集成创新"策略。"强基"是要进一步强化湖北省标志科技优势，"固本"是要进一步固化湖北省科技创新传统优势；"扬长"是要进一步发扬在鄂央校及科研院所科技创新能力强的优势，"补短"是要进一步补湖北省企业技术创新能力弱的短板；"软硬兼施"是要进一步形成湖北省软科学和硬科学相互支撑的优化结构，充分发挥湖北省软科学、人文社会科学对创新强省建设的重要作用；"集成创新"是要进一步明确湖北省创新强省建设的方法论和创新驱动发展的有效路径，集国内外创新发展之大成，科技库、人才库、思想库建设并举，力争取得事半功倍的创新效率和创新效果。

（2）加快政府职能从科技管理向创新服务转变，完善创新驱动发展的政务环境。加快制定湖北省各级政府权力清单、责任清单和负面清单，最大限度地简化、废除制约创新的政策措施。发挥市场在创新资源配置中的决定性作用，进一步强化政府的重要创新服务职能。建立健全全省推进全面创新改革的组织领导机构，加强创新政策与相关政策的顶层设计、统筹协调和有效衔接，完善创新决策机制，优化创新治理与服务体系。改革政府绩效考核体系，探索建立以科技创新为引领的全面创新评价指标，强化干部任用与考核的创新绩效导向。

（3）探索促进科技与经济深度融合的有效机制，将科技创新优势转化为经济发展优势。以洪荒之力拓展科技创新与经济发展之间的通道，增强科技创新对湖北省经济发展的持续支撑力。加快推进湖北省内重大科研基础设施和大型科研仪器向高校、科研院所、企业、社会研发组织等社会用户开放，实现创新资源共享。深化湖北省科研院所改革，将从事技术研发、生产经营服务的事业单位转制为公共服务机构，大力发展工研院等社会化新型研发和服务机构。加强基础研究、应用研究的协调发展，加速促进科技成果的资本化、产业化，建立健全科技成果转化的有效机制、便捷通道和支持体系。实施"科技精准扶贫工程"，建立科技精准扶贫新模式，积极开展科技服务、技术推广和科技产业示范，深入推行科技特派员制度，大力推动湖北省贫困地区特色经济和特色产业发展。

（4）加快创新文化建设，努力使创新在全社会蔚然成风。发掘和弘扬荆楚文化"筚路蓝缕、一鸣惊人"的创新特质与传统，切实推进思想观念创新，大力倡导敢为人先、乐于创造、勇于进取、宽容失败的创新文化，大力营造创业致富、"产业第一、企业家老大"的创业文化，大力培育企业家精神和创客文化，大力培育重商、亲商、悦商和"信用至上"的新商业文化，大力弘扬合作共赢、不求所有、但求所用的新开放文化。通过创新文化建设，使创新真正成为全省意志和社会共同行动。建议湖北省人大常委会尽快研究、制定、出台关于鼓励创新、宽容失败的若干意见。

（二）加快构建产业技术创新体系

推进实施"产业创新工程"，加快构建具有地方特色、产学研有效协同的产业技术创新体系，是实现湖北从科教大省向创新强省跨越的关键环节，是科技创新潜力向现实生产力、产业发展驱动力转化的必经之路。

（1）加快构建以企业为主体的产业技术创新平台体系，强化企业技术创新的主体地位。进一步促进湖北省企业成为技术创新决策、研发投入、科研组织和成果转化的主体,加速创新要素向企业集聚,激发企业技术创新的内生动力。加快建设以企业技术中心、创新基地为代表的应用性产业技术创新平台,鼓励以企业为主体组建开放度高、"互联网+"、跨界研发的新型研发组织。持续实施"领军企业推进计划"和"科技型中小企业成长路线图"计划,形成一批具有市场竞争力与领导力的创新产品、创新品牌和特色优势产业集群。

(2) 加快构建以政产学研合作为重点的协同创新支撑体系,强化创新链和产业链有机衔接。进一步探索湖北省政产学研合作新模式,促进政府、高校、科研院所与骨干企业密切合作,构建创新利益共同体,共同打造服务产业及其重要细分领域的协同创新平台,加强优势产业领域关键共性技术联合攻关。构建知识集群与产业集群协同发展的运行机制,加快行业性科研机构、产业技术创新战略联盟建设,形成有效协同的产业技术创新网络。加快工业化和信息化深度融合,推进各领域新兴技术跨界创新,改造提升传统支柱产业,加快推进湖北省产业转型升级。

(3) 加快构建以市场为基础的产业技术创新服务体系,优化产业技术创新环境。进一步构建湖北省面向科技型中小微企业的社会化、专业化、网络化技术创新服务平台,健全产业技术创新公共服务体系,推进科技创新资源开放共享,营造有利于产业技术创新的财政、税收、金融等环境。构筑以企业主导、政府参与、社会资本相结合、多元化的产业技术创新投入支撑体系,建立产业技术创新的协同化领导推进机制,强化产业技术创新的统筹协同、组织领导、政策制定以及监督评估。

(三) 全面提升各类主体创新能力

在创新强省建设中,湖北省要明确各类创新主体在创新链不同环节的功能定位,尽快补齐制约创新释放的短板,培育和壮大创新主体,激发创新主体活力,全面提升各类创新主体的创新能力。

(1) 深化高校和科研机构综合改革,全面提升知识创新主体能力。

进一步发挥在鄂央校"关键少数"的重要支撑体作用,大力推进世界一流大学和一流学科建设,切实推进湖北省高校有特色、分层次、分类型地发展。深化高校综合改革,建设一批优势学科集群和高水平科技创新基地,建立与湖北省现代产业体系相适应、与人才市场需求紧密对接的学科专业体系,全面增强原始创新能力和服务经济社会发展能力。推进现代科研院所制度建设,支持高校、科研院所与骨干企业联合组建技术研发平台和产业技术创新战略联盟。不断强化应用导向的源头创新能力,真正实现湖北省标志科技优势向民生科技优势的加快转化。

(2)加强企业研发平台建设,全面提升技术创新主体能力。进一步鼓励和支持湖北省企业加大研发投入,优先将国家和省级重点实验室、工程实验室、工程(技术)研究中心等在行业骨干企业布局。积极推动企业牵头或参与国家、省部级科技重大专项、重点研发计划和各类科技创新计划,实施高新技术企业倍增计划,培育一批核心技术能力突出、集成创新能力强、引领产业发展的创新型企业。引导企业研发机构集群发展,加强企业技术创新与商业模式创新融合互动。

(3)推进政府治理体系和治理能力现代化,全面提升制度创新主体能力。进一步加强湖北省法治政府和服务型政府建设,创新政府管理方式,探索"小政府、大社会"、"小机构、大服务"管理体制改革试点,努力构建能够提供优质创新服务的政府治理体系。积极探索和加快推广促进创新的先行先试政策及成功经验,加快全面改革创新的地方立法,加快推进公私合作(PPP)创新模式及行动计划。进一步加大湖北省财政科技投入力度,优化财政科技资金配置,最大限度发挥财政科技资金的使用效益。建立政府统筹,科技、财税、金融等多部门共同参与的科技投融资工作机制,不断优化环境和畅通渠道,引导社会资本成为科技投融资体系的重要组成部分。

(4)加快科技中介机构建设,全面提升服务创新主体能力。实施"创新产业服务工程",进一步完善湖北省科技成果转化服务体系,大力发展市场化的科技成果转化中介服务机构。加快科技企业孵化器、加速器、众创空间等创新创业服务机构建设,大力推广创业咖啡、创客空间、创新工厂等新型孵化模式,推进建立线上与线下相结合、孵化与投资相结合、大企业带动创业企业的创新创业服务体系。加快完善科技金融服务体系,壮大省创业投资引导基金规模,鼓励各市州设立创投引导基金,积极开展股权众筹融资试点。

(四) 部署实施重大科技项目工程

推进实施"重大科技项目工程",通过创新资源集成和协同攻关,实现关键共性技术重大突破、重大战略产品开发和重大工程建设,是湖北省追踪科技前沿、掌握核心技术、提升自主创新能力、推动产业转型升级的重要举措。

(1) 积极承担国家重大科技专项任务。湖北省要以《国家创新驱动发展战略纲要》为统领,主动服务国家重大创新战略,紧紧抓住国家重大科技专项实施的战略机遇,提前谋划,精准布局,尽力而为。通过有效配置创新资源,积极组织在相关领域有专业技术优势、自主知识产权、产业领导力的高校及科研院所、龙头企业,协同申报、主持或参与国家重大科技专项,抢占科技创新链和产业价值链的中高端,保持标志科技在全国的传统优势地位,持续带动湖北省相关产业创新发展。

(2) 部署实施省级科技重大专项。紧密结合湖北省经济社会和科技发展需求,加快提升重大原始创新和关键核心技术攻关能力,协同推进原始创新、集成创新和引进消化吸收再创新。加强战略高技术和未来产业前瞻部署,集中支持事关发展全局的基础研究和共性关键技术研究,围绕地球空间信息、信息光电子、新能源汽车、智能制造装备、船舶及海洋工程装备、高性能钢铁材料、粮食、畜禽、淡水水产、生物制药、"互联网+"大健康、环境保护、资源综合利用等重点产业链实施一批科技重大专项,集中资源、持续投入,在新兴产业和交叉领域突破技术瓶颈,推动科技成果产业化,孵化一批创新型企业以及具有重大先导带动作用的战略性产业,打造一批新兴产业基地、产业集群,为湖北省经济社会可持续发展注入新能量和新动力。

(五) 激发人才创新创造创业活力

创新归根结底是人才创新,创新驱动归根到底是人才驱动。人才是湖北省科技创新的第一资源,建设创新强省需要最大限度地激发各类人才的创新创造创业活力,充分释放其推动创新发展的巨大潜能。

(1) 鼓励各类人才创新创业。大力实施"科技企业创业与培育工程",进一步推动湖北省科技成果使用、处置和收益改革,激发教师、科技人员离岗或者在岗创新创业的积极性。高校广泛开设创新创业类课程,允许在校大学生休学创业,深入推进大学生科技创业专项、大学生创业引领计划等计划,鼓励和支持大学生创新创业。加强留学人员创业基地建设,加大对高层次留学回国人才创新创业的资助力度,吸引海外留学回国人才特别是领军人才、高端人才来鄂创业发展。鼓励农民工返乡创业,建设一批农业创业创新示范基地和实践基地,大力发展"互联网+农业",支持农民网上创业。

(2) 降低各类创新创业门槛。进一步落实"先照后证"、"三证合一、一照一码"改革,加快推进湖北省工商登记注册全程电子化,放宽企业名称登记限制、住所登记条件、经营范围限制等。加强创新创业的财税政策支持,全面落实企业创新创业税收减免政策、创业带动就业税收优惠政策、科技成果转化税收优惠政策和创业投资企业税收优惠政策。引导各类创业投资基金重点支持初创期科技型企业发展,采取前资助、后补助,"创新券"、"投资券"、"知识产权服务券"等多种方式,对创新创业企业和符合条件的创新创业服务机构给予重点支持。

(3) 完善人才流动激励措施。进一步用好利益分配杠杆,让创新人才有获得感,实施更加积极开放的创新人才引进政策,改进科研人员薪酬和岗位管理制度,打破创新人才自由流动的体制机制障碍,促进科研院所、高等学校人才与企业科技人才的双向流动。完善知识产权归属和利益分享机制,完善职务发明法定收益分配制度、股权激励制度等,实现人尽其才、才尽其用、用有所成。

(4) 优化创新创业投融资环境。实施"科技金融创新工程",建立健全湖北省科技创业投融资服务体系，为科技型中小企业提供投贷联动、融资担保、知识产权质押、股权质押等金融服务。以武汉城市圈获批成为全国首个科技金融改革创新试验区为契机，完善城市圈金融组织体系和市场体系，优化科技金融生态环境。加快武汉区域金融中心建设，推进多层次资本市场建设，鼓励发展各类股权众筹平台，支持科技型中小企业到新三板和区域性股权交易市场进行展示挂牌和融资。积极打造湖北科技金融创新创业服务平台，加强科技创新、市场需求和社会资本有效对接。

（六）打造区域创新示范引领高地

湖北省要深入实施"创新基地建设工程"，坚持需求导向和产业化方向，沿着产业链，布局创新链，完善人才链，延伸资金链，配套政策链，加快培育经济新增长点和发展新动力，形成区域创新发展示范引领高地，不断增强创新发展的辐射带动功能。

（1）打造产业技术创新示范引领高地。加快构建湖北省战略性新兴产业创新体系，以信息技术、生命健康和智能制造等优势产业为重点，着力构建完善以企业为主体、"五链统筹"的产业创新体系，努力培育形成一批具有国际影响力、拥有知识产权的创新型企业和产业集群。在信息技术产业方面，打造光电子国家制造业创新中心，建设具有国际影响力的新一代信息技术产业创新基地；在生物技术产业方面，建设国内一流的生命健康产业创新基地；在智能装备产业方面，建设国内重要的智能制造产业创新基地。加快构建促进传统产业转型升级的创新体系，重点围绕汽车、船舶与海洋工程、轨道交通、家用电器等特色优势产业，努力构建产品智能化创新支撑体系。

（2）打造科技成果转化示范引领高地。实施"湖北省科技成果大转化工程"，构建市场导向的成果转化和技术转移机制，提高参与研发科技人员及团队分配转化收益的比例。引导有条件的高校和科研院所建立健全专业化科技成果转移转化机构，加强市场化运营能力，建设一批运营机制灵活、专业人才集聚、服务能力突出、具有国际影响力的国家技术转移机构。加快推进华中网上技术转移服务平台、知识产权投融资综合服务平台、科技金融创新创业服务平台、华中技术经纪培育中心、华中科技条件共享服务平台以及技术转移综合服务市场六大平台建设，将湖北省国家技术转移中部中心打造成为国家级技术转移机制完善和模式创新示范区。

（3）打造创新人才培育示范引领高地。推进湖北省创新型人才结构战略性调整，突出"高精尖缺"导向，建立产学研联合培养机制，加强高层次创新型科技人才、高技能人才队伍建设。实施重大人才工程，大力培养和引进高层次创新型人才，探索建立"人才+项目+平台"的人才培养开发体系。实施企业家培育计划，加强科技型企业经营管理人才的培养。推广创新人才联合培养共用、产学研合作培养、"订单式"人才培养模式，造就一大批技艺精湛的高技能人才和实用人才。

（七）深度参与融入全球创新网络

湖北省要加快建立深度融合的开放创新机制，探索更加开放的创新政策、更加灵活的合作模式，构建更加有效的国际交流与合作公共平台，充分整合和利用全球创新资源，主动融入全球创新发展网络。

（1）加强区域与国际科技合作。加快湖北省区域开放创新合作，推动长江中游城市群区域创新一体化建设，加强武汉城市圈与环长株潭城市群、环鄱阳湖城市群创新发展的交流合作，深化武汉、长沙、南昌等中心城市科技创新互动合作。推进跨区域创新合作示范区建设，积极融入长江经济带和"一带一路"建设。拓展与发达国家的全方位科技合作，加强前沿科学及产业关键技术的联合研发，构建技术转移协作网络。促进人才、资金、技术、信息等创新要素的多元集聚与高端引领，推动建立项目、平台、区域等多层次的科技对外开放合作体系，加快将武汉建设成为全球创新节点城市。湖北省尤其是武汉市的科技政策供给，在适用对象上不仅要面向省内国内，而且应该面向全世界。

（2）推进实施人才全球战略。积极适应我国全球配置人才资源的新形势，不断拓宽湖北省人才资源聚集渠道，努力提高人才队伍的高素质、流动性和多样化。统筹国家及地方各类人才支持计划，实施"创新人才集聚工程"，构建更有针对性、更具吸引力的海内外人才引进制度体系。建立完善湖北省长江经济带产业基金、武汉市战略性新兴产业引导基金及各地市州产业发展基金与人才计划的衔接机制，实现人才链与资金链的有效对接。推进设立人才创新创业投资基金，重点支持海内外高端人才的创新创业活动。在武汉等创新型试点城市实施外籍高端人才"绿卡"制度，试点实施海外技术移民、毕业留学生工作签证等政策，积极将武汉打造成为国际人才自由港，探索建设海外人才离岸创业基地。建设一批国际社区、国际医院、国际学校、国际体育文化和休闲娱乐设施，不断优化引进人才的宜居宜业环境。

（3）支持企业参与全球创新网络。鼓励湖北省企业建立海外研发中心，按照国际规则并购、合资、参股国外创新型企业和研发机构，不断提升企业参与国际技术交流合作的水平和整合利用全球研发创新资源的能力。鼓励外商投资战略性新兴产业、高新技术产业、现代服务业，支持跨国公司在湖北省设立研发中心，支持外资独立研发中心参与承担政府科技计划。鼓励湖北省各级各类高新区、经济开发区创新国际科技合作模式，与相关国家和地区共建合作园、互设分基地、联合成立创业投资基金等，利用全球优势资源孵化创新企业。

（本研究报告为 2016 年中共湖北省委决策支持工作重大课题成果）

课题负责人： 吴麟章　湖北省科技厅副厅长
　　　　　　　李　光　武汉大学发展研究院院长、教授、博士生导师
课题组成员： 易晓波　胡甲刚　陈　俊

湖北省深化创新驱动的体制机制改革研究

黄 涛 郭恺茗

　　湖北省面临全面建成小康社会的决胜期、全面深化改革的攻坚期、加快发展的黄金机遇期。面对新的形势，科技创新必须发挥引领作用，为湖北省"建成支点、走在前列"提供重要支撑。湖北省委十届七次全体会议提出，要以理念创新为先导、科技创新为核心、产业创新为基础、体制机制创新为保障，着力建设创新型经济蓬勃发展、创新人才加速集聚、创新载体功能完善、创新体制架构健全、创新活力竞相迸发的创新强省。这是湖北省委落实党的十八届五中全会关于创新发展理念的重要部署。在实现创新驱动战略中，湖北省存在着观念不新、体制不顺、机制不活、资金不足、动力不够、能力不强、氛围不浓等问题。创新供给与创新需求对接不畅，科技与经济脱节的现象仍然存在，科技资源配置仍然不能很好地适应市场经济的要求，创新活动常常与地方经济发展的要求错位，这已成为制约湖北省经济发展和竞争力提高的主要因素之一。本报告将分析制约湖北省创新驱动的体制机制深层原因，研究深化湖北创新驱动体制机制改革的指导思想、基本原则、重点领域及主要对策措施。

一、湖北省创新现状以及创新驱动体制机制存在的问题

　　湖北省科教资源丰富，创新要素集聚，最大的资源是创新资源，最大的优势是创新优势，最大的潜力是创新潜力，当前湖北省科技创新存在一些薄弱环节，主要表现在科技创新持续投入不足，战略性、前瞻性

创新成果缺乏，科技成果省内转化不够，企业创新活力不足、能力不强，科技创新体系亟待加强等方面。

（一）湖北省实现创新驱动的必要性

"十二五"期间，湖北省经济总量从 19632.26 亿元增加到 29550.19 亿元，平均增速 10.76%，经济总量增长势头强劲，高于全国经济总量增长的平均速度。但近几年湖北省经济增长速度明显下滑，由 2011 年的 13.8% 下降至 2015 年的 8.9%，在此基础上，经济发展的支柱产业依然是传统的工业制造业，传统的第二产业所占当年 GDP 比重分别是 2012 年 50.3%、2013 年 49.3%、2014 年 46.9%、2015 年 45.7%，产业急需优化调整。湖北需要借助创新驱动，实施质量品牌提升行动，保护、优化、升级高品质产品，形成一批在全国乃至国际有较强影响力的企业品牌和产品品牌，实现湖北制造、湖北产品向湖北品牌的转变。

实现创新驱动是"十三五"期间实现在全国发展方阵中总量进位、质量升级的需要。这包含两个方面的内容：一是"量"的方面要进位，二是"质"的方面要升级，"十二五"时期湖北省发展质量、效益和整体竞争力要争取进入"第一梯队"，实现发展质量、效益的跨越。从"量"上来看，"十二五"以来，湖北省经济弯道超越态势日益凸显。从 2011 年到 2014 年，全省 GDP 年均增长 11.2%，高于全国平均水平 3.2 个百分点，经济总量先后超过两个省市，跃居全国第 9 位。在全国经济增速普遍放缓的大背景下，湖北省经济增长速度逐季攀升，GDP 总量达 3 万亿元，取得总量第 8、增速第 7 的好成绩，持续保持"高于全国、中部靠前"的良好势头。2016 年全省生产总值 32297.91 亿元，由 2012 年全国第 11 位上升到第 7 位，实现 5 年前进 4 位的重大突破，重回新中国成立以来最高排位。但同时也应清醒地认识到，发展不够仍然是当前湖北最大的实际。从"质"上来说，"十三五"时期湖北省必须向"第一梯队"跨越。"第一方阵"是从量上讲的，"第一梯队"是从质上、综合竞争力上讲的。湖北省虽然跻身"第一方阵"，但从综合实力和整体竞争力上讲，与处于"第一梯队"的沿海省份相比，还有相当大的差距。不仅要确保在"第一方阵"的位次进一步前移，而且在发展质效、综合竞争力上要追赶沿海发达省份，力争在"十三五"期间跻身"第一梯队"。

（二）湖北省创新驱动体制机制存在的问题

自实施创新驱动发展战略以来，湖北省在建设创新型省份工作中取得了瞩目的成绩，人才培养和引进、企业扶持、技术研发和转化、产学研结合等各方面都走在发展的前列，但是依然存在不足之处，创新体制机制依然亟须完善，制度环境和政策法规方面更需要优化。

1. 重知识生产轻成果转化

尽管湖北省的科教指标在全国均居于领先位置，但只是区域创新的潜在条件。这是因为高校毕业生不一定留在本地，科技成果不一定能成功转为商业化应用，专利可能被束之高阁无法发挥经济效能，高科技企业可能只是从事简单的加工、装配环节。长期以来，创新资源在经济发展中的支撑作用没有得到充分发挥，科教优势并未完全转化成现实的生产力。拥有资源不等于利用资源，利用资源不见得必须拥有资源，对科技资源要有清醒的认识。不宜一概而论优势突出，而应具体分析，可以说是喜中有忧，喜忧参半。科研基地众多，但支撑区域经济发展的技术创新体系尚不健全；科研成果突出，但支撑地方经济发展的贡献率不高。

2. 重知识创新主体轻技术创新主体

科研院所与企业都是创新主体，但企业是技术创新的主体，大学与研究机构是知识创新主体，其优势在于科技创新人才和科研成果，不一定有资本优势和经营管理优势。湖北省存在着科教机构人才密集与企业创新人才缺乏的结构性问题。科技人员总量优势突出，但总体分布明显失衡，高层次科技人才大部分集中在大专院校和中央在鄂科研单位，企业创新人才缺乏。全省六成以上的专业技术人员在教育战线；两成多专业技术人员在卫生战线，只有11%是工程技术人员，企业创新人才较为缺乏。虽有众多的重点实验室、国家工程技术研究中心,但尚未和地方企业实现有效对接。因此,可以说湖北省的科技实力强大,而科技转化能力弱化。

科研院所和大学要在科学创新中扮演主角,但在技术创新中则应甘当配角,企业是技术创新决策、研发投入、研发组织和成果应用的主体。企业作为市场主体,直接参与市场竞争,对产业和产品的技术创新最为敏感。企业主导技术研发和创新,才能加快技术创新成果转化应用,有效整合产学研力量,真正解决科技与经济"两张皮"问题。"以企业为主体"的企业,过去更多地强调了国有企业,而忽视了民营企业;更多地强调了大企业,而忽视了中小企业。从科技创新的历史来看,民营企业、中小企业是科技创新的重要主体。

湖北省企业技术创新发展活力尚需进一步释放,企业技术创新质量仍需进一步提高。一方面,得益于湖北科教优势,湖北省知识创造的存量水平已经跻身于国内区域创新第一方阵;另一方面,国内企业发明专利授权量排名前10位的企业、科研单位、高校则鲜有湖北机构上榜,自主创新在工业经济增长中的主导地位尚未形成。一方面,湖北省具有国家光电子通信产业的研发基地和产业优势;另一方面,信息产业在经济结构和经济总体规模的比重还不高①。

3. 重学术思维轻市场思维

科研领域主导的专家基本上来自学术机构,往往以论文论英雄,科技人员以研究和发表论文为导向,而非以市场和申请专利为导向,科研立项的主导思维很大程度上还是"学术思维"、"专家思维",而缺少"市场思维"。科研人员的研究选题来自论文,产出是论文,评价依据也是论文的"论文导向"得到学界广泛认可。一些应用类研究的项目是在没有"用户"的情况下开展的。如果各行各业特别是实践性较强的医疗、工程等应用性领域都强调论文至上,仅仅实现学术圈的"完

---

① 高建平,等. 湖北省创新驱动发展路径研究[J]. 科技管理研究, 2016 (7): 93-98.

成课题—验收合格—获得奖励—束之高阁"的内部封闭循环,这种模式有利于科研人员较顺利地晋升职称,但不利于提升湖北省竞争力。

现有科技评价体系对于科技人员承接国家或省部级下达的项目给予了充分肯定,而对于从企业获得的委托科研项目往往不予认同。国家重点学科和重点实验室评估均把承接国家计划下达的纵向课题类别和数量作为重要指标,而横向课题不受重视。这导致科技人员很少关心成果应用和企业需求,也是造成产学研脱节的重要原因之一。目前中高级科技人才的主体位于大学和研究所。企业和大学科研院所的评价指标不同,企业完全以利润为导向,而大学和研究所则以SCI、"影响因子"为主要的评价指标。企业的目标是盈利,科研的目标是成果,不同的评价函数导致企业和科研院所、大学的交集很小,缺乏共同的利益,难以实现有机结合。

4. 重"研"轻"产"

湖北省产、学、研权重比例失调,"学""研"位居前列,"产"居较落后位置,创新供给与创新需求对接不畅,科技与经济脱节的现象仍然存在,科技资源配置仍然不能很好地适应市场经济的要求,创新活动常常与地方经济发展的要求错位。从承担各类国家科技计划项目情况分析,承担具有基础性、战略性、前沿性和前瞻性特点的国家自然科学基金、"863计划"和基础研究计划项目,构成承担国家科技计划项目的主体,这三类项目数占全部科技项目数的2/3。究其深层原因,湖北省基础研究与应用开发研究不协调,基础研究能力强,应用开发能力相对较弱。科技供给表面上供远大于求,但实际上有效供给不足,科技成果往往不管用、不实用、不好用、不能用。

5. 重政府职能轻市场作用

政府对经济运行的影响过大,经济增长在很大程度上依赖政府基础设施投资带动,私人消费的贡献度有限。湖北省的支柱企业是以武钢、二汽、邮科院等为代表的国有大中型企业,大型知名民营企业不多,民营经济对GDP的贡献度仅占1/3。大型国企的天然市场优势使其创新动力不足,中小企业面临激烈的市场竞争,创新是其赖以生存和发展的基础，是区域创新的活力之源，但湖北省的中小企业无论是数量上还是竞争力上都存在明显不足。

二、湖北省创新驱动体制改革的主要做法和成效

（一）湖北省创新驱动体制改革的主要做法

1. 不断优化有利于深化创新体制改革的政策环境

湖北省科技政策法规建设不断加强，近年来，省人大、省委、省政府先后出台了《湖北省科学技术进步条例》、《湖北省科学技术普及条例》、《湖北省民营科技企业条例》、《湖北省专利保护条例》、《湖北省技术市场管理条例》等地方性法规，以及《关于增强自主创新能力，建设创新型湖北的决定》、《关于深化改革创新机制加速全省高新技术产业发展的意见（试行）》、《关于发挥科技支撑作用促进经济平稳较快发展的实施意见》等重要文件。省委、省政府高度重视深化科技体制改革工作。2014年初，在省全面深化改革领导小组的总体推进下，湖北省成立了由分管副省长挂帅，省科技厅、发改委、财政厅等21个部门组成的全省科技体制改革领导小组，统筹部署全省科技领域深化改革相关工作，先后制定了《省科技厅深化科技体制改革推进"创新湖北"建设的实施意见》、《湖北省科技体制改革方案》，省政府出台了《关于促进高校院所科技成果转化暂行办法》、《关于加强专利创造运用保护暂行办法》等相关政策，为系统推进全省科技体制改革提供了行动纲领和工作依据。2015年，党中央、国务院《关于深化体制机制改革，加快实施创新驱动发展战略的若干意见》颁布后，湖北迅速制定了贯彻落实办法，着力进一步增强相关领域改革的系统性和协调性，优化创新驱动发展政策环境、制度环境、市场环境和社会环境。与此同时，省人大正式启动《湖北省自主创新促进条例（草案）》立法工作，力求从法治层面着力破除制约创新发展的思想障碍和制度藩篱。在2016年全省科技创新大会暨科学技术奖励大会上，湖北省发布了《湖

北省创新型省份建设推进计划》、《湖北省科技创新"十三五"规划》、《湖北省深入推进科技体制改革实施方案》、《关于深化人才发展体制机制改革促进人才创新创业的实施意见》、《省人民政府关于加快知识产权强省建设的意见》等5个文件。

各地各部门也制定了关于推动科技创新创业的一系列配套政策。这些法规和政策，在增加财政科技投入、创新财政科技投入方式、优化配置全省科技资源、鼓励科技人员创新创业、开展期权激励试点、深化高校科技型企业体制改革、支持开发类科研院所转制改制、鼓励职务科技成果转化等方面有重要创新和突破，全省促进科技发展的科技法律法规政策体系基本形成，自主创新的核心战略地位进一步明确，科技进步和自主创新迎来前所未有的良好政策法制环境[①]。

2. 积极探索科技计划管理体制改革，创新财政科技投入方式

为建立以企业为主体，以市场为导向，产学研相结合的技术创新体系，湖北省大力推进科技计划管理体制改革，着力实现4个转变：省科技计划从主要支持技术创新的上游环节（研发）转为建立面向技术创新上、中、下游全过程的支持服务体系；从注重公共资金的分配转向更多地进行社会创新资源的组织和动员，发挥有限财政资源的引导和放大作用，引导创新资源向产业一线聚集；从主要关注高校、科研院所的研究开发转向建设以企业为主体、市场为导向、产学研结合的技术创新体系，引导企业成为技术创新的主体；将工作重点从关注微观项目转向加强对科技创新的宏观管理，更加重视政策制定、统筹协调和环境营造，有效引导科技创新资源向经济建设一线聚集。湖北省财政科技投入机制改革创新工作不断推进。2009年，湖北省政府出台了《关于创新科技投入机制的若干意见》，该《意见》包括19条具体政策措施，目的是发挥财政科技投入的引导、示范和放大效应，加快建立多渠道、多层次的科技投入体系。

深入推进财政科技投入方式改革，采取同行专家评议、绩效目标评

---

① 张镧. 湖北省科技体制改革评价及展望[J]. 科技进步与对策，2012（20）：1-5.

审等方式，规范使用专项资金。财政科技投入方式实现了由无偿前资助逐步调整为"前资助"、"后补助"、创业投资引导、目标奖励等多种方式并行。大力推进科技成果转化体制改革和机制创新。制定"科技成果转化十条"实施细则并举办全省科技成果转化政策宣讲会，积极探索技术转移有效途径和技术转移服务体系。推进科技金融结合，推进设立"湖北省科技成果转化引导基金"、"湖北省天使投资基金"，建设"天使投资"风险补偿制度，筹建科技型中小企业贷款风险池、担保保证金池。不断深化科技计划管理改革。全面启用科技计划综合业务平台，实现省级各类科技计划项目申报、推荐、受理、评审、立项、检查、验收等各环节全流程网络化、自动化、程序化管理，做到全过程公开透明，可监控、可追溯。

3. 深入推进省属科研院所体制改革，激发科研机构创新活力

2008年以来，按照《关于深化改革、创新机制，加速全省高新技术产业发展的实施意见（试行）》，结合国家自主创新战略的实施，湖北省加强了对科研院所体制改革工作的顶层设计和整体部署，坚持开发类科研院所企业化转制的改革方向，根据各单位的性质、行业、基础和实力以及发展环境的不同，因时因事因地制宜，通过实施分类指导和跟进服务，先后完成了湖北省化学研究院、湖北省建筑材料工业研究设计院两个大院大所的改革任务。

4. 大力培育创新主体，建设以企业为主体的技术创新体系

全面启动和实施创新型企业建设试点专项行动，在全省遴选150家有创新能力和创新需求的中小企业，综合运用科技计划立项、融资服务、人才支持等多种方式，支持试点企业创新能力建设，推动落实国家鼓励企业创新的财税政策，多渠道解决试点企业的融资问题。针对科技型中小企业的成长需求，以初创期企业向成长期企业发展、成长期企业向扩张期和上市后备企业发展为方向，开展"管理辅导、政策培训、专家帮扶、投资跟进、平台支撑"等五大专项服务。

5. 促进产学研结合，建立产学研合作的稳定形式和长效机制

采取企业主体、市场运作、政府引导的方式，充分发挥市场优化配

置创新资源的基础性作用，加强产业资本、知识资本和金融资本的有机结合，全面推进企业、产业、基地与高等学校、科学技术研究开发机构的深度融合，全面推进应用研究与产业需求的充分对接。重点建设一批产业技术创新战略联盟，支持联盟加强产业关键共性技术研发，实现企业与高等学校、科学技术研究开发机构在战略层面上的互动；建设一批产业技术创新基地，面向全省经济社会发展需求开展应用研究开发，推进重点实验室与重点产业的有效对接，为重点产业和支柱企业提供技术支撑；建立一批企业技术创新平台，引导创新要素向企业聚集，促进企业成为研究开发投入的主体、技术创新活动的主体和创新成果应用的主体；建立一批公共技术服务平台，构建资源开放共享服务的管理体制和运行机制，促进全省科技资源高效配置和综合利用；设立一批企业技术创新岗位，引导科技人员到企业兼职、挂职，帮助企业组建创新团队，提升企业自主创新能力。

6. 加强高新技术产业园区建设，打造区域经济增长级

湖北省委省政府把培育和建设高新技术产业聚集区作为实施"科教兴鄂"战略的重要突破口。自1988年东湖高新区创建以来，湖北省相继批准设立了襄阳、黄石、荆州、葛店、孝感、十堰、宜昌等14个省级高新技术产业园区。经过多年努力，高新区已经成为全省科技创业的摇篮、高新企业的载体、技术创新的基地、招商引资的平台、区域经济的亮点。

7. 加强公共科技服务平台建设，促进科技资源的共建共享

注重突出湖北科研特色，合理构建基础研究资助体系。注重加强科研基地建设，构建基础研究平台。积极组织申报各类国家基础研究计划项目，积极开展学术交流，带动全省基础研究整体水平的提高。加强科技信息共享平台的信息资源建设、功能系统开发、平台服务推广工作，提升科技信息平台的服务能力，拓展服务推广范围。目前，湖北省已基本形成了以科技文献共享服务平台和大型科学仪器共享服务平台为基础，淡水渔业和农药检测为支撑，光电测试和软件测试为特色，其他平台为补充的较为完善的公共科技服务平台体系。

8. 加强科技人才队伍建设，引导科技人才向经济社会发展一线聚集

以科技计划项目为纽带，通过国家和省级重点实验室、工程技术中心等创新基地建设，培养了一大批国家级高层次人才。科技人才队伍建设走在中西部各省区的前列。

（二）湖北省创新体制改革成效

1. 重点领域创新体制改革取得突破

第一，科技成果转化"三权"改革全国领先。2013年底，湖北在全国率先推进科技成果使用、处置、收益"三权改革"，着力营造最优政策环境，为科技成果"松绑"。省政府"科技十条"出台后，省科技厅、财政厅、人社厅、地税局、检察院等部门分别制定5项实施细则，确保政策落地生根，得到全省主要高校、院所的积极响应，制定相关政策48项，成功转化成果948项，新创办企业302家。2014年，全省登记重大科技成果1778项，比上年增长9.6%；登记技术合同成交额超过600亿元，增长43.6%；湖北获科技部批准建设国家技术转移中部中心。中央电视台《新闻联播》3次深度跟踪报道湖北科技成果转化新政及成效，对国家层面推动相关领域改革起到了重要的推动作用。2014年下半年，为在更大范围推进科技成果转化，湖北省组织实施"湖北省科技成果大转化工程"，计划在3年内，通过"市场评价"和"定向、间接、有偿"方式，投入10亿~15亿元，撬动创业投资30亿~50亿元，实现3000项先进适用科技成果在省内企业转化扩散。2015年初，省委、省政府高规格召开工程启动会，这项工程实施以来，已有252项科技成果成功转化，其中80个项目与风险投资机构达成投资意向①。

第二，财政科技资金投入机制不断优化。积极创新省级财政科技投入方式，针对不同类型的创新活动，采用前资助、后补助、创投引导、目标奖励等支持方式，提高财政资金使用效益。2015年6月，省政府

---

① 湖北深化科技体制改革　推进创新驱动发展［EB/OL］.http://www.most.gov.cn/dfkj/hub/zxdt/201509/t20150915_121640.htm.

常务会议审议通过《关于改进和加强湖北省省级财政科技项目和资金管理的实施意见》，就进一步建立科研项目分类管理体系、建立统筹协调机制、规范项目流程管理、加强资金管理创新、完善科研信用管理五个方面的改革任务作出系统部署。

第三，科技资源开放共享水平有效提升。通过对科研仪器设备"提供方"和"使用方"实行双向补贴，引导更多科研仪器设备加入省大型科研仪器共享平台，引导企业通过共享平台低成本使用仪器设备；免费向省内高新技术企业和科技企业孵化器在孵企业开放省科技信息平台，有效缓解了科技资源分散、封闭、重复、低效的问题。2014年，省级财政科技资金向省内168家高新技术企业和科技企业孵化器在孵企业发放研发测试补贴近千万元；省大仪平台新增入网仪器设备5393台(套)，达到7244台(套)，新增检测类别1463个，检测指标33015个，对外服务机时57.07万小时，较上年增长100.7%，对外服务样品数47.69万个，较上年增长79%；省科技信息平台文献查询量和下载量分别较上年增长63.7%、45.2%。

第四，东湖示范区科技体制改革"特区"建设提速。东湖国家自主创新示范区大胆探索科技创新财税政策，科技成果资本化、产业化，科研项目管理，战略性新兴产业集聚发展等多项改革举措，积极创建国家科技体制改革综合试验区。省委、省政府主要领导每月带领省直有关部门赴东湖示范区现场办公调研，督办重点改革任务落实。2015年，省人大制定出台了《东湖国家自主创新示范区条例》，为东湖国家自主创新示范区建设科技体制改革"特区"提供了更为有力的法制保障。2014年，东湖示范区主要经济指标保持年均30%以上的增长，在全国高新区综合排名中位居第三，"中国光谷"已成为我国在光电子信息领域参与国际竞争的知名品牌。

2. 科技创新综合实力稳步提升

国家重点实验室、工程技术研究中心等各类国家级创新平台近70家，继续保持全国前列、中西部地区之首。高层次创新人才资源持续增长，在鄂国家级科技创新平台数量78家、在鄂两院院士70人、国家

"千人计划"273人、国家"973"首席科学家70人、获国家科技奖数量163项,继续保持全国前列、中西部地区之首,万人发明专利拥有量由"十一五"末的0.7件增长到4.28件。"十二五"期间,技术合同成交额累计达到2206.5亿元①。

3. 科技对经济社会的支撑力持续增强

一批重大科技成果落地转化,"快舟小型运载火箭"首创星箭一体化技术、"单模光纤超大容量光传输"一再刷新全国纪录、"高速铁路500m长焊接钢轨生产系统集成创新与应用"助力中国高铁跨越发展,北斗技术、现代种业、光电子等一批高科技产品走入"一带一路"沿线国家。全省高新技术企业突破3300家,高新技术产业增加值突破5000亿元,占GDP比重由"十一五"末的10.77%提升到17.02%,为经济社会发展提供了重要支撑。创新支撑现代农业发展和新农村建设取得显著进步,双低油菜、淡水水产品等品种的技术力量、面积、产量均居全国第一,获批成为全国7个国家农村信息化示范省之一。创新成果更多惠及社会发展和民生改善,突破了中药现代化、新药创制、疾病防治、污染治理、循环经济等一批关键技术,建设临床医学研究中心26家,可持续发展实验区19个,位居中部前列。

4. 科技创新创业环境显著改善

率先在全国推出"科技十条""新九条"等创新政策,科技体制改革全面深入推进。科技成果大转化工程、科技企业创业与培育工程陆续启动、成效明显,全省技术合同成交额年均保持50%以上的增幅,以较大优势保持中西部第一并跃居全国第二,突破830亿元。推进大众创业、万众创新力度不断加大,先后出台10多个以促进创新创业为重点的政策文件,建设各类科技企业孵化器超过200家,在孵企业超过8000家,国家和省级技术转移机构达到50家,国家技术转移中部中心正式落户湖北。创新投入水平不断提升,全社会研究开发投入呈现快速

---

① 湖北省科技创新"十三五"规划[EB/OL].http://www.hbstd.gov.cn/gk/zcfg/zcwj/swszfwj/56743.htm.

增长，2014年全社会研发投入占地区生产总值的比例达到1.87%。科技金融发展迅速，各类创投机构达到403家，国内外创业投资机构在湖北投资总额近75亿元。

5. 区域科技创新体系基本完善

东湖国家自主创新示范区先行先试成效显著，武汉城市圈成为国内首个科技金融改革创新试验区，武汉市、襄阳市和宜昌市3个创新型试点城市建设步伐逐步加快，武汉列入国家全面创新改革试验区。县域科技创新取得新突破，荆门等52个市（县、区）被科技部表彰为全国科技进步考核先进市（县、区），11个市（县、区）被批准建设国家可持续发展实验区。产业载体建设迈上新台阶，2015年全省拥有7个国家级高新区、20个省级高新区、4个国家级农业科技园区、1个省级农业高新区、37个省级农业科技园区，省级以上高新区生产总值突破8000亿元，农业园区总产值超过1300亿元。

三、湖北省深化创新驱动体制机制改革的机遇和优势

"十三五"时期，湖北省仍然处于大有可为的战略机遇期。世界多极化、经济全球化、文化多样化、社会信息化深入发展，世界经济在深度调整中曲折复苏，国际力量逐步趋向平衡，和平与发展的时代主题没有变，有利于湖北省充分利用总体和平环境，整合各方面资源谋求发展。国内物质基础雄厚、人力资源丰富、市场空间广阔、发展潜力巨大，经济发展方式加快转变，新的增长动力正在孕育形成，经济长期向好的基本面没有变，有利于湖北省分享整体良好环境，利用各方面有利条件加快发展。湖北省作为中部重要省份之一，国家层次战略机遇累积，宏观层面全局使命叠加，省域发展战略明确，发展目标清晰，发展环境优化，发展气场强大，在全国发展格局中的战略地位更加突出，应充分利用黄金机遇期、积蓄能量释放期、综合优势转化期、四化同步发展加速推进期，发挥各方面优势实现创新驱动发展战略。

(一) 面临的机遇

1. 互联网与经济融合新机遇

21世纪是信息化社会,互联网在社会经济中的地位逐渐加强,发达国家基于互联网融合创新的全面部署与加速应用,直接推动了创新型国家的快速发展。互联网将重构人们的生产方式、生活方式、思维方式、企业的商业模式、权力的运行模式乃至世界的治理模式①,呈现生产分散化、数据价值化、用户参与化、行业跨界化、竞争加剧化、创新大众化的态势。目前我国互联网处于大发展、大融合、大变革的历史阶段,在此基础上湖北省必须牢牢抓住融合变革新机遇,推进"互联网+"行动,做好顶层设计,走在改革的前列,借互联网与经济社会融合的机遇优化经济结构,转变增长方式,推动社会发展,促进改革创新。

2. 产业与技术革命新机遇

新一轮的产业革命将深刻影响经济的空间布局、组织模式、市场要素配置方式等,如何认识和把握新一轮产业与技术革命的新特点、新趋势,抢抓难得的历史机遇,提出应对挑战的策略,着力增强创新发展新的驱动力,是摆在湖北省面前的重要的现实课题。因此湖北省在这一难得机遇面前必须在提高自主创新能力上求突破,在培育新兴产业市场上求突破,在创新发展体制机制上求突破,不断深化改革,破除一切阻碍科技生产力发展的体制机制障碍。

3. 中国经济新常态新机遇

2013年习近平首次提出"新常态"这一发展概念。目前中国处于经济发展重要的战略机遇期,经济发展出现"新常态"有如下特点:一是从高速增长转为中高速增长,二是经济结构不断优化升级,三是从要素驱动、投资驱动转向创新驱动。由此可见,中国经济发展更加注重质量的提升,而不是一味地追求速度。湖北省如何利用经济发展放缓的期间,向经济发展更深层面——体制机制方面去深化改革,才是未来能够

---

① 黄涛.互联网思维将重构社会运行模式[N].湖北日报,2015-03-16.

以创新驱动经济发展的重要保证,对于体制机制的改革,是挑战,也是机遇,必须提到经济发展的战略高度来考虑。

4. 经济"新常态"下"双创"的新机遇

我国经济发展步入新常态,需加快实施创新驱动战略,大力发展众创空间,积极推动大众创业万众创新成为新常态。共同构建开放式创业生态系统,降低创新创业门槛,鼓励科技人员和大学生创业。完善创新创业公共服务,加强财政资金引导,形成社会资本支持创新创业的多元化投入格局,为湖北省的创新创业发展、科技体制改革带来新的战略机遇。

5. 国家全面推进改革的新机遇

国家推进投融资体制改革,国家引导和支持商业银行设立信贷专营机构,开展知识产权质押贷款、信用保险和贸易融资等创新业务试点,为创新型企业提供担保融资,加大利用股权融资工具的力度,建设真正意义上的天使投资,为中小型科技型企业的发展创造新的机遇。

6. 国家战略叠加的新机遇

目前,国家深入实施促进中部崛起、"一带一路"、长江经济带和创新驱动发展、供给侧结构性改革等战略,为处在战略交汇点上的湖北提供了难得机遇,开辟了新的发展空间[①]。湖北省可以充分利用这些战略机遇,发挥交通区位和内陆开放高地优势,在拓展发展空间上大有作为;可以顺应大众创业、万众创新的洪流,发挥科教、人才资源丰厚的要素优势,在实施创新驱动发展战略上大有作为;可以不负建设"两型"社会试验区的使命,发挥生态大省和先行先试优势,在加快转型发展上大有作为;可以适应全面深化改革新要求,发挥荆楚儿女筚路蓝缕、敢为人先的文化优势,在构建发展新体制新机制上大有作为。

推动长江经济带发展是国家协调经济发展的三大发展战略之一,湖北省作为长江经济带承东启西的重要枢纽,如何抢抓长江经济带难得的

---

① 湖北省国民经济和社会发展第十三个五年规划纲要[EB/OL].http://news.cnhubei.com/xw/zw/201604/t3591678_1.shtml.

历史机遇,对于湖北省创新驱动发展具有重要意义,同时也对如何继续深化体制机制改革提出了更高的要求。在此发展战略之下,湖北省必须以产业升级为目标、高科技发展为推动力,以金融支持为手段,以区域协同发展为推手,加快创新驱动发展体制机制的改革速度,深化产学研融合力度,使创新体制机制成为推动经济发展的重要力量[1]。

(二)具备的优势

1. 区位优势

国家实施"中部崛起"发展战略以来,湖北省已成为中部崛起的战略支点,在地理位置上,湖北省承东启西,连南接北,梯度明显,是连接东西部地理位置的中部最重要的省份。在交通方面,国家近几年布局的重大交通枢纽项目使得湖北省从九省通衢走向"九州通衢",无疑对湖北创新驱动发展起到极大的促进作用。鉴于我国南北、东西经济差距巨大,国家为实现区域协调发展、经济共同繁荣,国家将在京、沪、珠、渝四大发展极之间构建以现代化综合交通走廊为基础的"十"字形经济发展轴,以推动经济互补。湖北省地处"十"字形核心位置,即将成为经济发展的新的增长极。

2. 政策优势

为深化创新驱动体制机制改革,湖北省逐步形成多层次、立体化的创新政策模式,在政策工具方面,分为财政政策、税收政策、金融政策、贸易政策;根据其针对的政策问题,可以分为:财政科技投入政策、企业创新政策、科技成果转化政策、产学研结合政策、科技金融创新政策、科技体制改革政策等。不同分类方法之间有交叉和重叠,因此形成了一个多维度、多序列、多层次的复杂政策结构,并形成了互相作用和关联的网络关系[2]。

---

[1] 龚晓菊.湖北在长江经济带中的定位及发展新战略——基于SWOT的分析[J].商业经济研究,2015(12):4-10.

[2] 张澜.湖北省高新技术产业政策研究(1978—2012):政策文本分析视角[D].武汉:华中科技大学,2014.

早在2008年，湖北在全国率先出台了推进职务科技成果转化的"4个70%"政策，即职务科技成果以技术转让、技术入股、出资入股、创办企业等各种形式实施转化时，成果主要完成人和为成果转化做出贡献的人员，可享有70%以上的成果权益，这对引导高校、科研院所科技资源优势向经济社会发展一线转化起到了促进作用。

为进一步破藩篱、拆路障，唤醒沉睡的"知本"，2013年12月，省委、省政府出台了《促进高校院所科技成果转化暂行办法》（后文简称"科技十条"），为科技成果资本化、产业化和市场化铺设高速路。"科技十条"对科技成果类无形资产处置方式、成果转化收益分配机制、高校院所科技人员创新创业等十个方面进行了重大改革。其中，赋予科研团队研发成果的使用权、经营权、处置权和收益权，开全国先河，引起较大反响。2014年，省委、省政府又先后制定了《高校院所科技成果转化资产处置与收益分配实施细则》等6个配套实施细则，力求解决各个管理环节之间的协同问题。2014年11月，科技部正式批复同意与湖北省共建"国家技术转移中部中心"，支持湖北健全统一规范、开放共享的科技成果转化服务工作体系。

湖北省再次出台"新九条"——《关于推动高校院所科技人员服务企业研发活动的意见》，改革了企业委托项目经费管理方式，赋予高校科研院所在企业委托研发项目经费管理上的自主性；增加了科技人员和研发团队对科技成果的使用权、处置权、收益权，提高科研人员科研劳务收入比重；规定了服务企业研发活动的科技人员在个人收入、职称评定等方面的激励政策，鼓励科技人员到企业兼职研发。"新九条"的出台和实施，将有效破除高校院所服务企业体制机制的束缚，充分激发高校院所科技人员服务企业创新创业的积极性，为湖北省加快实施创新驱动发展战略、通过科技创新为转变经济发展方式和调整经济结构提供强大的技术支撑。这些举措在全国引起较大反响，有关政策被国家相关立法草案和文件吸收采纳，中央部委和兄弟省市多次来鄂调研考察。这些改革举措将极大地调动全省科研人员的积极性、创造性，有效激活湖北科教资源优势，促进湖北由"科教大省"向"创新强省"跨越。

3. 人才优势

一是教育资源丰富。湖北省人才资源丰富，科技实力雄厚，科研部门、高等院校众多。目前湖北省普通高校约有122所，培养的专业人才居于中部之首。武汉东湖高新区是继北京中关村之后全国第二大智力密集区，相对于其他省份，湖北省在创新驱动人才培养方面具有得天独厚的优势。

二是人才引进效果明显。自国家实施创新驱动战略以来，湖北省为响应国家发展战略，依托国家科技项目、高新企业、博士后工作站等平台倾力打造吸引人才的孵化载体。截至目前，仅武汉市就相继成立了功能完备的光谷创业园、大学科技园、华中软件园等人才引进载体以及武汉大学、华中科技大学等生产力促进中心。湖北省委、省政府深入实施人才强省战略，围绕重点产业和新兴产业、新业态发展，大力实施引进海外高层次人才"百人计划"，吸引了一大批海外人才到鄂创新创业。目前为止，湖北省科研活动人员数达到378828人，居于全国前列，中部之首。

4. 高新产业优势

截至2015年年底，湖北省全省高新技术企业总数突破3300家，稳居中部第一。到2017年，湖北省将成为中部地区乃至全国重要的体制机制创新先行区、创新驱动发展示范区，高新技术企业数量突破实现3600家，高新技术产业增加值比重19%以上。"十三五"年末，将全面建成"国家创新型省份"[①]。目前，湖北省以武汉东湖高新区为主体，宜昌市、襄阳市为支撑的"一主两翼"的创新发展格局已经形成，企业创新主体地位逐步彰显。

四、深化湖北省创新体制机制改革的基本思路与任务

(一) 深化湖北省创新驱动体制机制改革的指导思想

全面贯彻落实党的十八大和十八届二中、三中、四中、五中、六中

---

① 郭婷婷. 湖北高新技术企业数量三年翻一番[N]. 人民日报，2016-08-01.

全会精神，深入学习贯彻习近平总书记系列重要讲话精神，聚焦实施创新驱动发展战略，坚持创新、协调、绿色、开放、共享发展理念，坚持"竞进提质、升级增效，以质为帅、量质兼取"工作方针，全面深化科技体制改革，推动以科技创新为核心的全面创新，推进科技治理体系和治理能力现代化，营造有利于创新驱动发展的市场和社会环境，激发大众创业、万众创新的热情与潜力，主动适应和引领经济发展新常态，营造良好的创新创业生态环境，激发创新活力，打造经济发展新引擎，推动科技成果向现实生产力转化，推动科技和经济社会发展深度融合，打通从科技强到产业强、经济强的通道，将科教优势转化为产业优势、经济优势、竞争优势。为推进湖北加快"建成支点、走在前列"、率先在中部地区全面建成小康社会、综合竞争力迈入"第一梯队"提供坚强支撑。

(二) 深化湖北省创新驱动体制机制改革的基本原则

1. 创新原动

把创新作为引领发展的原动力。加强重大创新平台布局，加快培养汇聚高端创新人才，加速推动源头性、引领型、竞争性的重大创新成果产出，构建特色科技创新体系，整体提升湖北的科技实力和科技竞争力，切实推动科技大省向创新强省转变。"创新驱动体制改革"是不能仅靠科技管理部门的努力就能达到的，不少环节在科技之外，科技管理部门对此无能为力。创新体制需要"官、产、学、研、介、金"密切合作，形成相应的创新体系。科技与经济的结合需要科技体制改革的深入推进，而深化科技体制改革需要教育体制、经济体制改革的协同配套。推进政府部门从科研管理向创新管理转变，围绕产业链部署创新链，围绕创新链完善资金链，消除科技创新中的"孤岛现象"，促进科技创新与理论创新、制度创新、文化创新、产业创新、企业创新、产品创新、商业模式创新等全面融合，通过科技创新引领一切劳动、知识、技术、管理、资本的活力竞相迸发，实现以科技创新为核心的全面创新。破除制约科技成果转移扩散的障碍，实施"链接打通工程"，实现创新的点

(创新成果)、线(创新链)、面(创新网络)结合。把增强自主创新能力、促进科技与经济紧密结合作为根本目的,以改革驱动创新,强化创新成果同产业对接、创新项目同现实生产力对接、研发人员创新劳动同其利益收入对接。

2. 市场驱动

全面深化改革的核心问题是处理好政府和市场的关系,使市场在资源配置中起决定性作用和更好地发挥政府作用。在深化创新驱动体制改革方面,要发挥市场在企业创新中的导向作用与政府的体制机制保障作用,明确政府与市场在科学技术发展中的定位,明确政府该干什么,不该干什么,把应该交给市场做的交给市场。建立健全成熟的市场机制、公平的市场规则,使企业成为技术创新决策、研发投入、研发组织和成果应用的主体。企业成为技术创新主体,不是政府使企业成为创新主体,而是企业有内在的动力、压力、能力来依靠创新谋求发展而成为主体。发挥市场对技术研发方向、路线选择和各类创新资源配置的导向作用,促进产业链与创新链的融合,加快科技成果向现实生产力转化,让创新落实到支撑湖北转型升级和经济发展的质量上。

3. 政府推动

为了支撑科技发展战略,政府制定配套政策措施。这些政策涉及财政、税收、金融、政府采购、对外合作、人才队伍、知识产权、条件平台等各个方面。提高政府行政效率,适度减免企业税费,降低企业运营成本。市场的活力取决于企业数量,企业数量又取决于经营环境和成本。政府的高效廉洁和收支活动是决定地区经营环境和成本最重要的因素。各类行政事业性收费繁杂,路桥隧费高企分割地区市场,提高了企业物流成本。应切实提高行政效率,简化行政审批流程,优化公共管理体系,并严格执行各级政府的税收优惠政策、适度降低、减免路桥隧费等地区性收费,为企业创造一个良好的经营环境。

强化政府首购自主创新产品制度。一个强大而明确表述的政府需求能有效地减少企业创新在市场方面的不确定性,美国联邦政府的公共采购对其确立在航空航天、网络通信和芯片等技术上的领先地位有着决定性作用。湖北省应在政府采购中加大对本地优势产业高新技术产品的采购比重，制定超出现有企业技术水平的技术标准和须达到的产品技术指标，迫使企业为了满足政府采购需求不得不进行创新。此外，政府还可以通过合同的形式采购大量的科学研究服务，促进产学研紧密结合。

为研究与开发直接提供资金支持作用，形成投入诱导和杠杆放大机制。政府科技投入的增长，一方面投资重大科技活动，直接推动科技的发展；另一方面，也是更重要的一方面，就是带动了全社会对科技的投入。

4."五创"联动

实现文化的创意、科研的创造、企业的创新、个人的创富与社会的创业协同联动。"创意"指发展文化创意产业。"创造"指科学研究要有新发现、新发明。"创新"指技术创新主体由国有科研机构转向竞争市场中的企业，企业成为技术创新主体，不是政府使企业成为创新主体，而是企业有内在的动力、压力、能力并依靠创新谋求发展而成为主体，建立健全成熟的市场机制、公平的市场规则，使企业成为技术创新决策、研发投入、研发组织和成果应用的主体。激发创新，把增强自主创新能力、促进科技与经济紧密结合作为根本目的，以改革驱动创新，强化创新成果同产业对接、创新项目同现实生产力对接、研发人员创新劳动同其利益收入对接，充分发挥市场作用，释放科技创新潜能，打造创新驱动发展新引擎。

"创富"指通过股权激励实现财富价值，激发企业家精神，给创新型企业的创业者以财富的回报。完善知识产权入股制度、技术创新人员持股制度、经营管理者持股制度。

"创业"指政府为科技创新创造良好的环境作用，形成配套政策激励相容机制。良好的经济和社会环境，包括安全的投资环境、稳定的宏观经济环境、有利的创业环境和良好的社会舆论环境。这种社会环境，有利于创新精神和企业家精神的成长、发展和发挥，有利于科技成果的迅速传播和应用，也有利于国际科技交流与合作。

(三)深化湖北省创新驱动体制机制改革的目标

到2020年,推进"五链统筹",破解创新瓶颈,优化创新生态,形成一批可复制、可推广的经验,在创新体制改革的重要领域和关键环节取得突破性成果,建立适应创新驱动发展战略要求、符合社会主义市场经济规律和科技创新发展规律的区域创新体系,进入创新型省份行列。自主创新能力显著增强,技术创新的市场导向机制更加健全,企业、科研院所、高等学校等创新主体充满活力、高效协同,人才、技术、资本等创新要素流动更加顺畅,科技管理体制机制更加完善,创新资源配置更加优化,科技人员积极性、创造性充分激发,大众创业、万众创新氛围更加浓厚,创新效率显著提升。聚集全球创新要素的能力得到极大提升,东湖国家自主创新示范区基本建成世界一流科技园区。

1. 建设区域创新高地

通过创新驱动体制机制改革,实现官、产、学、研、金、介、人的联动,建设区域创新系统,打造区域经济发展"升级版"。湖北省处于全面建设小康社会、率先在中部崛起的关键时期,经济发展面临着日益严峻的资源环境制约,迫切需要提高自主创新能力,推进经济增长从要素驱动向创新驱动转变。把思想观念创新、体制机制创新和科技创新作为动力之本、发展之源,使湖北真正成为创新型经济蓬勃发展、创新人才加速集聚、创新活力充分释放、在全国具有重大影响力的自主创新高地。

加速集聚和优化配置创新资源,打造区域创新高地,拓展区域发展新空间。推动全面创新改革试验取得突破性进展。支持武汉开展全方位、全体系、全区域、全领域的全面创新改革,打造国家创新中心,建成国家创新型城市。构建以企业为主体,产业链、创新链、人才链、资金链、政策链"五链统筹"的产业创新体系,打造战略性新兴产业的育成区、传统产业向中高端转型升级的示范区,把武汉建设成为具有全球影响力的产业创新中心。推进东湖国家自主创新示范区基本建成世界一流科技园区,推动武汉经济技术开发区、武汉临空港经济技术开发区建设开放创新综合试验区。支持襄阳申报建设国家级汉江新区，支持宜昌申报建设国家级三峡经济枢纽新区。

全面推进多层次创新示范。统筹推进"两圈两带"协同创新发展。推动襄阳、宜昌建成国家创新型城市，加快推进武汉国家技术转移中部中心及襄阳、宜昌区域技术转移分中心建设。进一步发挥国家级和省级高新技术开发区、经济开发区的龙头带动作用，不断优化全省科技创新环境。推进国家和省级各类改革创新试点示范，鼓励市县开展创新示范。

2. 探寻科技资源优势转变为经济优势的途径

通过创新驱动体制机制改革，突出科技成果转化应用，加快完善以市场为导向、以企业为主体的技术创新体系，努力培育一批百亿元、千亿元的高新技术龙头企业。坚持创新驱动，以学科链对接产业链，按产业链形成创新集群，促进科教优势与产业优势的对接。解决学术价值与商业价值的冲突，注重科技引领，强调创新驱动。推进技术与资本融合、成果与市场对接、专家的知识创新与科技创新同企业家的管理创新与市场创新相结合。加快构建以企业为主体，产业链、创新链、人才链、资金链、政策链五链统筹的产业创新体系，破除创新瓶颈、优化创新机制、整合创新资源、延伸创新链条、完善创新体系、营造创新环境，达到释放创新潜能、提高创新能力、实现创新驱动的目标。

3. 构建众创空间

通过创新驱动体制机制改革，总结推广创客空间、创业咖啡、创新工场等新型孵化模式，充分利用国家自主创新示范区、国家高新技术产业开发区、科技企业孵化器、小企业创业基地、大学科技园和高校、科研院所的有利条件，发挥行业领军企业、创业投资机构、社会组织等社会力量的主力军作用，构建一批低成本、便利化、全要素、开放式的众创空间。发挥政策集成和协同效应，实现创新与创业相结合、线上与线下相结合、孵化与投资相结合，为广大创新创业者提供良好的工作空间、网络空间、社交空间和资源共享空间。充分发挥创新创业资源的集聚效应和创新创业活动的规模优势，构建用户参与、互帮互助、创业辅导、金融支持的开放式创业生态系统。

4. 形成"四个天地"的良好局面

通过创新驱动体制机制改革，着力吸收高水平的技术、吸引高素质的人才、吸纳高强度的资本投入，推动大众创业、万众创新。创新创业政策体系更加健全，服务体系更加完善，全社会创新创业文化氛围更加浓厚，形成"四个天地"的良好局面，即有利于商业模式的"开天辟地"、开发成果的"顶天立地"、创业人员的"欢天喜地"、小微企业的"铺天盖地"。建成"五创之省"，即创意之省、创造之省、创新之省、创富之省、创业之省，有利于推动文化领域的创意设计，激励科研院所的创造发明，提高企业的创新能力，实现科技人员的创富梦想，营造全社会的创业氛围，培育适宜创新创业的文化土壤。

(四) 深化湖北省创新驱动体制机制改革的任务

1. 强化企业技术创新主体地位

对创新主体要有正确认识，科研院所与企业都是创新主体，大学与研究机构是知识创新主体，但企业是技术创新的主体。企业家是创新的第一主体。不是政府使企业成为创新主体，而是企业有内在的动力和需求来依靠创新谋发展。政府为保证企业的创新主体地位提供软硬基础设施。高校和科研院所本应是探求科学真理的组织，不可能也不应该担负科技成果商业化应用这一重任。所以，湖北区域创新能力建设应完善市场竞争机制，使企业成为创新的真正主体，使创新成为企业参与市场竞争的内在要求，政府为其提供制度保障，科研院所为其提供智力支持。

应建立企业主导产业技术研发创新的体制和机制，支持企业加强研发中心建设，加大研发投入。支持企业与科研院所、高校组建技术创新联盟，联合攻克产业关键技术。鼓励科技人员创办科技型企业。坚持"产业第一，企业家老大"，应把企业家作为最重要的创新人才资源，发挥企业家在整合创新要素中的主导作用。

2. 强化协同创新

推进科技资源开放共享。不仅要盘活科技存量，促进湖北科技成果

"落地开花"、就地转化，实现技术转移，还要推动外部科技资源与湖北经济全方位对接，实现多方共赢。充分发挥中央部委及省在汉高等院校、科研院所和大型企业等潜能，在更大空间、更大范围、更多领域整合更多资源，并尽可能充分发挥资源的利用效率和效益。

推进城市合伙人计划，集聚创新创业人才。吸引产业领军人才、知名创业投资人，与他们结成命运共同体和利益共同体，瞄准创新创业"痛点"，制定专项政策措施，提升对海内外高层次人才的吸引力。

加强统筹协调，整合科技资源，优化结构布局，建立基础研究、应用研究、技术创新和成果转化协调发展的机制。

3. 推进科技管理体制改革

加快转变政府管理职能，统筹发挥好政府在规划、政策等方面的调控作用和市场配置资源的基础性作用。改革科技项目和科技经费管理，完善科技评价和奖励制度，形成激励创新的正确导向。

4. 建立科学合理的人才评价标准

尊重科研人员的主体地位，在科研工作中"人"发挥着主导性的作用，设备、材料、经费虽然是重要资源，但这些资源如何选择和使用必须由人员来决定，而科研方案的制订、科研结果的分析更需要人员的思维，唯有思维才能产生创新。坚持把人才资源作为第一资源。把发现、培养、稳定和用好人才作为战略任务，完善有利于人才发展的政策措施和体制机制，遵循创新型人才成长规律，最大限度地激发科技人员的创新激情和创造活力。

引导和支持科研人员持续研究和长期积累。加强诚信建设，弘扬科学精神，提倡独立思考，保障学术自由，营造科学民主、宽松包容的学术氛围。

5. 落实和完善激励创新的政策措施

打造"世界光谷"，促进东湖国家自主创新示范区本着试点先行的原则，探索思路，积累经验，然后再逐步推进，使其真正成为深化改革的先行区、开放创新的引领区、高端要素的聚合区、创新创业的集聚地、战略产业的策源地。深入推进重点领域和关键环节的体制机制创新。加大对中小企业、微型企业技术创新的支持力度。

五、深化湖北省创新驱动体制机制改革的政策建议

深化湖北省创新驱动体制机制改革需要破除束缚创新驱动发展的体制机制障碍，处理好市场和政府的关系，既要充分发挥政府的引导作用，又要发挥市场在配置科技资源中的决定作用，坚持技术创新的市场导向机制，充分调动企业、高校、科研机构等创新主体的积极性。

(一) 建立协同的创新治理机制

1. 建立创新决策协调协商机制

创新决策在协调协商的基础上整体推进；完善科技部门会同财政部门编制财政科技预算的会商和协调制度，加强对科技投入的统筹管理。完善全省党政领导干部政绩考核办法，建立完善以科技创新为核心的创新驱动发展评价指标，引导广大干部树立正确的政绩观。建立科技决策咨询系统和高水平科技智库，完善创新政策咨询机制，建立创新政策评价机制。

2. 建立多方协同创新机制

实现科技管理体制自上而下的"统治"模式向多元主体共同参与协商的"治理"模式转变，推进科技治理体系和治理能力现代化。制定宏观科技政策时，应形成政治家、企业家与科学家良性互动的"协商民主"与"协同治理"新模式。使科技管理既符合科技本身运行规律，又符合市场经济运行规律和政府运行规律。

3. 建立政府与市场职能平衡机制

明晰政府与市场的边界，政府部门从科研管理向创新管理转变。政府科技主管部门主要负责政策制定、战略规划、监督等方面的工作，探索建立委托专业机构参与科研项目管理的机制，政府不再管理具体科研项目，简化科技奖项，淡化科技奖励的附加功能，弱化行政为主导的科技奖励，强化第三方评审机构的作用。关系全局的重大科技问题和重大

专项，应由政府统一规划组织实施；提高企业自主创新能力和技术转移转化工作水平，应主要发挥市场作用；基础研究和前沿探索，应立足营造宏观战略引导与尊重科学家自主创新相结合的良好创新环境。支持符合条件的科技团体充分发挥第三方的评估作用。建立主要由市场决定技术创新项目和经费分配、评价成果的机制，使科技经费更多地聚焦于市场最需要、企业最迫切的领域。各政府部门不是以科研专家为主确定重点科技项目和计划，而是以企业为主体在国家确定的重点领域范围内，结合企业的发展，提出技术创新需求项目自主确定。

(二)建立最优的创新成果产出机制

1. 建立现代科研院所制

以建立开放、流动、竞争、协作的运行机制为重点，探索实行理事会制度，完善所长负责制，扩大科研院所的自主管理权，健全科研管理制度规范，建立现代科研院所制度。制定推进科研机构分类改革的政策。基础研究按照"人才一流、设备一流、成果一流"的要求实现管理方式与国际接轨。建立适合基础研究特点的长期稳定资助模式，如采用年薪制，为科研人员潜心从事研究提供基本保障。将应用性研究机构转制为企业或实行企业化管理。

2. 实行立项查重制

建立统一的科技管理信息系统，从项目立项的源头上避免重复支持，避免科研单位和科研人员多头申报和承担相似的研究任务。

3. 实行产投比评估制

不以承担项目的经费量来衡量和评价，而是重在考核单位和个人的系统性成果和实质性产出，要考察评估成果产出与经费支持量的投入产出比，变评价、考核、激励的资源导向为成果导向。

4. 实行稳定支持制

进一步加大对公益性科研单位的财政支持，尤其要逐步建立起适合基础研究特点的长期稳定资助模式。

5. 建立公开透明的科研项目遴选机制

所有政府资助、奖励的科研项目，只要不涉及国家安全问题，均须将有关申请评价内容、专家评价意见和专家姓名等信息向社会公开。

6. 建立竞争优胜机制

使从事应用研究的科研人员研发真正管用的成果。真正按照科技项目的专业水平及其意义来进行竞争和选择，使优势课题胜出。建立能力本位的选人用人机制、科学高效的资源配置机制、科研至上的行政管理机制、权威内行的学术评价机制。

7. 建立课题招标新机制

对于应用性的科学研究，继续实行"事前招标制"。对于基础性的科学研究，宜实行"事后收购制"。

(三) 建立分类的科技成果评价机制

在职称评审、岗位考评中，扭转重数量、轻质量的不良倾向，注重"质量和创新导向"。基础研究要看有没有原始性的重大发现，技术和工程类研究要看对产业和国家安全的实际影响。依据学术质量和水平评判科研人员的学术贡献，推行"代表作"制，鼓励学术研究创新。基础研究与应用研究分类评价。论文导向的跟踪型研究应转变为"问题导向"的原创性研究和"产品导向"的应用性研究。应用性科技成果评价应让企业家、风投机构等第三方参与进来，着重考量成果转化情况以及成果的产业带动性，推动科技成果走向市场，转化为社会直接生产力。事关国家重大战略需求的规划专项，本是用来从事应用开发的，不能最后以发几篇论文结题。所有重大项目的结题，应严格审查是否具有实用性，鼓励论文写在"大地上"。

(四) 建立共享的科技资源利用机制

建立科学数据共享平台，向各级政府、各大学、研究机构、企业等提供一站式数据服务。鼓励高校、科研院所科技公共服务平台和重大研发载体等对在鄂企业开放。对向社会提供仪器设备开放利用的占用单位以及使用单位实行双向补助制度。打破管理权限，整合利用优势资源，包括科研院所、国有高新技术企业、部属院校拥有的科研优势、研发设备优势，以及工业园区的产业基础优势。

结合新常态下湖北省在"一带一路"、长江经济带、长江中游城市群等战略实施中的科技对外开放合作新要求，突出重点、强化特色，加强在前沿科学及产业关键技术领域的联合研发、区域间的开放创新合作、国际科技创新合作平台的搭建，推动建立项目、平台、区域等多层次的科技对外开放合作体系，构建开放创新新格局。打破管理权限，整合利用湖北优势资源，包括中央在汉科研院所、国有高新技术企业、部属院校拥有的科研优势、研发设备优势，以及工业园区的产业基础优势。加快区域开放创新合作。推动长江中游城市群一体化建设，共同打造中国经济增长"第四极"，加强武汉城市圈与环长株潭城市群、环鄱阳湖城市群的交流合作，深化武汉、长沙、南昌中心城市互动合作。推动武汉加快融入全球创新网络，建设全球研发网络重要节点城市。

(五) 建立顺畅的科技成果转化机制

1. 引导和支持高校、院所与企业建立合作机制

形成一批长期、稳定、制度化的产学研利益共同体，推动跨领域跨行业协同创新。定期发布"高校、科研机构服务经济社会发展排行榜"，对成效突出的予以表彰和奖励。发挥科技奖励对成果转化的导向作用，突出成果应用转化、企业主体、产学研合作、人才培养、关注基层的"五个导向"机制。在人员流动上鼓励学校、院所和企业的科研人员双向兼职，最大限度地调动科技人才创新创业的积极性。

2. 加大科技成果处置权和收益权改革力度

建立和完善高校、科研院所的科技成果处置机制，促进科技成果的资本化、产业化。对财政资助科研项目形成的科技成果，凡不涉及国家安全和重大利益的，其处置权和收益权充分下放到高校。允许各高校根据其自身特点，研究确定各自的转化办法，自主处置科技成果权益，做到"一切荣誉归学校（院所）、一切权益归发明者"。实现高校、科研院所科技成果优先在鄂就地转化。

3. 建立以重大高新技术和产品为核心的产业链条

提升产业竞争力，关键在于形成以创新为根本驱动力，以重大产品和工程为牵引，以重大高新技术和产品为核心，上下游完备、特色突出、竞争能力强的产业链和产业集群。构建以企业为主体，产业链、创新链、人才链、资金链、政策链"五链统筹"的产业创新体系，促进科技与经济深度融合。

（六）建立高效的创新人才激励机制

1. 扩大高校和科研院所自主权

赋予创新领军人才更大的人财物支配权、技术路线决策权，提高科技项目的人力资源成本费。支持35岁以下的优秀青年科技人才主持科研项目，把科技人才从福利安排转变为激励安排，打造高端创新人才聚集区。

2. 构筑国际性人才高地

建设国家海外高层次人才创新创业基地，凝集一批战略科学家、高端创新创业人才和产业领军人才。实行特殊绿卡制度，公共科研机构院（所）长和高校校长面向全球公开招聘，聘请高层次科技人才进入重大科研教育基地担任领军者，科技计划逐步向外国机构、组织和个人有条件开放等。

3. 把企业家作为最重要的创新人才资源

发挥企业家在整合创新要素中的主导作用，贯彻实施"产业第一，企业家老大"理念，通过股权激励、期权激励、分红激励、企业奖励等措施，增强对高层次创新人才的吸引力。

（七）建立多元的创新投入机制

加大政府财政科技投入改革力度，探索建立政府财政资金统筹与引导退出机制，完善财政科技资金功能，实现政府财政科技投入从补助贴息等为主的方式向政府股权投资、共有知识产权、创投引导基金等多种方式转变，更加注重发挥市场机制的决定性作用。充分利用财政资金的杠杆作用和放大作用，吸引和撬动社会资本参与科技创新创业。

统筹财政科技资金的使用方式，优化财政科技资金配置方式，通过采取风险补偿、财政资金后补贴等方式，支持重点行业龙头骨干企业对重大产业关键、共性技术进行自主研究、先行投入。完善财政科技资金与重点产业发展结合的政府科技投入机制，发挥政府财政资金对重点产业发展的引导扶持作用。

放开市场准入门槛，引入社会监督机制，减少政府行政干预，积极探索区域科技创新领域的公私合营模式（PPP）。政府通过外包（公私合资与伙伴关系）吸引民间资本参与区域科技基础设施建设、科技成果转化、科技中试平台建设等项目，公私合作伙伴模式也可引入科技计划体制改革中，使传统单维科技计划管理模式和研发模式转变为市场需求引导的生产研发经营一体化的工程模式。

（八）建立相容的科技文化环境助推机制

以大众创业、万众创新为新引擎，打造全国创新创业高地，建设创新型社会。

1. 培育创新创业文化

积极倡导鼓励创新、宽容失败的创新创业文化，大力培育创客文化。厚植创新创业友好型五种文化，即勇于进取、宽容失败的创新文化；创业致富、"产业第一、企业家老大"的创业文化；重商、亲商、悦商和"信用至上"的商业文化；合作共赢、不求所有、但求所用的开放文化；"敢为人先、追求卓越"的荆楚文化。培育科学精神、工匠精神、卓越意识，树立崇尚创新、创业致富的价值导向，努力使勇于创新创业成为一种品格、一种风尚；宽容失败，努力给予创新创业者尽可能少的心理压力、经济负担；尊重创造，努力让一切创新创业成果得到应有的保护和回报。

2. 加强创新创业平台建设

实施"科技企业创业与培育工程"，加快科技企业孵化器建设，加快众创空间建设。推广"众智、众包、众筹、众创、众享、众扶"六众的创新创业发展模式，大力发展市场化、专业化、集成化、网络化的"众创空间"，形成一批国内知名、特色鲜明的众创空间等新型创业孵化平台。大力推广创业咖啡、创客空间、创新工厂等新型孵化模式，推进建立线上与线下相结合、孵化与投资相结合、大企业带动创业企业的创新创业服务体系。引导支持网商创业等各类基层创业平台建设。支持建设环大学经济圈和创业街区。加强留学人员创业园、未来城等各类平台建设。

3. 完善创新创业保障

落实国家推动大众创业、万众创新的系列政策，完善省级配套措施。大力发展天使投资、创业投资等各类创新投资机构。鼓励发展网络借贷、股权众筹等依托互联网技术的新型融资方式。壮大省创业投资引导基金规模。鼓励科技人员创业。深入推进大学生科技创业专项，在全省范围推广"青桐计划"。深入实施"万名创业人才计划"，全面推广"城市合伙人计划"。建立基层创业支撑服务体系，推动全民创业。

报告撰稿人： 黄　涛　武汉科技大学文法与经济学院副院长、教授、硕士生导师

郭恺茗　武汉科技大学文法与经济学院硕士研究生

湖北省参与长江经济带协同创新的对策研究

武汉大学发展研究院课题组

实施长江经济带发展战略，是中央政府主动适应、把握和引领经济发展新常态做出的重大决策部署。坚持长江经济带发展"一盘棋"，创新区域协同创新机制，打破行政区划界限和市场壁垒，促进创新要素跨区域合理流动和优化配置，增强区域创新驱动发展能力，是加快长江经济带发展、促进我国产业转型升级和经济提质增效的必由之路。湖北省地处长江中游，在国家区域发展战略格局中肩负着"建设支点、走在前列"的重要历史使命，其科技、经济、社会发展直接影响长江经济带开发开放和整体发展。从创新资源禀赋和创新能力比较优势看，湖北省是长江经济带协同创新的重要组成部分和中坚力量，应积极参与长江经济带协同创新并发挥重要支撑作用。

一、湖北省参与长江经济带协同创新的社会背景

（一）湖北省经济社会发展状况

——2006—2015 年十年间，湖北省经济社会得到跨越式发展和提升。全省地区生产总值从 2005 年的 6520 亿元上升到 2010 年的 15806 亿元，2015 年达到 29550.19 亿元；"十一五"期间，年均增长 13.6%；"十二五"期间，年均增长 10.7%。在全国的位次由 2010 年的第 11 位上升到 2015 年的第 8 位，实现 5 年前进 3 位的重大突破。2016 年，在经济下行压力和特大洪涝灾害双重考验下，湖北省地区生产总值比上年

增长8.1%，突破3万亿元，达到32297.91亿元，超越河北晋升为全国第7位，创中华人民共和国成立以来的最好水平。湖北人均生产总值从"十一五"末的4000美元上升到"十二五"末的8000美元，进入中等偏上收入地区行列；地方一般公共财政预算收入先后迈过2000亿元、3000亿元两个大台阶，由全国第20位上升到第9位。民营经济增加值占生产总值比重由"十一五"末的48%提高到"十二五"末的54.9%，全省市场主体总户数达到412.78万户，位居中部第一、全国第五。2016年，湖北省市场主体发展进一步加快，新登记注册企业同比增长22.8%。

——"十二五"期间，湖北省"一主两副"中心城市的带动作用进一步增强，经济总量过千亿元的地级市由"十一五"末的3个增加到10个，武汉经济总量突破万亿元，襄阳、宜昌均超过3000亿元。2016年，武汉以11912.61亿元的GDP总量，占全省比重36.88%，宜昌、襄阳分别以3709.36亿元和3694.51亿元，分列第二、三位，合计占比22.92%，"一主两副"中心城市占全省经济总量59.8%。"十二五"期间，新型城镇化稳步推进，全省常住人口城镇化率达到56.9%，年均提高1.4个百分点；2016年城镇化率进一步提高到58.1%。湖北省城乡一体化步伐加快，新农村建设扎实推进，县域经济蓬勃发展，"四大片区"扶贫攻坚力度加大，区域协调互动、多极带动、多点支撑的发展格局基本形成。

——"十二五"期间，湖北省发展条件大改善。交通基础设施建设突飞猛进，全省综合交通固定资产投资（不含管道、邮政、城市交通）五年累计达到5138亿元，是"十一五"时期的1.6倍。交通枢纽地位巩固拓展，铁路、高速公路、高等级航道营运里程大幅增加，贯通全国全省的骨干网基本形成，全省两万多个行政村开通客车；大通道、大平台、大通关建设实现突破，"汉新欧""鄂满俄"国际货运班列常态化运营，武汉连接四大洲的国际客运航线达到39条，国际交流、交往、交融更加便捷，贸易便利化条件显著改善；城乡面貌焕然一新，对内对外开放的环境日臻完善。2016年，襄阳、宜昌三峡保税物流中心封关运营,武汉新港空港综合保税区获批建设。

——"十二五"期间,湖北省大力推进"美丽湖北"建设,生态文明加速发展。启动实施主体功能区、生态省建设等重大规划,十堰(含神农架)、宜昌成为国家首批生态文明先行示范区,咸宁市、郧阳区、石首市、京山县、罗田县成为国家首批生态保护与建设示范区。节能减排成效显著,单位生产总值能源消耗累计降低22%左右。循环经济、节能环保产业发展加快,共创建6大类19个国家循环经济示范试点。造林绿化成效显著,森林覆盖率达到41.2%。农村面源污染治理力度加大。城市(含县城)污水处理率、生活垃圾无害化处理率分别达到86%和90%。2016年,湖北省大力推进长江流域生态治理,实施一批重大生态修复工程;坚持用好绿色指挥棒,严格落实"水十条"、"大气十条"、"土十条",扎实推进"蓝天、碧水、净土"工程;单位生产总值能耗下降4.5%,六大高耗能行业增加值占比降至27%,主要河流水质总体良好,全省17个重点城市PM2.5均值下降16.9%;"绿满荆楚"行动持续推进,累计造林743万亩。截至2016年底,湖北省拥有自然保护区79个,其中国家级自然保护区19个,省级自然保护区27个,自然保护区面积达到110.8万公顷。

(二)湖北省优势产业发展及主要特征

——三次产业结构比重进一步优化。"十二五"期间,湖北省加大转型力度,深入推进经济结构调整,三次产业结构由2010年的13.5∶48.6∶37.9调整为2015年的11.2∶45.7∶43.1,2016年进一步调整为10.8∶44.5∶44.7,先进制造业、高新技术产业、现代服务业发展提速提质,六大高耗能行业增加值比重明显下降。一是现代农业加快发展。到"十二五"末,湖北省粮食实现"十二连增",总产超过540亿斤,创历史最高纪录。淡水水产品、油菜子产量稳居全国第一。主要农作物综合机械化率超过65%,各类新型农业经营主体达到16.4万家。农产品加工业主营业务收入过万亿元,居全国第5位。农产品质量安全水平保持全国前列。二是新型工业化加快推进。大力实施"两计划一工程"和

"四六十"行动方案,推进制造业迈向中高端。工业总产值先后突破3万亿、4万亿。2015年,全省工业总产值达4.53万亿元,是2010年的2.15倍,工业增加值达1.29万亿元,与"十一五"末比净增6700亿元,工业总量从全国第11位提升到第7位。工业占全省生产总值的比重由2010年的38.4%提高到2015年的43%。2015年,主营业务收入4.25万亿元,同2010年相比增长104%;实现利润2233亿元,同2010年相比增长84.6%;全员劳动生产率约14.8万元/人,是2010年的1.6倍;工业产品国内市场占有率从2010年的3.2%提高至2015年的3.7%,提前一年实现"十二五"规划目标。五年累计完成工业项目及技改投资超过4.5万亿元,增速居全国第6位;新增规模以上工业企业7000家左右;全面实施质量兴省战略,全省名牌产品产值突破6000亿元。2016年,全省全部工业增加值12255.46亿元,增长7.8%。年末全省规模以上工业企业达到16464家,比上年净增539家,增长3.4%。规模以上工业增加值增长8.0%。制造业增长8.4%,快于规模以上工业0.4个百分点。高技术制造业增长10.7%,快于规模以上工业2.7个百分点,占规模以上工业增加值的比重达8.3%,对规模以上工业增长的贡献率达10.8%。2016年又进一步新增规模以上工业企业1479家。三是现代服务业提速提质。2015年服务业增加值达到1.27万亿元,年均增长10.8%,对经济增长的贡献率超过第二产业。旅游总收入达到4250亿元,年均增长13.2%;金融、物流发展有新的突破。电子商务交易额超过万亿元,居中部第1位。2016年,服务业增加值增长9.5%,服务业占生产总值比重提高1.4个百分点;电子商务交易额1.39万亿元,增长26.4%;全省网上零售额达到1121.2亿元,比上年增长22.7%,其中实物商品网上零售额827.7亿元,增长28.5%。

——优势产业核心竞争力持续增强。"十二五"期间,湖北省发展的内生动力不断增强,发展质效不断提高,千亿元以上产业由7个增加到17个,五大支柱产业加快向"万亿元"迈进。一是支柱产业实力增强。"十二五"期间,食品、石化、汽车、电子信息、机械、纺织、钢铁、建材、电力、有色等产业规模不断壮大,占全省工业主营收入比重达91%。其中，食品工业规模总量接近8000亿元，连续两年位居全国第3位，对全省工业经济增长贡献率达到19%；汽车产业规模总量居全国第7位；石化产业规模总量居中部六省第1位。二是新兴产业与高技术产业发展水平得到提升。2015年，全省完成高新技术产业增加值5029亿元，是2010年的2.95倍，同比增长12.98%，高于工业增速4.3个百分点；高新技术产业增加值占全省GDP比重达到17%。2016年，装备制造业、高新技术产业增加值又分别增长11%、13.9%。"十二五"期间，湖北省战略性新兴产业的发展基础和后发优势得到进一步凸显，多个领域取得创新性突破，新的增长动力加快孕育生成，新产业、新业态、新模式、新技术蓬勃发展。其中，装备制造和信息技术产业链发展逐渐完备，产生了一大批创新能力强、技术水平高的企业和产品，在全球产业分工中占有一席之地；生物产业、节能环保产业初具规模，拥有一批有较强市场竞争力的骨干企业和名牌产品；新能源汽车发展迅速，成为全省汽车产业新的增长点。

——产业集聚及其效益逐步显现。"十二五"期间，湖北省充分发挥比较优势，着力培育各具特色的产业集群，引导产业集聚发展，形成了一批规模大、实力强、特色鲜明的产业集群。一是产业集群逐步壮大。2015年，全省拥有14个国家级和26个省级新型工业化示范基地，以及7个国家级高新技术开发区。形成各类产业集群200多个，关联企业13000多家，拥有员工170多万人，年销售规模超过2万亿元。其中，重点成长型产业集群97个，实现销售收入1.51万亿元，同比增长15.3%，高于全省工业平均增长水平4个百分点，占全省规模以上工业销售收入的35%。二是部分产业集群已形成特色产业和品牌。全省90个重点成长型产业集群根据自身的资源优势，突出区域特色，打造一批区域品牌，获省著名商标认定370件，名牌产品260个。东湖光通信和激光装备制造、宜昌磷化工、汉江五百里汽车走廊等一批具备全球竞争力的大集群不断发展壮大。其中武汉市东西湖区食品加工产业集群是全国食品工业强区、国家新型工业化(食品)产业示范基地，先后引进百事食品、可口可乐等60多家国内外知名食品企业入园，培育了周黑鸭、金龙鱼等9个中国驰名商标及27个省著名商标和名牌产品。东湖光通信、武汉高端装备、十堰汽车及零部件、襄阳轴承、宜昌医药、大冶劲酒、宜昌稻花香等产业集群结合实际，培育了一批国内外知名度高、附加值高、竞争力强的区域品牌。

——"两化融合"稳步深入推进。"十二五"以来，湖北省信息化与工业化融合呈现出领域扩展、融合深化、服务增强、支撑带动能力提高的良好态势，新增长动能加快形成，互联网与各行业加速融合。一是"两化融合"总体水平持续提升。全国"两化融合"发展水平评估报告显示，湖北省"两化融合"发展总指数持续增长，2015年达到82.41，居全国第9位；工业应用指数达到81.59，居全国第6位。以MES（制造执行系统）、ERP（企业资源计划系统）、SCM（供应链管理系统）、PLM（产品生命周期管理系统）为核心的工业应用类指标位居全国前列。二是"两化融合"管理体系推广普及。2015年全省"两化融合"试点示范企业达到500家，较2010年增加300家。"十二五"期间，湖北省组织"两化融合"培训数千人次，完成千家企业对标评估，39家企业获批国家贯标试点，6家企业正式通过认定。三是产业数字化改造升级进展显著。围绕《湖北省加快推进信息化与工业化融合行动方案（2014—2017年）》，以六个重点产业和四个优势传统产业为突破口，推动人工转机械、机械转自动、单台转成套、数字转智能，促进产品、装备、工艺、管理、服务的全方位改造。大力开展智能制造试点示范工作，首批试点示范企业达14家。制造企业逐步剥离非主营业务，交通运输、现代物流、金融服务、工业设计等生产性服务业正加快与信息技术融合发展，电子商务、物联网、云计算等新一代信息技术在工业领域广泛应用。

二、湖北省参与长江经济带协同创新的基础条件及比较优势

湖北省是我国科教大省，最大的资源是科教资源，最大的优势是以科技创新为支撑的全面创新优势。湖北省参与长江经济带协同创新，必

须充分利用科技创新基础条件,并努力发挥科技创新比较优势。

(一)湖北省参与长江经济带协同创新的基础条件

湖北省高度重视实施创新驱动发展战略,积极创建国家创新型试点省份,统筹推进以科技创新为核心和引领的全面创新。科技创新历来在湖北具有举足轻重的战略地位,1993年湖北在全国率先提出实施"科教兴鄂"战略;2006年湖北省省委、省政府作出建设创新型湖北的决定,并将建设创新型湖北作为构建促进中部崛起战略支点的重要支撑;2007年湖北省九次党代会进一步提出把创新写在湖北发展的旗帜上;2012年湖北省第十次党代会上明确将"创新湖北"纳入"五个湖北"建设总体框架,作为未来"黄金十年"发展的总任务之一,并将"创新湖北"作为"五个湖北"建设的动力之源。2016年,为践行创新、协调、绿色、开放、共享的发展理念,深入实施创新驱动发展战略,国家科技部批复同意湖北建设国家创新型省份。"十二五"以来,湖北省科教资源进一步聚集,科技创新能力不断提高。根据科技部《中国区域科技进步评价报告2015》,湖北省2015年综合科技进步水平指数为62.84%,比2014年的59.20%提高3.64%,位居全国第10位,在中部地区处于领先地位。

——在科技创新投入方面。湖北省财政科技投入逐年快速增长,引导带动全社会加大创新投入。从2008年到2015年,湖北省地方财政科技支出从23亿增加到157.36亿元,占地方财政支出的比重从1.4%增加到2.57%;全社会R&D经费支出从149亿增加到570.3亿元,R&D占GDP比重从1.31%增加到1.93%。按照科技部《中国区域创新能力监测报告2015》数据,2014年湖北省地方财政科技投入134亿元,位居中部地区第一。2014年,湖北省企业研发费用加计扣除额超过80亿元,共有1180家高新技术企业享受税收减免优惠,减免所得税36亿元。2016年,湖北省R&D经费支出620亿元,比上年增长10%,占全省生产总值的1.92%。面对中央财政科技计划管理改革第一年的重大调整变化,省内高校、院所、企业和科技人员,与全省科技部门共同积极衔接，共争取国家重点研发计划、自然科学基金项目2385项，经费总额超过30亿元，项目推荐数、入选率、立项数均保持了较高水平，充分体现了湖北省持续增强的自主创新能力和科技竞争实力。其中，由华工科技牵头的"基于超导回旋加速器的质子放射装备研发"项目获国拨经费1.96亿元。另外，2016年，湖北省全年共争取国家高技术产业发展项目6个，争取国家资金8.3亿元。

——在科技创新人才聚集方面。2015年底，湖北省共有科技人员38.84万人；R&D人员21.81万人，居全国第7位；在鄂两院院士70名，入选国家"973"计划首席科学家79人次，国家"千人计划"专家273名，居全国前5位。2016年，湖北省积极争取国家创新人才推进计划、万人计划等人才工程的支持，重点围绕企业组织实施"省双创战略团队计划"和"省百人计划（企业类）"等省级重大人才工程，有效整合了各类创新资源支持科技人才创新创业。2016年，湖北省39人入选科技部创新人才推进计划，首次超越江苏位列全国第三；66人入选国家第二批"万人计划"，位居全国前列。通过省自然科学基金的前期培育，2016年，湖北省又一批优秀科技人才成长为具有较强影响力的学术领军人才，新增3个国家创新群体和13位"国家杰青"，是湖北省近几年获批人数最多的一年，其中省属高校首次获批2位"国家杰青"，从而使全省"国家杰青"达到188名，国家创新群体达到17个。作为我国著名高等教育大省，2016年末，全省普通高等教育本专科在校生140.18万人，毕业生39.42万人，研究生招生4.08万人，在校研究生12.21万人，毕业生3.55万人，均居全国前列。省会武汉高等院校密集，是世界上在校生和毕业生最多的城市。仅在东湖国家自主创新示范区，自2009年实施"3551光谷人才计划"以来，已聚集海内外4000多个人才团队、4万多名硕士以上人才、326名"国家千人计划"专家、152名"湖北省百人计划"专家、1238名"3551光谷人才计划"入选者。据统计，在东湖国家自主创新示范区1063家高新技术企业中，拥有"3551"人才的企业为328家，占总数的31%；在2016年新认定的299家瞪羚企业中，拥有"3551"人才的企业为136家，占总数的45%。东湖国家自主创新示范区"建设人才特区"7年来，创新创业人才大幅集聚，创新创业活力明显增强，创新创业能力不断提升，高新技术产业、尤其是战略性新兴产业不断壮大。

——在科技创新平台建设方面。湖北省目前拥有123所高等院校，尤其是部属高校约占全国总量的10%，超过中部地区其他五省之和；中国科学院武汉分院、武汉邮电科学研究院等大院大所云集武汉。依托高校、院所和骨干企业建设了一大批科技创新平台（基地），在鄂国家级科技创新平台数量居全国前列、中西部地区之首。武汉光电国家实验室是全国6个国家实验室之一，此外湖北省还建有国家重点实验室27个、国家部委重点实验室58个、国家工程（技术）研究中心19个、国家企业技术中心44家、国家级产业技术创新战略联盟8家、国家技术转移示范机构20家（位居中部地区第一）。湖北省从产业发展实际需要出发，依托行业领军企业和高校院所，建设了一批省级产业技术研究院、工程技术研究中心、校企共建研究中心等省级产业技术创新平台，成为区域经济发展的重要支撑。截至2015年，湖北省共有省级产业技术研究院11家，省级重点实验室149家，省级工程技术研究中心384家，省级校企共建研发中心205家。2016年，又新支持组建3家省级产业技术研究院、9家省级重点实验室、4家省级产业技术创新战略联盟、新认定64家省级工程技术研究中心、45家校企共建研发中心，进一步优化了覆盖基础研究、应用开发、成果转化等各个环节，支撑工业、农业、社会发展等各个领域的科技创新平台建设布局。湖北省深入探索财政科技投入方式创新，大力推进建立以平台为载体承担项目的工作机制，2016年，省级科技计划项目资金60%以上用于支持各类创新平台，重大项目100%由省级以上技术创新平台承担，实现了平台持续创新能力和项目研发成功率的"双提升"。2016年，湖北省以国家技术转移中部中心建设为主线，加快完善科技中介服务体系，全面启动襄阳、宜昌两个分中心实体平台建设，全面推进科惠网二期开发，采集资源有效性达到95%以上。湖北省还以大型科学仪器协作共享平台为依托，大力推进科技资源开放共享，首次实行科研仪器设备开放共享"双向补贴"，经第三方机构审核，全年共补贴使用单位108家，补贴金额740.9万元；补贴提供单位65家，补贴金额241.8万元。

——在全面创新先行先试方面。"十二五"期间湖北省国家创新型试点省份建设、武汉市系统推进全面创新改革试验城市建设和国家创新型试点城市、东湖国家自主创新示范区建设、武汉城市圈科技金融改革创新试验区建设陆续获批并有序推进。此外，国家还在鄂布局建设技术转移中部中心，批准建设东湖国家军民融合科技创新示范基地。2016年12月，国家在武汉市中部地区中心城市建设的既有基础上，进一步批准武汉建设国家中心城市。2009年，武汉东湖新技术开发区成为第二个国家自主创新示范区，围绕体制机制创新方面不断加大改革创新工作力度，在股权激励、"新三板"扩容和税收试点等政策上先行先试；出台《东湖国家自主创新示范区条例》，将有关成功经验做法上升为法律，确保示范区改革创新于法有据、有序进行；积极发挥辐射带动作用，与周边地区合作共建了23个"园外园"。在科技部最新公布的全国高新区评价中，东湖国家自主创新示范区综合排名居全国第3位。武汉、襄阳、宜昌三个国家创新型试点城市，作为湖北省一元多层次发展战略定位的"一主两副"中心城市，在建设区域创新体系中不断探索，取得积极成效。2015年，武汉市委、市政府出台《关于加快推进全面创新改革建设国家创新型城市的意见》等"1+9"政策文件，总体部署了一系列重大任务和举措。2015年9月，武汉市作为全国8个全面创新改革试验区之一，纳入国家系统推进全面创新改革试验的总体方案中。襄阳市注重培育科技型中小企业，是首批国家科技创新服务体系建设试点之一，同时还是国家可持续发展实验区和国家科技进步示范市；宜昌市围绕新材料产业谋求创新突破，打造完整的产业链和技术创新体系，成为全国唯一的新材料产业示范城市。2016年8月，中国（湖北）自由贸易试验区正式获批建设。湖北自由贸易试验区实施范围119.96平方公里，涵盖武汉片区70平方公里、襄阳片区21.99平方公里、宜昌片区27.97平方公里。其战略定位是：以制度创新为核心，以可复制可推广为基本要求，立足中部、辐射全国、走向世界，努力成为中部有序承接产业转移示范区、战略性新兴产业和高技术产业集聚区、全面改革开放试验田和内陆对外开放新高地。其发展目标是：经过三至五年的改革探索，对接国际高标准投资贸易规则体系，力争建成高端产业集聚、创新创业活跃、金融服务完善、监管高效便捷、辐射带动作用突出的高水平高标准自由贸易园区，在实施中部崛起战略和推进长江经济带发展中发挥示范作用。2016年12月，国家发改委正式发布武汉市建设国家中心城市指导意见，要求加快将武汉建成全国经济中心、高水平科技创新中心、商贸物流中心和国际交往中心，以此增强辐射带动功能、支撑长江经济带发展，激发改革创新动力、推动中西部地区供给侧结构性改革，构筑内陆开放平台、纵深拓展国家开放总体格局。

——在科技创新创业政策供给方面。近年来湖北省在省级层面成立了科技体制改革专项领导小组，不断完善科技体制改革总体设计，持续为科技创新创业清障搭台，努力提高科技创新创业政策供给质量。据不完全统计，2008—2016年，湖北省密集出台了30余件关于加快高新技术产业发展、鼓励创新创业、促进科技成果转化、创新科技投入机制、建立自主创新长效机制等方面的激励和保障政策，省科技、发改、经信、财政、人社、税务、教育、检察院等部门又相继出台了配套政策80余件，形成了一套完整的创新政策法规体系，并不断督促落实，全省创新政策法规环境不断优化。2012年8月，东湖国家示范区先行先试，出台了《促进东湖国家自主创新示范区科技成果转化体制机制创新的若干意见》("黄金十条")；湖北省2013年12月出台了《促进高校院所科技成果转化暂行办法》("科技十条")及其实施细则；武汉市2014年上半年出台了《市人民政府关于深化高校、科研机构职务科技成果使用、处置和收益管理改革的意见》("汉十条")。从"黄金十条"到"科技十条"、"汉十条"，都坚持"下放使用权和处置权、扩大收益权"的改革思路，率先在全国实现了科技成果转化政策的突破，激发了科技人员转化科技成果的活力，在全国产生了巨大影响。为大力推进和服务大众创业、万众创新，东湖国家示范区2014年12月又率先推出《东湖国家自主示范区关于建设创业光谷的若干意见》(光谷"创业十条")；在此基础上，2015年5月，湖北省科技厅立足全省实际，推出针对性更强、力度更大《深入推进科技创业的十条意见》（"科技创业十条"），主要围绕建设新型创业服务平台和专业技术平台、优化科技创业金融环境、建立健全科技创业牵引服务机制、加大财政资金支持力度、优化创新创业配套服务等方面进行政策扶持。2015年，湖北省出台了《深化体制机制改革加快实施创新驱动发展战略的实施意见》，在更大范围、更高层次上动员和整合了省直相关部门政策资源和手段，有效减少了政出多门、职责不清、目标分散的缺陷。同年启动实施了"湖北省科技成果大转化工程"，颁布的促进科技人员服务企业的"新九条"，率先提出改革企业委托研发项目经费管理办法，提高科技人员的科研劳务收入比例，重视科技人员的"活劳动"，从简落实研发费用加计扣除政策和技术性服务增值税政策。2016年，湖北省坚持整体推进和重点突破相结合，不断深化科技体制改革。一是制定出台《湖北省自主创新促进条例》，将湖北近年来科技体制改革的一系列成熟做法，以地方立法形式予以确立和保障。二审议出台《湖北省科技创新发展"十三五"规划》、《湖北省深入推进科技体制改革实施方案》、《湖北省创新型省份建设推进计划》等三项综合性文件，进一步明确了"十三五"全省科技创新发展和创新型省份建设的总体部署、具体目标、重点任务和职责分工。三是制定出台了与"科技成果转化十条"、"科技人员服务企业新九条"相配套的横向科研经费管理办法和个人所得税征收细则，着力打通政策落实"最后一公里"，为科技人员创新创业、转化科技成果解除后顾之忧。四是颁布实施《关于加快发展新经济的若干意见》（"新经济十六条"），围绕营造宽松包容发展环境、健全人才集聚流动机制、完善财政金融支撑体系、支持创新创业平台建设，出台了16条具体细则，以此大力推动湖北省经济转型升级，释放新经济发展活力。

（二）湖北省参与长江经济带协同创新的比较优势

近年来，湖北省深入实施创新驱动战略，取得了有目共睹的一系列重大成就，形成了参与长江经济带协同创新的比较优势。

——比较优势之一：科技创新成果持续稳定增长。按照《中国区域创新能力监测报告2015》数据，2014年湖北省许多科技创新产出指标位居全国前列，SCI 收录科技论文数中部地区第一、EI 收录科技论文数中部地区第一、CPCI-S 收录科技论文数中部地区第一、万人国际科技论文中部地区第一、万人国内科技论文中部地区第一。2008年以来，湖北省科技人员承担的国家自然科学基金和"973计划"项目数量一直保持在全国前列。2014年，湖北登记重大科技成果1778项，稳定应用、转化1697项；2015年，湖北省获国家科技奖27项，连续多年获奖总数居全国第4位和中部地区第一；2016年，共有29项成果获国家科技奖，获奖数量继续保持全国前列、中部领先优势。截至2016年，湖北省已有51个学科进入ESI世界学科排名前1%，在全国位居第四，其中武汉大学测绘科学与技术、华中科技大学机械工程等9个学科全国排名第一。2015年，湖北省共登记科技成果1963项，同比增长10.4%；发明专利申请量居全国第11位，发明专利授权量居全国第9位，均比上年前进一位；湖北省技术合同成交额不仅在中部地区稳居第一，从2014年的全国第5位跃居到第2位。2016年，湖北省登记技术合同24248项，实现技术合同成交额927.73亿元，较上年增长11.76%；获得国家科技奖励29项，其中作为第一完成人13项，较上年增长2项，继续保持全国前列；发明专利申请量和授权量分别比上年增长45%和9.6%，万人发明专利拥有量从去年的4.3件提高至5.39件。湖北省标准化发展也取得新成就，截至2015年年底，全省企事业单位主导或参与研制国际标准27项、国家标准1246项、行业标准4804项、地方标准1021项、备案企业标准19044项。

——比较优势之二：技术突破引领产业转型升级。近年来，湖北省围绕产业链部署创新链，面向区域重点、优势、特色产业发展需求，瞄准产业技术创新主攻方向，着力推动核心关键技术攻关和成果产业化，引领支撑产业转型升级提质增效。湖北省大功率激光器、9轴联动高性能数控系统、彩色聚合碳粉、非制冷红外焦平面探测器、北斗米级差分导航与厘米级广域实时精密定位系统、语联网云翻译平台等重要创新成果实现了产业化，打破了国外技术封锁和产品垄断，填补了多项国内空白，成为产业提档升级的动力引擎和高新技术产业发展的"源头活水"。湖北省在光电子设计与制造、光纤光缆、超大容量光传输、下一代光通信等领域掌握了一批具有自主知识产权的核心技术，创造了光通信领域的一系列"中国第一"，使我国光纤通信成为高技术及产业发展中与发达国家差距最小的领域之一。"武汉·中国光谷"是全球最大的光纤光缆生产基地，全国最大的光电器件生产基地、激光技术产业化基地，已成为中国在光电子信息领域参与国际竞争的知名品牌。湖北在双低油菜、红莲型杂交稻、优质猪、淡水水产品、莲藕以及动物疫苗等领域的技术力量、产量均居全国第一。2016年，湖北省在光电子信息等高新技术领域取得一系列新突破、新进展：烽火通信再次刷新了光传输世界纪录，达到每秒560Tb，一根光纤可供135亿人同时通话；武汉锐科研制出大功率光纤激光器用特种光纤，突破了国际特种光纤产业垄断格局；华中科技大学研发的"智能微铸锻"金属3D打印技术，成功制造出世界首批3D打印锻件，改变了长期以来由西方引领的"铸锻铣分离"的制造历史；扬子江汽车集团与中国地质大学（武汉）合作研制的全球首款以液态氢为驱动能源的客车"泰歌号"成功下线，将极大地推动氢能在汽车领域的产业化应用进程；铁四院高速动车组安全运行保障技术成功运用于武汉动车段，全面提升了我国高铁动车组运维保障高端装备设计制造水平。另外，在农业科技领域，鄂马铃薯11号、鄂西瓜17号、猕猴桃和茶树立体种植等23项公益性成果有望达到量产。在社会发展和民生领域，可控式胶囊内窥镜、十八导心电图机等一批世界领先的创新成果进入市场，国产"质子刀"有望打破高端医疗装备进口垄断。在知识创新领域，测绘遥感国家重点实验室研发了全球首颗专业夜光遥感卫星"珞珈一号"，波谱与原子分子物理国家重点实验室星载铷原子钟已批量应用于北斗卫星和实践卫星，铁路轨道安全省重点实验室焊轨基地单线生产能力达到世界领先水平。

——比较优势之三：高新技术产业促进调结构转方式。"十二五"以来，湖北省高新技术产业增加值年均增长18.6%，高新技术产业增加值占 GDP 的比重平均每年提高 1.1 个百分点，高新技术产业日益成为湖北稳增长、调结构、转方式最主要的驱动力。2015 年，湖北省完成高新技术产业增加值 5029 亿元，是 2010 年的 2.95 倍，同比增长 12.98%，高于工业增速 4.3 个百分点；高新技术产业增加值占全省 GDP 比重达到 17%。2015 年，湖北省新认定高新技术企业 833 家，高新技术企业总数达到 3317 家。2016 年，湖北省高新技术产业实现增加值 5574.54 亿元，较上年增长 13.9%，其中高新技术制造业实现增加值 4761.62 亿元，增长 13%，高于同期工业增速 5 个百分点。2016 年，在国家高新技术企业认定标准进一步硬化、细化、量化的情况下，湖北省高新技术企业申报数和通过率均再创历史最好水平，共有 1894 家企业通过评审，净增 1080 家；高新技术企业总数突破 4000 家，实现三年翻番，稳居中部第一位。目前，湖北省已构建了以东湖国家自主创新示范区为龙头，东湖、襄阳、宜昌、孝感、荆门、仙桃、随州等 7 个国家高新区(中部第一)为重点，18 个省级高新区、25 个国家高新技术产业化基地和国家火炬计划特色产业基地、50 个省级高新技术产业化基地和火炬计划特色产业基地为支撑的高新技术产业园区布局。湖北省高新区实现高新技术产业增加值占全省的比重达到 70%，成为全省高新技术产业发展的核心载体和重要增长极。2016 年，湖北省积极推进将县市科技创新综合考评结果以指数形式纳入了省委省政府县域经济考核指标体系，省委组织部争取将"高新技术产业增加值占 GDP 的比重"纳入市州领导班子考核指标体系，进一步增强了考核结果的权威性和对市县科技创新发展的引导激励力度。

——比较优势之四：科技创新创业先行先试。近年来，湖北省围绕新常态下打造经济新引擎的新要求，抢抓国家大力推进"双创"发展的政策契机，进一步加大了"科技企业创业与培育工程"实施力度。湖北省坚持以科技企业孵化器"扩规提能增效"为抓手，不断丰富和拓展"四个对接"工作内容、优化调整"3A 考评"指标体系，进一步构建完善了上下联动、齐抓共管推进科技企业培育的工作体系，更加有效地引导了资金、项目、人才、平台等创新创业要素向科技创业企业聚集，更加有力地提升了科技企业孵化器专业化服务水平。武汉留学生创业园、华工科技企业孵化器等成长为广受业内认可、具有较强区域影响力的孵化器品牌；宜昌微特公司传感物联孵化器、烽火集团烽火创新谷、武汉医疗器械企业孵化器迅速形成了产业配套微集群。2016年，以科技企业孵化器为核心载体，加快完善创新创业服务体系，新建省级科技企业孵化器40家，国家级科技企业孵化器5家，众创空间26家，全省各级各类科技企业孵化器总数超过500家，包括省级以上孵化器139家，其中国家级51家，位居全国前列、中部第一。全省各级各类科技企业孵化器建筑面积突破1200万平方米，在孵企业总数超过16000家，平均每年新增在孵企业近3000家，仅2016年就新增4500多家。湖北省科技厅较早实施"科技促进大学生创业就业专项行动"，激发了全社会创新创业的热情，创客空间、创业咖啡、梦想集装箱等一批众创空间蓬勃发展，以"创业路演+天使投资"、"校园创客+创业辅导"、"创业孵化+创业投资"等为代表的新型创业孵化模式日趋成熟，创业大赛、创业路演等活动精彩纷呈。科技创业已成为湖北省"双创"工作中最为活跃的特色和亮点，武汉"青桐汇"创业服务模式进高校、下市州，在全省各地广为复制，成为全国创业界的知名品牌。

——比较优势之五：科技金融全方位加快推进。湖北省科技金融全方位推进，武汉城市圈成为全国第一个科技金融改革创新试验区。湖北省于2008年设立第一支省级政府引导基金——湖北省创业投资引导基金，充分发挥政府财政资金的引导撬动作用和市场对金融资源配置的决定性作用，加快科技成果转化，提升全社会支持大众创业、万众创新的科技金融服务能力，有效缓解了科技型中小企业融资难问题。截至2016年上半年，湖北省创投引导基金的总规模合计6.879亿元，采取阶段参股、项目跟投等方式参股设立创投子基金19支，子基金总规模达39.8亿元，实现杠杆放大效应超过9倍。2016年，湖北省首次开展了省创投引导基金绩效考核评价工作，省创投引导基金累计完成项目投资308项，投资总额达到23.79亿元，运行8年来首次荣登"全国政府引导基金二十强"。在湖北省创投引导基金的示范带动下，武汉市设立了规模5.835亿元的科技创业投资引导基金，发起设立子基金31支，协议规模达到39.74亿元；东湖国家自主创新示范区设立子基金26支，总规模超过55亿元；宜昌、襄阳、荆州、十堰、鄂州、黄石、黄冈、仙桃、潜江、天门等地市先后设立了政府性创投引导基金，全省已初步形成较为完善的横向协同、纵向联动的创业投资服务体系。2015年，湖北省获得科技部创业投资引导基金和国家战略性新兴产业引导基金5.2亿元，吸引深创投、日本大和、硅谷天堂等国内外知名创投机构来鄂设立基金，培育了省高投、华工创投、长江资本等知名本土创投机构，2015年，湖北省登记各类股权投资类企业912家，注册资本546.69亿元，较上年同期分别增加了49.75%和15.9%。另外，湖北省科技厅2016年还出资4亿元参与省级股权投资引导基金，探索建立科技成果转化投入新机制。目前，湖北创业投资体系建设已跃居全国前列，中部第一。光谷产权交易所建立了全国区域股权市场首个"科技板"，已挂牌融资的科技型中小企业350余家。全省科技型企业成长路线图计划重点培育了465家企业，其中10余家已在创业板上市，120余家成长为省重点上市后备企业。湖北省已连续9年主办"中国中部（湖北）创业投资大会"，连续5年主办中国创新创业大赛（湖北赛区），科技金融生态环境持续优化。2015年底，为积极解决投融资中的信息对称和征信体系方面的问题，湖北省创业投资引导基金管理中心联合武汉知识产权交易所和腾讯武汉公司等专业机构，启动建设湖北科技金融创新创业服务平台。截至2016年，湖北科技金融创新创业服务平台建设成效明显，已汇集全省1.3万余家科技型企业、400余家省内外投资和金融机构、近百家产业园区和孵化器、600余种金融产品，建立了线上线下服务对接工作机制，已帮助省内科技型中小企业促成融资8.22亿元。

——比较优势之六：深化对外开放合作创新。"十二五"期间，湖北省坚持"开放合作"与"支撑引领"并举、"请进来"与"走出去"并重，筑牢湖北国际合作基础，培育企业全球创新能力，在服务国家外交大局中体现了"湖北担当"，在促进湖北开放发展中发挥了"科技作为"。以硅谷连光谷"双谷"合作为代表的国际科技合作长效机制走向深化，一批省内高校、科研院所与企业在海外设立研发中心或技术推广基地，湖北省高新技术产品出口持续增长，战略性新兴产业国际化步伐不断加快。截至2015年，全省已建成国家、省级科技合作基地87家，与150多个国家和地区建立了经济贸易和技术合作关系，引进光电、能源、生物、材料等领域海外高层次人才3200多名，生物基因诊断及治疗中俄大功率碟片激光器等一大批国际水平高新技术在鄂"开花结果"，以北斗技术、现代种业、光电信息为代表的高技术成果在"一带一路"沿线和部分非洲国家"落地生根"，对促进全省经济结构调整和外贸结构调整起到了重要作用。2016年，湖北省国家、省级国际科技合作基地突破百家，实现了对省内优势学科和产业的全覆盖；共组织15批科技项目团组赴境外交流洽谈，巩固和拓展了湖北对外合作渠道，促成了省中医院等单位与芝加哥康复研究所共建康复研究平台等一批重大科技合作项目；主办及承办了"2016年中国南非高技术展示交流会"、"县域科技型企业合作研发精准对接专场"等一系列国内外重大对接活动，组团参加了多个国际知名展览，服务近300家企业对接国际创新资源、加快海外布局。2016年，湖北省高新技术产品出口达到94.09亿美元，同比增长17.4%，科技外向度进一步提高。2016年，东湖国家自主创新示范区首次设立海外引才基地，从全球范围引进人才。通过举办中国光谷"3551"青年创业大赛，覆盖欧洲主要发达国家和国内十余个重点省市，辐射海内外十多万名创业者，发现了大量新的优质候选人才项目。

尽快湖北省的创新发展取得了一定成绩，但积极主动融入长江经济带一体化发展还不够，尤其是在创新和协同创新发展中还存在一些问题，甚至缺乏应有的忧患意识。目前，湖北省正在深入贯彻落实"十三五"规划、大力实施创新驱动发展战略、加快发展方式转变的关键时期。中部地区崛起、长江经济带、长江中游城市群等多重国家战略以及东湖国家自主创新示范区、"两型社会"建设综合改革发展试验区、全面创新改革试验区等多重国家政策的叠加，为湖北省提供了创新发展的难得机遇。面对新形势、新任务、新要求、新挑战，湖北省主动融入长江经济带建设，开展国家创新型省份试点建设，是事关全省发展全局的长远性、战略性重大任务，对深入贯彻落实国家战略部署，进一步将湖北省创新优势转变为经济发展强大动力，推进湖北经济社会发展全面驶入创新驱动轨道，加快成为中部地区崛起重要战略支点和长江经济带的脊梁，具有极其重要的现实意义和深远的历史意义。

三、湖北省参与长江经济带协同创新的积极行动及主要障碍

湖北省承东启西、连南接北，科教资源丰富，创新能力较强，一直是区域协作的积极发起者和参与者，有能力、有意愿、有条件、有经验参与长江经济带协同创新，尤其是引领和支撑长江中游经济带的创新发展。

（一）湖北省参与长江经济带协同创新的积极行动

湖北省参与长江经济带协同创新，有着深厚的区域协作基础。早在20世纪80年代中末期、90年代初开始的第一轮沿江开发热潮中，湖北省就在长江沿岸中心城市经济协调会、中南经济技术协作区、武汉经济协作区的框架下，积极开展区域经济与科技等方面的协作，并取得了令世人瞩目的成绩。

随着中央"促进中部地区崛起"重要战略构想的正式提出与深入实施，湖北省将发展重心放到"构建中部地区崛起重要战略支点"上，以武汉城市圈、长株潭城市群、环鄱阳湖城市群为基础构建长江中游城市集群的条件也基本成熟。2012年2月，湖北省、湖南省、江西省在武汉召开长江中游城市集群会商会议，共同签署了《加快构建长江中游城市集群战略合作框架协议》，共同争取将构建长江中游城市集群上升为国家战略，抱团在中部崛起，构建互利共赢、长期稳定的区域合作关系。2015年3月，国务院批复《长江中游城市群发展规划》，以此"指导和推进今后一个时期长江中游城市群合作联动与一体化发展"，要"在

全国率先建立城市群一体化发展模式"。

从 2012 年开始，长江中游地区城镇发展、基础设施、产业布局、生态文明、社会公共服务"五个一体化"开始启动，特别是在交通、商务、旅游等方面进展较大。在科技协作方面，湖南、江西和湖北省科技厅已于 2012 年 3 月底在武汉签署了《长江中游城市集群科技合作框架协议》，这是中部地区湘鄂赣三省在科技领域的首个跨省域的合作协议。根据协议内容，为推动湘鄂赣三省科技创新跨越式发展，湘鄂赣三省科技厅将在八个方面开展广泛深入的合作：建立科技联席会议制度，加强整体统筹部署；组织实施高新技术产业共性关键技术研发与产业化项目，做强高新技术产业；进行强强联合，联合争取国家科技计划支持；推动产学研合作创新，实现技术与产品对接、技术与资本对接；促进人才流动，共建全国或区域性产业技术创新战略联盟，推动科研基础条件平台的开放，实现科技创新资源共享；加强科技计划管理与协调，开放共享评审专家信息库；围绕沿长江、环洞庭湖、环鄱阳湖等重点区域的农业和资源环境，开展区域可持续发展战略研究；设立长江中三角科技创新论坛，共同研究探讨区域创新发展的政策措施等。《长江中游城市集群科技合作框架协议》的签订，是贯彻落实湘鄂赣三省《加快构建长江中游城市集群战略合作框架协议》的重要举措，是实现科技发展差异化共赢、多样化共荣的重要探索，标志着"中三角"科技合作正式启动，湘鄂赣三省将充分发挥科技支撑作用，共同推动长江中游城市集群由要素驱动向创新驱动转变。

从 2009 年开始，湖北省掀起了新一轮沿江开发的热潮，以解决湖北长江经济带发展滞后的问题。湖北长江经济带横贯东西，全长 1041 公里，国土面积 54168.5 平方公里，人口达 2750.1 万。按照《湖北长江经济带发展规划（2009—2020）》，计划把湖北长江经济带建成引领省域经济社会发展和促进中部地区崛起的现代产业密集带、新型城镇连绵带、生态文明示范带，使之真正成为湖北省经济发展的主轴。规划中明确提出，要促进全流域的联动发展，上中下游共同推进长江经济带的一体化建设，建立起以上海为龙头、武汉为龙身、重庆为龙尾，自东向西传导辐射众多大中小城市的长江沿岸经济一体化体系，形成我国最具国际竞争力的经济增长带。从长江上中下游经济一体化发展构思而言，这实际上就是长江经济带发展战略的雏形。作为长江经济带创新发展的率先实践者，湖北省有意愿、有行动、有经验积极参与长江经济带协同创新。

长江经济带协同发展是湖北省融入"一带一路"战略的依托和支撑。"一带一路"是新常态我国构建海陆统筹、东西互济、全方位对外开放新格局的重要战略部署，可以为湖北省经济社会发展带来扩大对外经贸投资、促进产业转型升级、缓解资源要素瓶颈、优化政策等机遇。虽然湖北省地处内陆腹地，既不沿海又不沿边，开放区位优势不明显，但依托长江黄金水道，承东启西，衔南通北，可以成为中部地区崛起和长江经济带协同发展的重要支点，以及丝绸之路经济带和21世纪海上丝绸之路有机衔接的重要节点。历史上，长江中上游向东出海，湖北省是必经之路，九省通衢的老汉口曾是长江水道最著名、最重要的商埠之一；向北途经蒙古俄罗斯贯穿欧亚大陆的万里茶道，汉口是起点。目前，国家规划的"五纵五横"大通道，有三条涉及湖北省，在长江经济带11省中湖北省干线最长；武汉已经开通了"汉新欧"国际班列、"武汉新港"试验航线和30余条国际航线等，形成了铁水公交立体大通道。通过大力发展多式联运，借助长江黄金水道和"汉新欧"班列，湖北西进丝绸之路经济带，东联海上丝绸之路都十分便利。因此，一方面湖北省是联动长江经济带和"一带一路"两大战略的中枢，另一方面长江经济带协同发展是湖北省全方位融入参与"一带一路"建设，充分发挥腹地战略支撑作用，建设内陆开放型经济高地的依托和支撑。

目前，湖北省经济已经进入国家第一方阵，经济总量位居全国第七位。湖北省正处在工业化、城镇化、信息化、现代化发展的上升阶段，投资和消费需求旺盛。新一轮经济发展由要素驱动转入创新驱动之后，创新资源优势和科技创新实力就成为湖北省适应新常态、率先实现创新驱动发展的坚实基础，创新驱动将成为引领湖北省科学发展、跨越式发展、实现全面建成小康社会的核心动力。湖北省不仅有积极参与长江经济带协同创新的强烈意愿,而且具有参与长江经济带协同创新的重要基础和有利条件。

新中国成立以来,国家高度重视湖北省、尤其是武汉市在长江流域发展中的重要地位,许多长江流域的管理机构、科研机构、服务机构、骨干企业及重大工程布局于此。如国家长江水利委员会、交通运输部长江海事局、长江流域水资源保护局、武汉海事法院、长江科学院、长江勘测规划设计研究院、中国长江航运(集团)总公司、长江航运规划研究院、长江航运科学研究所、葛洲坝水电工程、三峡水电工程等。国家重点实施"一带一路"、京津冀协同发展、长江经济带建设三大战略,更加凸显了湖北省在全国发展格局中的战略地位,提升了湖北省承东启西的区位功能,为湖北提供了更为广阔的发展空间和有利条件。武汉国家中心城市建设、中国(湖北)自由贸易试验区建设、国家创新型省份建设等国家级战略叠加带来的诸多创新机遇,湖北省完全有能力依托丰富的科技创新资源,充分发挥科技创新资源禀赋和科技创新能力比较优势,积极参与长江经济带协同创新,引领和支撑长江中游经济带创新发展,为长江经济带协同创新发展和"一带一路"建设做出重要贡献。

(二) 湖北省参与长江经济带协同创新的主要障碍

尽管湖北省具有参与长江经济带协同创新的良好意愿、基础条件和比较优势,但也客观存在一些障碍。

——科技发展阶段性影响长江经济带协同创新。目前,长江经济带东部地区是国家政策先期扶持对象,已处在以科技创新为主的技术知识集约化阶段;而长江经济带中部地区和西部地区属于国家政策后期扶持对象,尚处在以制造业为主的高加工度化阶段,其科技出现相对滞后。由于国家对长江经济带各区域的政策扶持时期不同,各区域间的科技创新发展差异较大,梯度差异极为明显,在一定程度上影响、制约、阻碍了长江经济带的协同创新。

——行政区划壁垒影响长江经济带协同创新。由于根深蒂固的地方保护主义,以省际行政单位为核心的分治模式形成省际行政壁垒,阻碍了长江经济带相关省市间科技创新要素的自由流动。不能以市场为导向的科技创新要素配置将会影响区域间的科技创新要素协作效率和当地产业能级提升优化。正常的产业发展会呈"雁行发展"趋势，东部沿海地区产业会向长江中上游地区梯度转移，从而带动中西部地区的产业发展。由于历史形成的行政壁垒会阻断产业转移，目前长江经济带相关省市间的产业发展相对独立，缺乏密切联系，以至于创新要素难以自由流动，阻碍了区域间的协同创新。

——产业同构同质性影响长江经济带协同创新。从总体上看，长江经济带中西部地区的相关省市，仍主要处于投资驱动型经济发展阶段，其主导产业基本以石油、天然气、烟草加工、黑色金属、食品加工等传统产业为主，缺乏相应的科技创新要素投入。目前，长江经济带相关省市之间的产业同构同质性现象十分严重，区域间存在盲目攀比和恶性竞争的现象，以致削弱甚至忽视了竞争与合作所必需的协同创新。

——技术创新主体弱影响长江经济带协同创新。目前，长江经济带中西部相关省市，普遍存在市场主体发育不够，中等规模以上企业偏少，科技型中小企业规模小数量较少。企业技术创新能力薄弱，特别是中小企业创新意识不强，研发投入不足。湖北省大中型企业中有研发活动的比例仅为 23.6%，规模以上工业企业中有研发活动的企业比例为 10.3%，小型工业企业中有研发活动的企业比重仅为 7.7%。规模以上工业企业 R&D 经费支出占主营业务收入的比重仅为 0.8%，低于 0.93% 的全国平均水平。企业产品主要集中在中低端，科技创新在产品价值中的作用没有得到充分体现，有竞争力的自主品牌明显不足。企业技术创新能力不强阻碍长江经济带协同创新。

——战略性技术投入不足影响长江经济带协同创新。目前，长江经济带中西部相关省市普遍存在战略性、前瞻性技术持续投入不足的问题。对比上海、江苏、浙江等省市基础研究资金投入情况，上海等省市基础研究财政拨款均超过 2 亿元，其基础研究在财政拨款中的占比达到 14%，广东、江苏、浙江也达到 6% 左右，湖北省的投入比重约在 5%，但规模仅为 5000 万元左右，投入严重不足。战略性技术创新投入问题，使一批基础性的科技创新平台得不到稳定性支持，严重影响了创新的稳定性和持续性，导致重大创新技术及其产品不足，从而对长江经济带协同创新形成障碍。

——创新体制机制不优影响长江经济带协同创新。长江经济带、尤其是长江中上游地区创新体制机制问题依然突出，应用研发体系薄弱，产学研深度结合机制有待突破，特别是企业创新激励机制不健全，企业创新动力不足，科技成果转化的市场体系不完善。科技服务机构普遍存在规模小、服务能力弱等问题，而整体科技服务行业呈现结构不合理、发展不平衡、服务市场不规范的问题，导致科技服务体系的功能严重不足，且发挥作用十分有限。在科技创新服务能力建设方面，政府有关职能部门仍未形成积极主动的创新服务新常态；在创新服务水平上，其服务意识、执行能力、操作能力、观察能力和解决问题能力，与创新发展的需求不完全适应。创新体制机制客观存在的问题，直接影响到长江经济带协同创新。

四、促进湖北省积极参与长江经济带协同创新的对策建议

为加快建立长江经济带协同创新机制，提升区域创新能力，推进创新成果转化和创新资源合理配置，使创新真正成为长江经济带发展的动力源泉，促进长江经济带相关省市发展实现互惠互利、合作共赢，特提出促进湖北省积极参与和推动长江经济带协同创新的对策建议。

(一) 建立长江经济带协同创新工作联系机制

在国家发展和改革委员会主导的推动长江经济带发展领导小组办公室会议以及省际协商合作机制框架下，尽快成立由长江经济带相关省市分管科技创新工作领导共同组成的"长江经济带协同创新推进理事会"，负责长江经济带协同创新的顶层设计以及协同创新过程中重大问题的决策、组织、实施与协调。长江经济带协同创新推进理事会秘书处地址，建议在长江经济带的超大城市上海市、重庆市和武汉市之间选择，并实

行长江经济带相关省市轮值负责制。

——定期组织召开"长江经济带协同创新联席会议",由长江经济带协同创新推进理事会秘书处负责召集有关领导及专家参与,主要负责协调长江经济带协同创新重大专项申报,统筹协同创新行动,解决协同创新问题,组织协同创新活动,加强协同创新宣传。在联席会议框架内建立科技创新行政管理部门紧密联络机制,设立"长江经济带科技创新首长热线",切实加强相关省市在创新战略、创新政策、创新计划、创新行动、创新服务等方面的衔接和互动。

——由长江经济带协同创新推进理事会牵头,组织相关省市政府有关部门共同编制《长江经济带协同创新专项规划》,经长江经济带协同创新联席会议讨论、修改和完善后,由长江经济带协同创新推进理事会成员省市共同实施。《长江经济带协同创新专项规划》作为指导性规划,应明确协同创新的指导思想、基本原则、战略目标、发展路径、重点领域以及保障措施等。

——由长江经济带协同创新推进理事会协商相关省市政府部门,制定长江经济带相对统一的协同创新行动、协同创新评价及协同创新激励政策,坚持协同创新政策供给的前瞻性、共享性、普惠性和适用性。积极推进长江经济带相关省市科技创新行政管理部门相互授权,认可对方组织评定认同的高新技术企业、高新技术成果、高新技术产品、科技中小企业、研发机构、科技中介机构等;凡经相关省市科技行政管理部门认定的科技组织及科技创新活动,可在长江经济带范围内享受相对统一的优惠政策;对推动长江经济带科技创新、产业转型具有重大贡献的协同创新成果,予以共同奖励。

——由长江经济带相关省市科技行政管理部门和科学技术协会牵头,建立以长江经济带相关省市享受国家特殊政策的新区、示范区、试验区、开发区、科技园、产业园为节点的组织网络;加强各类新区、示范区、试验区、开发区、科技园、产业园之间的联系、交流与沟通;以多种形式及时总结各类新区、示范区、试验区、开发区、科技园、产业园的先行先试经验,并相互实现优先互惠共享。

(二) 构建长江经济带协同创新利益共同体

加快长江经济带开发开放，必须构建长江经济带协同创新利益共同体，并发挥重要的驱动引擎作用，其本质上是利益相关者对共同的、各自预期利益的理性追求。加快构建长江经济带协同创新利益共同体，必须始终强化利益相关者的"共识、共担、共建、共创、共享"理念。所谓"共识"是对长江经济带发展在国家战略中重要意义的共同认识；"共担"是在"共识"基础上对历史赋予长江经济带发展重要战略使命的共同担当；"共建"是对长江经济带发展软硬设施、软硬环境的共同建设；"共创"是对长江经济带发展模式及路径等方面的共同创新创造；"共享"是对长江经济带建设成就及其衍生利益的共同分享。

——加快构建长江经济带协同创新利益共同体，必须积极处理好利益相关者的相互关系。必须基于利益共同体的基本理念，努力倡导长江经济带协同创新利益共同体成员之间相互尊敬、相互理解、相互学习、相互开放、相互依托、相互竞争、相互补充、相互激励、相互促进。

——加快构建长江经济带协同创新利益共同体，必须着力于协调利益相关者的共同行动。利益相关者要"求大同、存小异"，立足各自特色、发挥各自优势，努力践行机遇共同把握、挑战共同应对、难题共同破解、改革共同推进、资源共同利用、市场共同建设、政策共同争取、产业共同拓展、品牌共同打造、利益共同分享。通过利益相关者的一致行动，形成促进长江经济带协同创新的合力和凝聚力。

——加快构建长江经济带协同创新利益共同体，必须在利益相关者之间多方面、多层次、多领域的合作上下工夫。利益相关者要加强合作交流、制订合作规划、完善合作机制、扫清合作障碍、拓宽合作领域、提升合作层次、深化合作项目、协调合作行动，并不断寻找协同创新的"利益聚集点"，不断提高利益相关者之间协同创新的协调性，不断强化长江经济带协同创新利益共同体的自我意识和自觉意识。

(三)建立长江经济带产业协同创新政策协调机制

整合长江经济带产业发展资源,建立产业发展政策协调机制,强化相关省市产业分工协作,注重产业配套与产业价值链延伸,促进产业互补发展和错位发展,大力开展产业技术协同创新和产业协同发展,着力构建面向未来的现代产业体系。

——明确长江经济带产业政策导向,建立完善"沟通衔接、全面推进"的联合协作机制,统筹协调产业规划实施、产业布局、优化资源配置等工作,促进区域产业互动发展,实现产业发展共赢。在国家产业政策框架下,共同编制长江经济带产业结构调整指导目录,联合出台并实施差异化的引导政策。

——长江经济带相关省市互相支持支柱产业发展,对相关省市已经形成竞争力的支柱产业,其他省市应该主动对接,做好配套服务。建立产业跨区域转移的利益共享机制,推进长江经济带相关省市之间的产业双向转移。通过高质量的长江经济带产业政策供给,激励长江经济带上海、南京、合肥、武汉、南昌、长沙、重庆等超大城市和区域中心城市,大力发展高新技术产业、战略性新兴产业和现代服务业,不断优化产业结构,提升参与竞争力,并发挥辐射带动作用,向周边地区转移一般加工业,布置配套企业,建立生产基地;积极支持长江经济带超大城市和区域中心城市周边地区企业,充分利用超大城市和区域中心城市的综合服务功能,自觉融入这些城市,并根据企业发展需要设立行政总部、研发中心、营销中心等,更便捷地获取企业发展所需要的人才、信息、资金、市场等资源。

——大力推进长江经济带相关省市跨行政区划项目合作,通过共建产业园区和共同实施重点项目,积极推动上下游产业配套发展,实现区域资源整合和联动发展。充分发挥长江经济带相关省市行业协会、商会、研究会的桥梁作用,共同搭建促进产业合作发展平台。

(四)打造长江经济带协同创新联盟

为深入贯彻落实国家"一带一路"发展战略,发挥科技创新合作对长江经济带各省市融入"一带一路"建设的先导作用,围绕沿线国家科技创新合作需求,协同推进、全面提升长江经济带各省市科技创新合作层次和水平,打造发展理念相通、要素流动畅通、科技设施联通、创新链条融通、人员交流顺通的协同创新联盟。

——协同推进长江经济带与"一带一路"沿线国家人文交流,扩大人员往来。与沿线国家共同培养科技人才,扩大杰出青年科学家来长江经济带各省市工作计划规模,广泛开展先进适用技术、科技管理与政策、科技创业等培训。鼓励长江经济带科技人员赴沿线国家开展科技志愿服务,解决技术问题,满足技术需求。合作开展科普活动,促进青少年科普交流。密切与沿线国家科技政策的交流与沟通,形成科技创新政策协作网络。

——协同推进长江经济带各省市与"一带一路"沿线国家开展联合研发,共同建设技术转移中心。结合沿线国家的重大科技需求,鼓励长江经济带各省市科研机构、高等学校和企业与沿线国家相关机构合作,围绕重点领域共建联合实验室(联合研究中心),联合推进高水平科学研究,开展科技人才的交流与培养,促进适用技术转移和成果转化,构建长期、稳定的合作关系。合理布局、协同推进,共建一批先进适用技术示范与推广基地,促进与沿线国家技术交流合作与转移。合作建设一批特色鲜明的科技园区,探索多元化建设模式,搭建企业走出去平台。鼓励科技型企业在沿线国家创新创业,推动移动互联网、云计算、大数据、物联网等行业企业与沿线国家传统产业结合,促进新技术、新业态和新商业模式合作。

——协同推进长江经济带各省市与"一带一路"沿线国家科技基础设施互联互通。加强适应性关键技术研发和技术标准对接,支撑铁路、公路联运联通,以及电网、信息通信网络互联互通,保障海上丝绸之路运输大通道建设。加快数据共享平台与信息服务设施建设,促进大型科研基础设施、科研数据和科技资源互联互通。持续推进大型科研基础设施国际开放，优先在"一带一路"沿线国家建立平台服务站点。建立地球观测与科学数据共享服务平台，实现亚太主要地球观测数据中心互联。搭建生物技术信息网络，促进沿线国家生物资源和技术成果数据库的共建共享。

——协同推进长江经济带各省市与"一带一路"沿线国家的合作研究，积极开展重大科学问题和应对共同挑战的合作研究。加强在农业、人口健康、水治理、荒漠化与盐渍化治理、环境污染监控、海水淡化与综合利用、海洋和地质灾害监测、生态系统保护、生物多样性保护、世界遗产保护等重大公益性科技领域的实质性合作，推动在中医药、民族医药等领域开展生物资源联合开发、健康服务推广。在航空航天、装备制造、节水农业、生物医药、节能环保、新能源、信息、海洋等领域加强合作开发与产业示范，提升长江经济带重点产业创新能力。

（五）发挥湖北省在长江经济带协同创新中的表率作用

加快长江经济带开发开放是事关我国战略格局优化和可持续发展的重大决策，促进长江经济带协同创新需要相关省市共同努力，并作为利益共同体发挥重要的相互支撑作用。湖北省作为长江经济带、尤其是长江中游的重要省份，更肩负着国家赋予的"建设支点、走在前列"的战略使命，必须勇于担当和先试先行，在积极推进长江经济带协同创新利益共同体建设方面做出表率。

——湖北省应进一步解放思想，切实转变发展观念，努力提高对长江经济带开发开放的思想认识，自觉肩负和勇于担当国家赋予的重要战略使命，明确将融入和促进长江经济带发展作为"建设支点、走在前列"重要抓手，将加快构建利益共同体作为推进长江经济带协同创新的关键点和切入点，并具体落实在湖北省跨越式发展的有关实际工作中。

——湖北省应进一步贯彻落实《长江经济带发展规划纲要》、《促进中部地区崛起"十三五"规划》、《长江经济带创新驱动产业转型升级方案》、《国家发改委关于支持武汉建设国家中心城市的指导意见》等系列文件，以《省人民政府关于国家长江经济带发展战略的实施意见》为指导，实现湖北省相关创新发展规划与国家政策、规划衔接，制订参与长江经济带建设的具体推进计划和行动。按照国家战略部署及长江经济带功能定位，突出发展战略重点，采取更加有力高效的举措，切实加快推进武汉长江经济带超大城市、武汉国家中心城市建设。

——湖北省应进一步强化作为长江经济带开发开放战略支点的自我意识，积极为长江经济带发展"鼓"与"呼"，努力为加快构建长江经济带协同创新利益共同体"造势"。湖北省应尽快与其他相关省市共同发起成立"长江经济带协同创新推进理事会"、"长江经济带协同创新高峰论坛"、"长江经济带协同创新基金"以及"长江经济带协同创新资源共享平台"等，积极推进各项有利于长江经济带发展的具体工作。

——湖北省首先应立足 2016 年建立的长江中游地区省际协商合作机制，切实加快长江中游地区协同创新机制建设。同时，要充分利用长江下游地区省际协商合作机制、长江上游地区省际协商合作机制，进一步从全流域整体角度促进长江经济带协同创新机制建设，尽快形成强有力的融入和推进长江经济带发展工作专班，以此作为公共平台，整合全省相关资源并形成合力，加强与长江经济带相关省市之间的沟通和交流，积极谋略、策划和创造多方联系与合作的机会，努力构建多方紧密联系、集思广益、坦诚合作、各尽其责的长效机制。

——湖北省应进一步明确推进长江经济带协同创新发展思路，在行动上由先"虚"后"实"尽快过渡到"虚实并举"。在努力"造势"以形成长江经济带利益共同体发展共识的同时，必须实实在在地寻求长江经济带协同创新、合作共赢的利益"切入点"，寻求长江经济带相关省市之间资源互补、优势互补的利益"共振点"，尤其是寻求长江经济带产业创新链互补、产业价值链互补的利益"兴奋点"。

课题负责人： 李　光　中国科学学与科技政策研究会副理事长、武汉大学发展研究院院长、教授、博士生导师
课题组成员： 易晓波　武汉大学发展研究院副教授、博士

马贵兵　湖北省科学技术协会调研宣传部部长
刘远翔　武汉大学发展研究院副教授、博士
陈桂香　武汉大学博士研究生
刘义胜　武汉大学博士研究生

非均衡发展区域创新资源统筹与协调配置机制研究
——以湖北省创新资源统筹与协调配置为例

盛建新 等

区域发展不平衡是人类社会发展中一个较为普遍的现象，我国作为一个发展中国家，客观存在区域发展不平衡现象。本研究报告以湖北省为例，研究非均衡发展区域创新资源统筹与协调配置机制问题。

一、非均衡发展理论与非均衡发展表现

（一）非均衡发展与均衡发展理论研究

1. 非均衡发展理论与均衡发展理论

区域经济学在研究区域发展差异时形成了两种不同的理论，一种是区域均衡发展理论，另一种是区域非均衡增长理论。非均衡发展理论主要针对发展中国家或欠发达区域，从现有资源的稀缺性角度指出均衡发展的不可行性，强调将有限的资源有选择地集中配置在某些产业部门和地区，使这些部门和地区得到优先发展，从而实现整个经济全面进步。均衡发展理论则认为，区域经济发展在市场机制的作用下通过区域内部资本积累过程和区域间生产要素流动，最终会自动趋向均衡。

2. 非均衡发展与均衡发展的关系

非均衡与均衡是贯穿于区域经济发展过程中的矛盾统一体，二者相互交替，不断地推动区域系统从低层次向高层次演化。在区域经济发展中，由于各地的时空背景、基础条件和发展潜力等客观因素的差异，总

是一个区域的发展较另一个区域更迅速，非均衡是绝对的，在资源一定的条件下，经济力和社会力的作用只会加大这种差距，并以牺牲其他区域的经济发展为代价。均衡发展则是一个动态过程，需要经过非均衡的运动上升和发展到新的均衡状态，在现实的区域经济发展中，也存在着因市场作用和政府干预而使非均衡逐渐趋向均衡的可能性。

（二）非均衡发展的主要表现

现阶段，我国经济非均衡发展的主要特征是地区发展不平衡，发展不平衡是指发展过程中出现的不协调、不匹配和不和谐的关系，是人类社会发展中一个较为普遍的现象，无论在全球还是在一个国家范围内，发展过程的不平衡性始终存在，只不过不同阶段的表现程度不同而已。

1. 收入分配差异

新中国成立初期，我国分配领域占统治地位的"平均主义"思想使得当时的生产效率极为低下。为了打破"平均主义"，适当合理拉开收入差距，中央推行了"效率优先，兼顾公平"的政策，这一做法对提高效率、发展经济成效显著，但随着经济的快速发展，又出现了收入分配差距过大的现象。

2. 基础设施投资差异

中国地域辽阔，人口众多，属于典型的大国经济类型，各地区之间的投资环境差异很大，我国的基础设施建设投资构成存在显著的地区差异。

3. 产业结构差异

改革开放以来，各地区依托市场需求和比较优势，积极发展特色产业，产业结构调整步伐加快，产业布局规模持续扩大，各地区经济总量持续增加，产业结构趋于合理，但转型升级任务依然艰巨。总体上中国三大区域的产业结构都处于一个全面演变和升级时期。

4. 城乡发展差异

现阶段，我国社会面临的主要矛盾之一是城乡二元经济社会结构的矛盾，城乡差距已经成为我国发展面临的一大挑战，也是进一步发展生产力和促进社会进步最大的体制性障碍。

二、国内外统筹协调创新资源促进区域经济均衡发展的经验

(一)国外发达国家协调区域经济均衡发展的经验做法

1. 英国利用政策替代市场方法解决区域发展差异

(1)通过强化创新服务体系建设营造良好创新生态环境

英国政府大力支持在落后地区建立专门的技术服务和金融服务机构,建立"自由企业园区"和"免税港"等,为落后地区工业提供基本服务,对落后地区企业开展研发给予服务优惠,降低企业在技术创新中的成本支出,鼓励企业进行研发,促进企业在技术上有所飞跃。

(2)通过财政倾斜补助推动落后地区企业提升自主创新发展能力

英国政府积极通过补助政策来增强落后地区的竞争力和创造力,逐步引导培养落后区域的自我创新发展能力。

(3)通过人才引进和培养推动人才向落后地区聚集

为解决落后地区高科技人才紧缺的难题,英国政府积极在落后地区出台大规模的住房项目,为高科技劳动力的迁移提供住房,吸引高科技人才迁往落后地区,同时,政府还为企业的高科技劳动力提供培训补贴,帮助企业引进人才、培育人才、留住人才。

2. 日本通过高技术聚集城市建设推动区域均衡发展

(1)通过政策优惠吸引高技术企业和科研机构入驻

为了吸引高技术企业和科研机构进驻欠发达地区,日本政府专门为欠发达地区提供财政补贴、税收减免、财政贴息(政府代企业支付部分或全部贷款利息)、加速折旧(加快折旧速度,减少应纳税所得额的一种税收优惠措施)等优惠政策,通过面向欠发达地区的差异化政策,吸引高技术企业和科研机构落户。

(2)通过政府投入推动建设产学研研究中心

为了提高欠发达地区的科研能力，日本政府通过政府投资推动国立大学和国家科研机构在欠发达地区与当地企业、大学和研究机构合作建设研究中心，加强发达地区与欠发达地区间的产学研合作。

(3) 推动高技术聚集城市建设

为推动欠发达地区走创新赶超之路，日本政府指定26个地区进行高技术聚集城市建设，技术聚集城市的开发，将高技术产业分散到了地方，使工业人口和工业产值、高技术产业在全国实现了均衡发展，对促进地方的均衡发展发挥了很大的推动作用。

3. 美国通过落后地区再开发政策推动区域均衡发展

(1) 通过财税金融政策支持欠发达地区经济发展

美国联邦政府对南部和西部的财政支出有明显的偏向性，而东北部和中北部净流入为负值，实际上是把东北部和中北部的一部分税收收入转移到南部和西部，给予落后地区以资金支持。

美国政府实行差别化的税收政策援助欠发达地区。为了进一步激励资本向落后地区流动，联邦政府扩大了州和地方政府的税收豁免权。州政府也积极以减免税政策作杠杆，推动本州的经济发展。

美国政府利用投融资等金融手段，鼓励私人企业和外资企业向落后地区投资。对在落后地区投资的私营企业和外国企业，提供长期低息或无息贷款，贷款数额最高可达土地、建筑以及机器和设备总成本的65%，贷款期限最长在25年以上。同时还对在落后地区投资的公司给予技术援助。

(2) 通过加强落后地区的基础设施建设提升落后地区的发展硬环境

美国政府特别重视信息高速公路的发展，建设全国信息网络，实现全国乃至全球的经济、科技等信息在各地区均能平等享受。在信息的获取、处理、运用上，区域之间几乎没有什么差别。这使一些落后地区和老工业基地通过及时掌握市场、科技信息，发展高新技术产业而后来居上。

(3) 通过建立高校院所提高落后地区人口的科技素质

在联邦政府及地方政府的资助下，美国在落后地区建立了著名的伊利诺斯大学、康奈尔大学,在南部和西部成立了多家科研机构和大学,这为高科技企业的投资提供了软环境,直接推动了西部地区的开发和创新发展。

(4)通过军民融合发展推动落后地区产业发展

美国利用军事拨款,军事工业转民用工业,支持落后地区的高科技产业发展。

(二)国内发达省市协调区域经济均衡发展的探索

1. 江苏省统筹科技创新协调苏南、苏北发展不均衡问题的探索

(1)协同创新发展,资源优化配置

以落实区域共同发展战略为根本,增强区域开发原动力。江苏通过实施"五方挂钩",促进了南北产业、财政、科技、劳动力的大转移。一方面充分利用苏南在招商引资、资本和人才等方面的优势"筑巢引凤",加快了工业化进程,推进跨越式发展;另一方面,苏南地区较好地缓解了困扰经济发展的制约,进一步拓展了空间"腾笼换鸟",在更大范围内优化资源配置,增创新优势,提升竞争力。

(2)工业结构转型升级,引导科技项目投放

支持发达地区科技含量高的产业向苏北地区转移,促进产业升级转型。鼓励和引导省内外发达地区资本到苏北创办科技含量高、经济效益好、吸纳劳动力多的企业(项目),支持苏北工业经济转型升级,支持新能源产业加快发展,加快淘汰本地落后产能,严防外地落后产能向苏北转移,坚决防止污染转移。

(3)以实施园区共建为抓手,提升区域发展竞争力

从2007年开始,江苏探索南北共建园区创新实践,鼓励苏南重大产业转移项目落户苏北,先后出台了《关于进一步加强共建园区建设政策措施》以及建设发展情况考核评价办法,对转移到苏北符合国家产业政策的重大产业项目,适当降低建设用地门槛。

(4)引导创新人才、平台向苏北地区流动

鼓励、引导各类优秀人才向苏北地区流动。实施"高层次创新创业

人才引进计划"和"企业博士集聚计划",在同等条件下对苏北资助对象给予倾斜。分层分类地抓好高层次企业经营管理人才的培训工作。

2. 广东省促进区域协调发展,解决粤东西北地区发展不足

(1)创新财政资金帮扶模式,解决欠发达地区资金不足问题

创新财政资金扶持方式,设立75亿元的竞争性扶持资金,通过公开竞标的方式评选省示范性产业转移工业园区,激发各地推动"双转移"的积极性。

(2)加强区域合作,扩大产业聚集效应

强化省内区域合作推动效应。近年来,广东省内区域间的对口帮扶、互利合作不断加强。

(3)推动创新人才、平台向落后地区集聚,完善科技创新服务体系

鼓励省直单位、企事业单位、退(离)休专业技术人员和青年志愿者到粤东西北地区服务。扶持粤东西北地区大型骨干企业建设科研基地,开展科技型中小微企业培育工程。

3. 陕西缩小区域经济发展差距,促进关中、陕北、陕南三大区域协调发展的探索

(1)完善顶层设计,助力区域经济发展

为了协调陕西三大区域经济的发展,缩小区域差异,陕西省委省政府于"十一五"提出"关中率先发展,陕北跨越发展,陕南突破发展"的发展战略和规划。

(2)发挥政府主导作用,加大对欠发达地区投入

一是对欠发达地区的投资倾斜,中央和省上投资项目选址充分考虑平衡区域经济发展需要,尽可能将项目安排在陕南等经济落后地市。二是加大了对欠发达地区的财政转移支付力度。

(3)结合区域实际,推动地区差异化、特色化发展

加快三大区域发展,侧重点各有不同:关中主要是提升水平,保证质量;陕北关键要保护环境,节约资源;陕南则重在解放思想,激发活力。

三、湖北省统筹协调创新资源促进区域经济均衡发展的实证研究

(一) 湖北省区域经济发展现状分析

2010—2014年湖北省统计年鉴数据显示,湖北省17个市、州的生产总值中,武汉市作为主要GPD贡献城市,其占比超过全省1/3;宜昌、襄阳作为省域副中心城市,其总值不足武汉市的2/3;其他14个市、州的产值约占全省的40%(见表1、表2)。

表1　　　　2010—2014年湖北市、州的地区生产总值　　　(单位:亿元)

地区	2010年	2011年	2012年	2013年	2014年
武汉	5565.93	6762.20	8003.82	9054.27	10069.48
黄石	690.12	925.96	1040.95	1142.00	1218.56
十堰	736.78	851.25	955.68	1014.12	1200.82
宜昌	1547.32	2140.70	2509.00	2818.07	3132.21
襄阳	1538.30	2132.22	2501.96	2814.40	3129.26
鄂州	395.29	490.89	560.39	630.94	686.64
荆门	730.07	942.59	1085.26	1202.61	1310.59
孝感	800.67	958.16	1105.16	1241.35	1354.72
荆州	837.10	1043.12	1195.98	1334.93	1480.49
黄冈	862.30	1045.11	1192.88	1332.55	1477.15
咸宁	520.33	652.01	760.99	872.11	964.25
随州	401.66	517.99	590.52	661.94	723.45
恩施	351.13	418.19	482.19	552.48	612.01
仙桃	290.97	378.50	442.20	504.28	552.27
潜江	290.67	378.21	441.76	495.20	540.22
天门	219.48	274.52	321.22	355.07	401.86
神农架	12.30	14.53	16.81	18.57	20.24
湖北省	15790.42	19926.11	23220.53	26043.40	28844.22

数据来源:湖北统计年鉴2011、2012、2013、2014、2015.

表2　2010—2014年湖北各市、州的地区生产总值占全省的比重(%)

地区	2010年	2011年	2012年	2013年	2014年
武汉	35.25	33.94	34.47	34.77	34.91
黄石	4.37	4.65	4.48	4.38	4.22
十堰	4.67	4.27	4.12	3.89	4.16
宜昌	9.80	10.74	10.81	10.82	10.86
襄阳	9.74	10.70	10.77	10.81	10.85
鄂州	2.50	2.46	2.41	2.42	2.38
荆门	4.62	4.73	4.67	4.62	4.54
孝感	5.07	4.81	4.76	4.77	4.70
荆州	5.30	5.23	5.15	5.13	5.13
黄冈	5.46	5.24	5.14	5.12	5.12
咸宁	3.30	3.27	3.28	3.35	3.34
随州	2.54	2.60	2.54	2.54	2.51
恩施	2.22	2.10	2.08	2.12	2.12
仙桃	1.84	1.90	1.90	1.94	1.91
潜江	1.84	1.90	1.90	1.90	1.87
天门	1.39	1.38	1.38	1.36	1.39
神农架	0.08	0.07	0.07	0.07	0.07

从2005年、2010年、2015年湖北省统计年鉴数据显示,武汉市作为主要的GPD贡献城市,武汉GDP占全省GDP的增量在不断增加,为全省之最,襄阳与宜昌GDP占比增量也在不断增加,但均小于武汉,其余各市、州的增量与武汉相比,差距较大(见图1)。

综合以上情况,虽然湖北省各市、州GDP呈整体增长的趋势,但

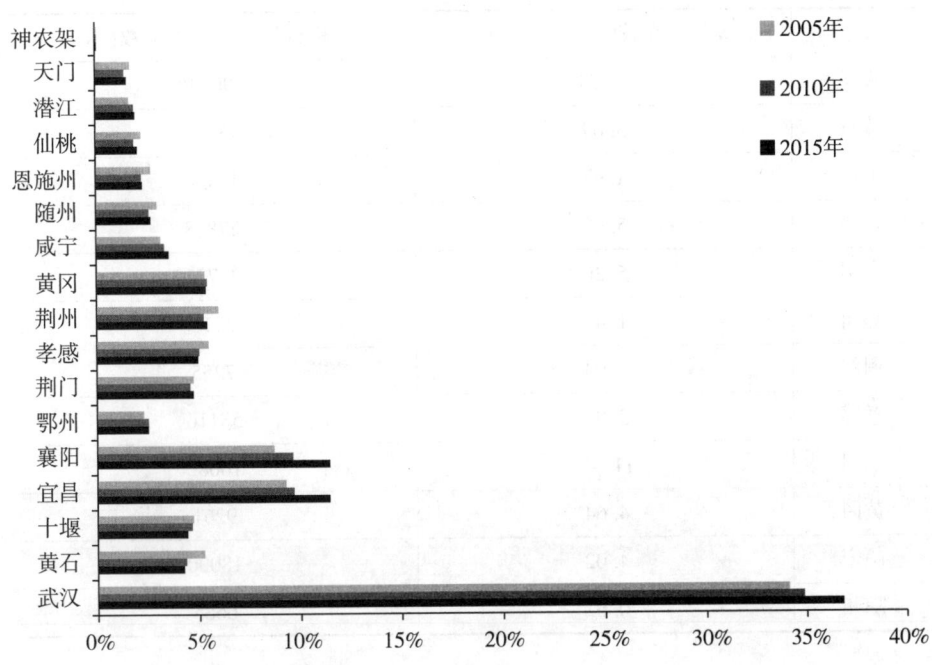

图1 2005年、2010年、2015年湖北市、州的地区生产总值占湖北省生产总值的比例变化图

各市、州生产总值数据反映出各地独立发展,未能建立强联系,彼此之间的差距仍然很大,发展极为不平衡。

(二)湖北省创新资源配置现状分析

1. 科技创新人力资源配置分析

表3、表4显示,湖北省高校学生主要集中在武汉市内,所占比重达全省的66%以上。从湖北省高等院校分布来看,武汉市本科以上高等院校49所,占全省高校总数的69%,其中全省7所"985、211工程大学"都集中在武汉,其他市州高等院校很少,有6个市州没有高等院校,教育资源配置极不均衡。但是,高校学生存在人才流动的现象,只能间接地反映地区科技创新能力基础。

表3　　　　　　　2014年湖北省各市州创新人才资源分布情况

城市	高等学校在校学生人数(万人)	从事科技活动的人员数(人)
武汉	96.21	190536
黄石	3.69	13267
十堰	4.97	14476
宜昌	5.92	27818
襄阳	5.26	29721
鄂州	1.48	3213
荆门	2.04	7255
孝感	3.92	58116
荆州	11.48	10082
黄冈	4.64	9261
咸宁	4.02	18000
随州	0.62	6685

表4　　　　　　　湖北省高等院校分布

城市	本科以上高等院校数量
武汉	49
黄石	3
十堰	5
宜昌	2
襄阳	2
鄂州	0
荆门	1
孝感	2
荆州	3
黄冈	1
咸宁	1

续表

城市	本科以上高等院校数量
随州	0
恩施	2
仙桃	0
潜江	0
天门	0
神农架	0
湖北省	71

2. 科技创新平台资源配置分析

从科技创新平台分布情况来看，湖北省平台配置"区域鸿沟"明显，主要集中在大中城市，尤其是武汉市，而其他市州科技创新平台匮乏。从产业技术研究院的分布来看，武汉市5家，占全省总数的45%，宜昌市2家，襄阳、荆门、黄冈、随州分别有1家(见表5)。

表5　　　　　**2014年湖北省科技创新平台分布情况**

城市	省级以上重点实验室	省级以上工程(技术)研究中心	产业技术研究院
武汉	137	219	5
黄石	8	16	0
十堰	3	22	0
宜昌	9	59	2
襄阳	6	37	1
鄂州	0	6	0
荆门	3	12	1
孝感	2	25	0
荆州	0	24	0

续表

城市	省级以上重点实验室	省级以上工程(技术)研究中心	产业技术研究院
黄冈	2	12	1
咸宁	1	8	0
随州	1	7	1
恩施	2	3	0
仙桃	0	5	0
潜江	0	7	0
天门	0	5	0
神农架	1	0	0
湖北省	175	467	11

数据来源：湖北科技发展报告 2015.

3. 科技创新园区配置分析

从科技创新园区分布情况来看，湖北省各市州分布比较均匀，除个别市州外，都建有省级以上高新区和省级以上农业科技园区。从省级以上高新区来看，建有 2 家以上的有黄石、十堰、宜昌、鄂州、荆门、孝感、黄冈七市，只有恩施土家族苗族自治州和神农架目前还没有省级以上高新区。从省级以上农业科技园区来看，建有 5 家以上的有十堰、宜昌、荆州、黄冈，只有鄂州目前还没有省级以上农业科技园区，其他市州均有分布(见表6)。

表6 2014 年湖北省科技创新园区分布情况

城市	省级以上高新区	省级以上农业科技园区
武汉	1	2
黄石	2	2
十堰	2	5

续表

城市	省级以上高新区	省级以上农业科技园区
宜昌	2	6
襄阳	1	4
鄂州	2	0
荆门	3	2
孝感	2	2
荆州	1	6
黄冈	2	5
咸宁	1	2
随州	1	1
恩施	0	1
仙桃	1	2
潜江	1	2
天门	1	1
神农架	0	1
湖北省	23	43

数据来源：湖北科技发展报告 2015.

4. 高新技术产业发展分析

从数据来看，2014年，湖北省高新技术产业增加值4451.16亿元，其中武汉市高新技术产业增加值2030.73亿元，占全省总数的45.6%，其他市州高新技术产业增加值相对较低。2014年，湖北省高新企业总数为2694家。其中武汉市高新企业数量为1322家，占总量的49%，襄阳市、宜昌市分别以237家、228家位列第2、第3，高于全省的平均水平(见表7)。

表7　　2014年湖北省各市州高新技术产业发展情况

城市	高新技术产业增加值(亿元)	高新技术企业数量
武汉	2030.73	1322
黄石	192.04	94
十堰	156.61	140
宜昌	476.29	228
襄阳	686.56	237
鄂州	100.14	54
荆门	144.82	78
孝感	151.72	124
荆州	129.21	89
黄冈	117.58	107
咸宁	63.93	61
随州	75.86	64
恩施	8.92	15
仙桃	54.46	41
潜江	29.60	17
天门	32.61	19
神农架	0.06	4
湖北省	4451.16	2694

数据来源：湖北统计年鉴2015年、2014年湖北省高新技术产业统计手册.

从数据分布上来看，武汉市"一城独大"现象明显，襄阳和宜昌发展仍显不足，其他市州高新技术产业发展有待进一步加强。

5. 财政科技支出配置分析

政府财政科技支出反映了政府对科技创新的重视程度。从表8可见，宜昌市本级财政科技支出占地方财政支出的比重达5.67%，为全省最高，其后为武汉、荆州以2.29%、2.24%分列第二、三位，有12个市州财政科技支出占地方财政支出的比重不足2%。由此可见，湖北省各市州政府对于科技创新投入存在极大差距，这对各地区的创新资源分布具有宏观导向的影响。

表8　　　　　2014年湖北省各市州财政科技支出数据　　　（单位：万元）

城市	本级财政科技支出	本级财政科技支出占地方财政支出的比重(%)
武汉	258902	2.29
黄石	7463	1.54
十堰	35835	1.38
宜昌	55342	5.67
襄阳	45189	1.96
鄂州	2967	1.47
荆门	6650	1.19
孝感	7099	2.14
荆州	10273	2.24
黄冈	56621	1.34
咸宁	6105	1.13
随州	3599	1.86
恩施	1570	0.83
仙桃	9633	1.36
潜江	12597	2.16
天门	9000	1.66
神农架	750	0.41

数据来源：2014年湖北科技统计数据手册.

6. 科技创新创业服务平台配置分析

湖北省级以上科技企业孵化器和省级以上生产力促进中心主要集中在大中城市，区域分布很不均衡。从省级以上科技企业孵化器的分布来看，武汉市60家，占全省数量的63%，襄阳、宜昌分别为8家、7家，其他市州相对较少(见表9)。

表9　　　　2014年湖北省各市州创新创业服务平台分布情况

城市	省级以上科技企业孵化器数量	省级以上生产力促进中心数量
武汉	60	22
黄石	2	16
十堰	1	9
宜昌	7	15
襄阳	8	11
鄂州	0	1
荆门	3	5
孝感	3	13
荆州	1	1
黄冈	1	2
咸宁	2	2
随州	2	5
恩施	2	2
仙桃	1	5
潜江	1	4
天门	1	2
神农架	0	1
湖北省	95	116

数据来源：2014年湖北省高新技术产业统计手册.

综合来看，湖北省虽然是科教大省、工业大省，但从其人才、产业、政府资源配置等方面分析，可得出以下结论：第一，分布极不均衡，大部分资源都集中在武汉市，"一城独大"现象明显；第二，高校数量、在校学生数量与地区从事科技活动人数没有特别强的正相关性，而从事科技活动的人数直接影响了地区科技创新发展；第三，科技创新平台、创业服务平台和科技创新园区作为创新的重要支撑和载体，在很大程度上决定了地区的科技创新能力水平；第四，高新技术产业是区域创新能力的基础，高新技术企业是区域经济的连接带，它们承担了科技创新成果与市场经济转化的重要角色，同时也承担了市场之于科技创新发展的向导角色，决定了该地区科技创新的循环发展态势；第五，财政科技支出比重在一定程度上反映了政府对科技创新的重视程度，但其支出额度与整体公共财政支出呈正相关关系，即科技创新发展与该地区经济总量密切相关。因此，湖北省创新资源配置情况是各方面环环相扣、紧密联系的整体，其不均衡分布需要从各个层面共同改善。

(三) 湖北省利用创新资源配置促进区域均衡发展的实践探索

1. 以区域协同发展战略推动区域创新资源共享

为推动区域的协同发展，湖北省委省政府提出"两圈两带"（武汉城市圈、鄂西生态文化旅游圈、湖北长江经济带、汉江生态经济带）的区域发展布局，在推动四大区域经济社会发展一体化的进程中，明确提出要加快实现区域创新发展的一体化，构建完善区域一体化的创新资源体系、区域一体化的成果转化网络、区域一体化的高新技术产业互动发展机制、区域一体化的创新服务体系、区域一体化的人才自由流动与配置机制，加快实现各类创新要素在区域内的自由快速流动。

2. 以城市带动战略推动城市间的均衡发展

为推动城市的协同发展，湖北省提出一主两副的城市带动战略，增强武汉、襄阳、宜昌中心城市功能，健全以先进制造业、战略性新兴产业、现代服务业为主的产业体系，提升城市综合实力，增强区域辐射带动能力和竞争力，带动武汉城市群、襄十随城市群、宜荆荆城市群加快发展。支持武汉加快建设国家创新中心，全面提升创新引领功能、产业带动功能和综合服务功能，向国家中心城市迈进。

3. 以政府层面的区域合作帮助落后地区解决重大创新问题

为协调全省科技创新资源服务地方经济发展，湖北效仿国家做法，建立了厅市会商制度，厅市会商是部省会商制度的有效延伸，旨在建立省厅与地市之间信息沟通和工作联动机制，采用省市互动，以市为主的方式，通过省平台，集成全省科技资源，着力解决地方经济社会发展的技术瓶颈问题、核心关键共性技术问题、重点创新平台问题等重大创新工作,通过厅市会商帮助地方提升自身的创新能力、完善地方创新体系、提升重点产业创新能力。

4. 以园区辐射带动促进落后地区产业同步创新发展

为带动落后地区的产业创新发展,湖北提出要大力发挥国家级高新区、经开区、产业基地的集聚、引领和辐射作用,探索其与其他省级开发园区的合作互动发展模式,比照享受国家级产业园区的政策措施,推动国家级科技园区与省级各类科技园区的合作互动,推动一批省级科技园区作为产业转移、成果转化、科技创业的示范园区,实现发达园区与落后园区的互动发展。

5. 通过校地、院地合作推动落后地区创新体系的加速完善

湖北本科以上高等院校70%分布在武汉,80%以上的科研院所分布在武汉市,为推动高校、院所面向地市开展合作,湖北省大力支持校地、院地合作,重点推进武汉市的高校院所与地方联合建设产业技术研究院、工程技术研究中心、校企共建研发中心、博士后工作站等各类创新平台,引导武汉的创新资源向地市扩散、创新团队深入地市一线开展创新服务。

(四) 湖北省创新资源配置与区域不均衡发展相关问题分析

1. 科技资源分布不平衡,导致区域创新发展能力相差悬殊

统计显示,武汉地区集中了湖北科技人员的近90%,科技经费的75%,科技信息资源的60%,是全省科技资源的聚集中心。2014年,武汉从创新人力资源、政府科技投入比重、创新平台资源等各项指标,几乎都占全省的50%以上,导致武汉的高新技术产业规模、高新技术企业规模、专利等科技成果产出数量都远高于其他城市,而占全省国土面积80%、人口总数70%的县域地区,科技资源堪称匮乏。

2. 产业关联度低,导致产业带动作用不明显

以武汉城市圈为例,武汉城市圈中部分地区的行政主管部门把自己管辖的地区产业部门"论证"为"主导产业",但存在着重复布点、重复

建设、推行粗放式产业布局模式。由湖北省统计局给出的各城市现状的支柱产业情况来看(见表10)，化工、建材、纺织、能源等产业已成为武汉城市圈内多个城市的主导产业。武汉城市圈有较高的工业集群，但是总体竞争力却比较弱，其中一个重要原因是关联度低，一些优势产业表面上形成集群，其上下游产业没有形成配套和协作的关系，内部联系不紧密。如汽车、钢铁两个行业均有较强的龙头企业，但与之配套的、成熟的关联行业尚未形成。再从中心城市与周边城市的关系看，不但圈内产业主要聚集于武汉市，空间开发的重点与优先区域不明确，产业分工也不清晰，没有形成统一协调发展的格局，影响了中心城市的扩散和辐射作用的发挥；而且武汉市以外的8个城市之间的产业缺乏交流与合作，没有明显的分工与协作关系，产业的梯度发展格局与一体化布局框架尚未形成。

表10　　　　　　　　　　武汉城市圈各城市现状支柱产业

城市	现状支柱产业
武汉	汽车、能源、钢铁、食品、交通运输、商贸、电子信息及环保产业
黄石	钢铁、有色金属、建材、能源及服装产业
鄂州	冶金、生物医药、电子信息及服装产业
孝感	汽车、食品、化工及建材产业
黄冈	食品、医药化工、服装、机械及建材产业
咸宁	能源、服装、造纸、冶金、建材及医药化工产业
仙桃	食品、服装、医药化工及机械产业
潜江	能源、冶金、医药化工及服装产业
天门	服装、机械、食品及医药化工产业
城市圈合计	汽车、能源、钢铁、食品、交通运输、商贸、电子信息、环保产业、有色金属、建材、服装冶金、生物医药、医药化工、造纸及机械产业

资料来源：湖北省统计局网站有关数据整理而得.

3. 创新链相互割裂，导致科技资源的流动不畅

湖北省在相关产业有所创新，但各领域创新基本表现为"单兵突进"，断裂式、碎片化的问题较为突出，导致"有研发无技术、有技术无试验、有试验无业态、有业态无产业""创新链"上各环节缺少互动。

4. 政府相关战略落实不到位，导致政府引导效益大打折扣

湖北省委省政府提出的"两圈两带"、"一主两副"、武汉城市群、襄十随城市群、宜荆荆城市群等系列发展战略都是为了推动全省各地区均衡发展，"用先富带动后富实现共同富裕"，但在具体落实过程中，优化科技资源配置作为推动区域均衡发展的一个重要手段却没有引起足够重视，导致这些战略没有实现预期的区域带动效果。

四、湖北省统筹协调创新资源促进区域均衡发展的路径

围绕湖北省委省政府"3个1/3"的区域均衡发展要求，遵循区域均衡发展的规律，依托湖北非均衡发展的现实状况，本研究提出按照"点、线、面"的整体构架，统筹协调配置全省的创新资源，强化创新资源集聚区的辐射带动作用，发挥产业链对创新资源的统筹配置作用，突出创新网络对创新资源的协调配置作用。

（一）围绕"一主两副"打造湖北科技创新的源头

围绕武汉、襄阳、宜昌统筹优化重点实验室、产业技术研究院等创新平台的区域布局，完善机制着力推动武汉对全省的创新辐射带动作用，并加大力度引导创新资源向襄阳和宜昌聚集，强化两副的创新源头建设和辐射带动功能。

全面推进武汉建设具有全球影响力的产业创新中心。全面突出武汉作为国家中心城市的龙头作用，强化武汉市的凝聚力和辐射力，充分发挥武汉市经济、科技、教育、人才优势和生产要素集聚能力强、经济活动辐射力大的龙头作用。支持武汉开展全方位、全体系、全区域、全领域的创新改革试验，打造战略性新兴产业的育成区、传统产业向中高端

转型升级的示范区，推动武汉加快融入全球创新网络，把武汉建设成为具有全球影响力的产业创新中心和全球研发网络的重要节点城市。支持武汉全面建成国家创新型城市，进一步提升城市的创新引领功能、要素集聚功能、产业带动功能，引领带动全省经济协调发展。

加快襄阳、宜昌建设科技创新中心。推动增强襄阳、宜昌的中心城市功能。健全以先进制造业、战略性新兴产业、现代服务业为主的产业体系，进一步壮大城市规模，提升城市综合实力，增强区域辐射带动能力和竞争力，推动襄阳、宜昌建设成国家创新型城市。支持襄阳加快建设国家产业转型升级示范区、现代农业示范区、产城融合示范区、生态文明建设示范区、国家级汉江新区，建设全国重要的先进制造业基地、农产品生产加工基地、区域性现代服务业中心和综合交通枢纽，打造汉江流域中心城市。支持宜昌建设全国重要区域性综合交通枢纽、物流节点城市、国家产业转型升级示范基地和世界水电旅游名城、国家级三峡经济枢纽新区，继续走在长江沿线同等城市前列，打造长江中上游区域性中心城市和三峡城市群中心城市。

（二）围绕产业链统筹打造覆盖全省的产业创新资源链

以湖北省委省政府提出的重点产业链为线，综合各市州的产业优势与创新基础，围绕产业链的上中下游统筹配置科技创新资源链，提高资源的使用效率。构建以企业为主体，产业链、创新链、人才链、资金链、政策链"五链统筹"的产业创新链。

以湖北省委省政府提出的重点产业链为线，综合各市州的产业优势与创新基础，以产业链为整体，加强上中下游产业互动，推进区域协同发展。以重大终端产品或产品群为指引，对产业链进行囊括上中下游及服务配套的全产业链条设计。突出以产业链中重点企业的壮大、重大产品的研发、关键技术的突破为工作重点，以推动高校、科研院所的优势资源向产业链聚集为目标，实现以产业链为中心，全省各类科技资源围绕产业链实际需求进行创新与服务的工作体系。在全省努力打造若干条上下游完备、特色突出、竞争能力较强的产业链条，构建基本完善的产业链创新体系，培育一批在全国具有较强竞争力、在地方具有示范支撑引领作用的产业链品牌。发挥上中下游各自优势，推动建立科学合理、分工协作的产业布局。针对产业链整合各项资源，完善创新服务体系，在单一领域内部、不同领域之间都打造出交互协同的"创新资源链"，发挥创新拉动发展的"乘数效应"，围绕产业链的上中下游统筹配置科技创新资源链，提高资源的使用效率。

（三）依托"两圈两带"面向17个市州布局建设创新资源配置网络

畅通科技资源在各市州之间流动、共享的渠道，打破创新资源在地域上的限制，集成已建的各类生产力促进中心、技术转移机构等中介机构群体，形成覆盖全省的科技资源网络节点。协调推动两圈两带加快发展，推动3至5个经济基础好、带动能力强的地级市，建设区域性中心城市，成为新兴增长极。

着力推进"两带"协同发展。围绕长江经济带积极发展综合立体交通、跨区域合作，重点打造产业转型升级支撑带，推动沿江产业转型升级。打造汉江生态经济带开放开发示范区，充分发挥中心城市的辐射服务作用。推动湖北长江经济带与汉江生态经济带协同发展。推进襄十随城市群、宜荆荆城市群建设。加强湖北长江经济带与汉江生态经济带的创新合作发展，积极推进在项目、人才、平台等各方面的创新合作，构建创新网络。

纵深推进"两圈"发展。武汉城市圈建设要充分发挥武汉龙头作用，继续推进圈域城市"五个一体化"进程，重点构建"一核一带三区四轴"区域发展格局和"一环两翼"区域保护格局。鄂西生态文化旅游圈建设要充分发挥生态文化资源优势，以旅游业为引擎，构建"双核三区四带六轴"发展格局。积极构建创新网络，发展创新经济。

畅通科技资源在各市州之间流动、共享的渠道，打破创新资源在地域上的限制，同时集成已建的各类生产力促进中心、技术转移机构等中介机构群体，形成覆盖全省的科技资源网络节点。构建企业—大学—研究所网络化，利用创新资源进行技术研究与开发，提升集群资助创新能力，通过建立战略联盟，提高资源配置效率；加强产业聚集，通过产业聚集产生经济规模和知识网络化优势，推动企业形成知识网络，真正提高企业的知识再生能力、研究开发能力、创新能力，从而使区域内不断推出新型产业；推动大城市与小城市的均衡发展，建立网络化的城市群，促进创新资源跨行业、跨部门、跨地区的交流活动，促进与区域创新有关的各类信息在区域内的合理流动，提升区域的创新绩效；加强金融、中介结构与企业的互动，通过金融机构为集群企业提供金融支持来参与企业创新资源配置过程，为新技术产品的使用者提供金融支持，向风险企业家提供风险资本等，通过促进中心、技术转移等中介机构组织或承担集体行动，加强主体间沟通联络，促进信息共享，促进企业资源合理配置和高效利用。

课题负责人： 盛建新　湖北省科技信息研究院研究员
课题组成员： 颜慧超　林　洪　牛婧红　胡　然　范欲晓
　　　　　　　余昶颖　张　琳

科技创新引领和支撑湖北质量强省对策研究

武汉大学发展研究院课题组

从人类文明史看,质量发展与科技进步密切相关,科技创新对质量发展具有重要的引领和支撑作用。科技创新是人类社会发展的不竭动力,不仅包括自然科学、技术科学的创新,而且也包括人文社会科学、管理科学的创新。质量发展是一个复杂的社会系统工程,涉及科技、经济、社会、文化、教育等众多方面。质量发展具有丰富的内涵与外延,但产品质量、服务质量无疑是其基础和核心内容,所谓"工程质量"其实质仍是产品质量或服务质量。科技创新对质量发展的引领和支撑,主要体现在科技创新对产品质量和服务质量的重要提升作用。在湖北"创新强省"、"质量强省"建设中,必须不断强化科技创新在全面创新中的核心地位和引领作用。

一、科技创新促进湖北质量强省的主要途径

"十三五"期间,湖北省深入实施质量强省战略,贯彻落实国家"把创新驱动作为质量发展的核心理念",要始终坚持以科技创新为核心和引领的全面创新,更加自觉地以科技创新促进湖北质量强省建设,加快实现质量兴省向质量强省的新跨越,尤其要高度重视科技创新促进湖北质量强省的主要途径。

(一)科技创新为湖北质量强省提供方法源泉

从人类文明史看,科技创新实践过程不断产生科学方法,科学方

法一经产生又使科技创新更有成效。工欲善其事必先利其器,方法得当,事半功倍;方法不当,事倍功半。科技创新是湖北质量发展和质量强省的方法源泉,不论是提升产品质量还是提高服务质量,科技创新不断提供各种一般方法和特殊方法,为产品和服务的技术创新、企业质量管理、政府质量监管、社会质量监督提供一系列有效方法。如科技创新提供的迭代方法,基于日新月异的互联网,将科技创新者、生产服务者和消费需求者紧密联系起来,形成真正的社会利益共同体。迭代方法的最大特点,是在技术创新过程中充分体现消费者的利益需求,通过互动不断提高产品质量和服务质量。尤其是开放性创新、分布式创新方法,不仅使市场导向的技术创新真正成为可能,而且激发了以草根创新、微创新为代表的大众创新,并使广泛参与的社会众创运动如火如荼,从而促进整个社会的质量发展。不仅如此,科技创新还带来了科学研究范式变革,伴随着科技创新带来的科技进步,人类社会已从实验科学研究、理论科学研究、计算科学研究进化到数据密集型科学研究时代,将进一步释放科技创新潜能,尤其是对科学研究质量产生极其深远的影响,不断从战略上为质量发展厚植坚实基础。"十三五"期间,湖北省要高度重视科技创新为质量强省提供的方法源泉功能,首先解决质量强省建设的科学方法论及方法问题,为质量强省定向开路并取得事半功倍的效果。

(二)科技创新为湖北质量强省提供基础支撑

产品和服务是质量的载体,产品质量、服务质量是质量发展的基础和核心内容。不论是过去、现在还是将来,科技创新不断提供人类社会所需要的产品,不断拓展人类社会所需要的服务,不断为质量发展夯实重要基础。从科技创新促进产品和服务质量的机制看,为适应现代社会的多样化和个性化消费需求,科技创新不断提高产品和服务的科技含量,不断提升产品和服务的功能,不断优化产品和服务的性价比,从而使产品和服务质量能够得到保证。在新一轮科技革命和产业变革蓄势待发的社会背景下,科技创新正在提供大量消费者需要的产品和服务，不断提高产品的功能、性价比、可靠性和使用寿命，甚至从根本上改变了传统的质量观念。在可持续发展框架下，产品责任延伸、生产者责任延伸对质量发展提出了新的要求，受到人们越来越多的关注和重视。2016年是人类光纤通信发明50年，我国光纤通信从无到有，目前已进入世界领先国家行列。2014年，由武汉邮电科学院牵头完成的国家973项目"超高速超大容量超长距离光传输基础研究"，实现了一根头发丝粗的光纤可供12.01亿人同时通信，这在50年前人类是绝对想不到的。LED重大技术创新及其系列技术标准的颁布实施，有效促进了绿色照明产业发展，推动了全球照明及显示技术的产业结构调整。LED照明产品的高效、节能、亮度高、体积小、寿命长、发热少、易运输、可调色等质量特性，使传统照明产品正逐步淡出消费市场。基于互联网的电商服务，不仅改变了传统的商业业态及盈利模式，而且带来了商业服务质量的明显提升。"十三五"期间，湖北省要高度重视科技创新为质量强省提供的强基固本功能，充分发挥科技创新的重要基础支撑作用。

（三）科技创新为湖北质量强省提供有效工具

质量管理是质量发展的重要组成部分，科技创新通过为质量管理提供有效工具，不断提升质量管理能力和质量管理水平，有效促进质量发展。不论是产品生产过程中的质量管理，还是服务提供过程中的质量管理；不论是政府对产品质量和服务质量的监管，还是消费者对产品质量和服务质量的监督，都得力于科技创新带来的各种管理工具。尤其是移动互联网、物联网、云计算、大数据等科技创新，为湖北省质量管理提供了前所未有的强大工具。如大数据作为面向未来的重要战略性资源和新一代技术架构，通过现代社会无处不在的互联网、射频、传感器和移动终端，以低成本和快速的采集、处理及分析技术，从各种超大规模数据中发掘蕴藏的巨大价值，为湖北省社会化质量管理提供了更加有效的工具。质量管理与企业家诚信、企业信用紧密相关，大数据通过强化企业家诚信、企业信用的自律和他律，将对质量管理产生空前的积极影响。不仅如此，大数据时代的数据开放和资源共享，也有助于湖北省政府部门及社会公众进行更有效的质量监管。"十三五"期间，湖北省要高度重视科技创新为质量强省提供的有效工具功能，关注新一代信息技术重大突破及其对质量发展的影响，不断提高全社会质量管理能力及质量管理水平。

(四) 科技创新为湖北质量强省提供强劲动力

创新驱动发展是以科技创新为核心的全面创新。质量发展涉及管理、组织、品牌、标准化、商业模式等方方面面，需要整个社会的全面创新协同，更需要科技创新作为强大动力并发挥其核心引领作用。J. D. 贝尔纳在《科学的社会功能》中指出："科学主要是一种改革力量而不是保守力量……人们接受了科学思想就等于是对人类现状的一种含蓄的批判，而且还会开辟无止境地改善现状的可能性。"目前，湖北省正处在"综合优势转化期"，要充分发挥科技创新优势，以推动科技创新为核心，引领科技体制及其相关体制深刻变革。以标准化为例，标准化对质量发展至关重要。正如习近平同志所说："标准决定质量，有什么样的标准就有什么样的质量，只有高标准才有高质量。"从国内外发展趋势看，质量发展要以高标准来规范和"硬约束"。标准化无疑是科技创新的结晶，科技创新通过标准化发挥对质量发展的促进作用。武汉长飞光纤通过实施标准化战略，主导制定了一系列光纤光缆领域的行业标准、国家标准和国际标准，真正成为以质量取胜的行业领军企业，不仅市场占有率稳居国内市场第一，而且是全球最大的光纤预制棒供应商和全球第二大光纤光缆供应商。"十三五"期间，湖北省要高度重视科技创新为质量强省提供的重要引擎功能，充分发挥科技创新促进质量发展的推动力作用。

湖北省应高度重视科技创新促进湖北质量强省的途径，充分利用科技创新优势加快质量发展，尽快形成科技创新与质量发展的良性循环，努力创造质量发展优势，不断强化科技创新优势。

二、科技创新促进湖北质量强省的客观基础

质量发展的核心理念是创新驱动,科技创新是提升发展质量的抓手。湖北省科技创新资源富集,科技创新能力强,具有明显的科技创新资源和科技创新优势,实施以科技创新为核心和引领的全面创新具有良好基础及有利条件。

(一)科技创新综合支撑能力

作为科教大省,湖北省目前拥有123所高等院校,教育部直属高校超过中部地区其他五省之和;更有中国科学院武汉分院、武汉邮电科学研究院等大院大所。在实现质量强省建设新跨越中,湖北省具有很强的科技创新综合支撑能力。

一是科技创新人才资源富集。湖北省目前共有科技人员38.84万人;R&D人员21.81万人,居全国第7位;在鄂两院院士70名,入选国家"973"计划首席科学家79人次,国家"千人计划"专家273名,居全国前5位。2015年全省普通高等教育本专科在校141.06万人,在校研究生11.99万人,居全国前列。

二是科技创新平台量质并举。在鄂国家级科技创新平台数量居全国前列、中西部地区之首,武汉光电国家实验室是全国6个国家实验室之一,此外湖北省还建有国家重点实验室27个、国家部委重点实验室58个、国家工程(技术)研究中心19个、国家企业技术中心44家、国家级产业技术创新战略联盟8家、国家技术转移示范机构20家(位居中部地区第一)。不仅如此,湖北省还建有省级产业技术研究院11家,省级重点实验室149家,省级工程技术研究中心384家,省级校企共建研发中心205家。

三是区域创新体系比较健全。近年来,东湖国家自主创新示范区建设、湖北省国家创新型试点省份建设、武汉市系统推进全面创新改革试验城市建设陆续获批并有序推进;武汉城市圈成为全国第一个科技金融

改革创新试验区，武汉、襄阳、宜昌三市先后跻身国家创新型试点城市，国家在鄂布局建设技术转移中部中心，东湖国家军民融合科技创新示范基地获批建设。不仅如此，湖北省产业科技创新载体建设迈上新台阶，目前拥有国家高新区7个、国家农业科技园区8个、国家可持续发展实验区12个。

四是科技创新投入持续增长。2014年，湖北省地方财政科技投入134亿元，位居中部地区第一。从2008年到2015年，湖北省地方财政科技支出从23亿元增加到157.36亿元，占地方财政支出的比重从1.4%增加到2.57%；全社会R&D经费支出从149亿元增加到570.3亿元，R&D占GDP比重从1.31%增加到1.93%。湖北省科技金融全方位推进，省创业投资引导基金规模增至6.88亿元，设立创业投资、天使投资子基金17只，子基金总规模达37.64亿元；获国家引导基金参股支持基金19只，支持金额8.5亿元，位居全国前列和中部地区第一；全省各地的政府引导基金总规模已超过110亿元，初步建成了较为完善的横向协同、纵向联动的科技投融资体系。

五是创新成果竞进提质。多年来，湖北省许多科技创新产出指标位居全国前列。2014年，SCI收录科技论文数、EI收录科技论文数、CPCI-S收录科技论文数、万人国际科技论文、万人国内科技论文等均为中部地区第一。2008年以来，湖北省科技人员承担的国家自然科学基金和"973计划"项目数量一直保持在全国前列。2015年，湖北省获国家科技奖27项，连续多年获奖总数居全国第4位和中部地区第一。2015年，湖北省共登记科技成果1963项，同比增长10.4%；发明专利申请量居全国第11位，发明专利授权量居全国第9位，均比上年前进一位；技术合同成交额在中部地区稳居第一，从2014年的全国第五跃居到第二。截至2015年底，湖北省有效发明专利拥有量24998件，有效发明专利密度约为4.3件/万人。

综上所述，湖北省科技创新资源及科技创新优势明显，对质量强省建设具有很强的综合支撑能力。

（二）科技创新支撑标准建设

标准化是质量强省建设的内在需求，对提升发展质量具有基础性、战略性、引领性作用。科学性是标准的本质属性，标准是对某一发展阶段技术成果和实践经验的提炼和固化，标准的实施就是对科技成果普及推广，标准的"制定—实施—修订"过程，恰是科技的"创新—应用—再创新"过程。在这个过程中，科技创新不断提升标准水平，标准不断促进科技成果转化，标准与科技创新互为基础、互为支撑。标准是自主创新的制高点，标准化与科技创新深度融合，成为国际经济和科技竞争的战略手段。

以科技创新为支撑，湖北省标准建设取得了丰硕成果，目前全省各类组织主导和参与制（修）订国际标准24项，国家标准、国家行业标准3390项，其中5项国家标准和行业标准获得"中国标准创新贡献奖"。湖北省现行有效的地方标准1021项，其中推荐性标准965项，强制性标准56项；按产业分类，农业类标准587项，工业类标准337项，服务业标准包括公共管理类标准共有97项。全省有国家级标准化技术组织29个，建设各类标准化试点示范项目累计453个，自主研发的"数字标准馆"、"WTO/TBT通报与预警平台"走在同行业的前列。

作为湖北省科技创新支撑标准建设的典型代表，东湖国家自主创新示范区积极适应国际技术创新、标准研制与产业化应用一体化趋势，在创建国家高新技术产业标准化示范区、国家技术标准创新基地（中国光谷）过程中，通过实施"技术专利化、专利标准化、标准市场化"战略，探索出"科研—标准—产业"协同推进的创新模式。这种标准战略"光谷模式"包括五大创新：一是建立了"三个体系"，即全面系统的政策体系、科学配套体系、多元立体的标准化人才体系；二是探索了"四种模式"，即标准引领模式、标准国投模式、标准跟随模式、成果转化模式；三是注重"四个结合"，即自主创新与标准相结合，标准与资本相结合，专利、标准与科技相结合，标准与质量管理、品牌建设相结合；四是建立"光谷标准"智库，加强专家队伍建设和人才培养；五是倡导企业联盟,以技术为纽带,使联盟整体参与国内标准的竞争。截至2014年,东湖国家自主创新示范区累计制(修)订国际标准12项,国家标准290项,行业标准300多项;其中仅武汉邮科院就依托关键技术的自主创新,主导制订了2项国际标准。

综上所述,科技创新在湖北省标准建设过程中发挥了重要支撑作用。

(三)科技创新支撑品牌发展

科技创新是品牌发展的生命源泉。近年来,湖北省一批核心关键技术取得突破,一批重大科技创新成果落地转化,形成一批新产品、新服务和新品牌。

湖北省"快舟小型运载火箭"首创星箭一体化技术,"单模光纤超大容量光传输"一再刷新全国纪录,"广域实时精密定位关键技术"实现全国范围分米级及重点区域厘米级的定位服务,"高速铁路500m长焊接钢轨生产系统集成创新与应用"助力中国高铁跨越发展,全球首张"水稻全基因组育种芯片"大大提高育种效率,"可定位可控制高清胶囊内窥镜机器人系统"率先在全球实现商业化应用……湖北省大功率激光器、9轴联动高性能数控系统、彩色聚合碳粉、非制冷红外焦平面探测器、语联网云翻译平台等重要科技创新成果的产业化,打破了国外技术封锁和产品垄断,填补了多项国内空白,成为地方产业提档升级的动力引擎和高新技术产业发展的"源头活水"。湖北省在光电子设计与制造、光纤光缆、超大容量光传输、下一代光通信等领域掌握了一批具有自主知识产权的核心技术,创造了光通信领域的一系列"中国第一",使我国光纤通信成为高技术及产业发展中与发达国家差距最小的领域之一。"武汉·中国光谷"是全球最大的光纤光缆生产基地,全国最大的光电器件生产基地、激光技术产业化基地,已成为中国在光电子信息领域参与国际竞争的知名品牌。不仅如此,湖北省在双低油菜、红莲型杂交稻、优质猪、淡水水产品、莲藕以及动物疫苗等领域的技术力量、产量均居全国第一,享誉世界。

截至2015年,湖北省拥有省级以上高新区27家、高新技术产业化基地54个、火炬计划特色产业基地21个、生产力促进中心41个、可持续发展实验区20个、农业科技园区49个、科技企业孵化器112个。湖北省基本形成了"苗圃—孵化器—加速器"科技产品、品牌及企业孵化发展的完整链条;孵化面积突破1000万平方米,在孵企业超过16000家。全省高新技术企业从2011年的682家增加到2015年的3300多家,稳居中部第一。高新技术产业增加值突破5000亿元,占GDP比重由"十一五"末的10.77%提升到17.02%。这些科技创新支撑品牌建设的载体,在湖北省品牌建设过程中发挥了重要作用。

以科技创新为基础支撑,湖北省大力实施名牌推进计划,开展湖北名牌、国家地理标志保护、名优特色产品创建活动,引领制造业转型升级。截至2015年底,全省有效期内湖北名牌达到955个,名牌企业总资产规模7018亿元,名牌产品产值突破6000亿元,占全省GDP比重近1/5;全省国家地理标志保护产品152个,位居中部第一、全国第二;建成农业标准化国家级示范区167个,创建国家级有机产品认证示范区3个,开展省级有机产品认证示范区试点19家。

综上所述,科技创新在湖北省品牌发展过程中发挥了重要支撑作用。

(四)科技创新支撑质量管理

产品的质量是在管理下设计、制造出来的,高质量的形成过程是设计、样机、试验、检测、分析、改进(包括设计、材料、制造工艺)、再试验、再检测、再分析,通过不断循环最终达到设计质量目标的过程。高质量的产品是先进技术和先进管理集成的结果,设计制造高质量产品,既需要先进的研发设计工具、先进的材料、先进的制造装备、先进的检测设备,也需要"卓越绩效"、"六西格玛"、"精益生产"、"质量诊断"、"质量持续改进"等不断创新的先进生产管理技术、管理模式和管理方法。先进的质量管理模式和方法,不仅要以先进的研发设计技术、材料技术、生产工艺技术、试验检测技术为前提,而且质量技术、管理技术的创新本身就是科技创新的重要内容。

湖北省是名副其实的设计大省，武汉市更是被称为"设计之都"。目前，武汉拥有勘察设计企业468家，其中综合甲级资质企业和全国百强企业数量仅次于北京，水电、桥梁、高铁等领域设计水平在世界领先，工程设计综合实力已雄踞全国前列，勘察设计是与装备制造、电子信息、钢铁、汽车等行业并列成为武汉的新千亿产业。湖北省是传统的制造业大省，高端装备制造、信息技术、生物医药、新材料、新能源、节能环保等高新技术产业、战略性新兴产业发展和科技创新水平位居全国前列。湖北省"工业化"和"信息化"融合发展基础较好，"互联网+"、智能制造发展条件优越，在生产自动化、柔性化、智能化、网络化方面有一定基础，企业也具有一定的质量在线监测、在线控制和产品全生命周期质量追溯能力。通过进一步围绕研发设计、过程控制、生产管理、物流库存、人力资源开发等环节，加强技术创新和技术改造，就能不断提升产品的科技含量、绿色水平和附加价值，推动湖北省产品质量由符合标准向满足市场需求转型。

"十二五"期间，湖北省在推进计量、标准、检验检测和认证认可等质量技术创新、基础建设方面得到了长足发展，富硒产品、金刚石工具、汽车零部件、节能建材、家用电器、纺织服装、特种钢产品、油气钻采设备和纸及纸制品等国家级质量检验检测中心基本建设陆续完成，并相继投入使用。截至2015年年底，全省获批筹建国家级质量检验检测中心26个，总数居中部第二位，省级质量检验检测中心50个，覆盖全省重点产业集群的公共检验检测技术服务体系基本完成。"中国质检大讲堂"落户武汉大学，拟建设中国质量学术研究、人才智库、知识传播的重要平台。湖北省质量管理体制机制改革取得突破，为配合"三证合一"、"一照一码"商事登记制度的改革，完成了对全省组织机构代码工作业务流程再造和技术环境升级，实现了前台窗口受理向后台网上在线服务的平稳过渡；纤检、质检、计量、特检技术机构跨地区纵向整合已取得突破性进展；质量协会在促进企业质量提升中的作用进一步加强，全省注册QC(质量管理)小组60万个，一大批QC小组质量攻关成果在全国获奖，夯实了企业车间班组质量管理基础。湖北省还通过深入开展"质量服务进万企"活动、"中小企业质量提升工程"、"重点产品质量提升行动"、"长江质量奖"活动，推动企业加强技术创新和技术改造，加速质量效益转型。

综上所述，科技创新在湖北省质量管理过程中发挥了重要支撑作用。

在深入实施质量强省战略过程中，湖北省应进一步夯实科技创新支撑标准建设、品牌发展、质量管理的客观基础，进一步整合科技创新资源和发挥科技创新优势，不断增强科技创新对质量发展的引领和支撑作用，努力加快质量强省建设。

三、科技创新引领和支撑湖北质量强省存在的问题

湖北省拥有丰富的科技创新资源和较强的科技创新能力，科技创新引领和支撑质量强大省具有良好的基础及条件。但是，由于思想观念、社会意识、发展路径等方面的原因，科技创新并没有充分发挥对湖北质量强省的引领和支撑作用，科技创新优势尚未转化为质量强省优势，目前主要存在以下亟待解决的问题。

(一) 发展观念问题

长期以来，湖北省基本上是以"基本保障型质量发展观"为主导，在很大程度上只是采用实现质量"基本保障"的较低标准。地方政府、部门质量工作主动作为意识不够强，有些质量意识甚至还停留在计划经济、短缺经济时代，尚未从过去抓发展的陈旧观念、陈旧模式中完全转变过来，重发展速度、重 GDP 规模倾向仍然突出。企业对技术研发与持续的科技创新重视不够、投入不足，热衷于规模扩张，对高质量、高品位、高标准、高技术含量的产品与服务创新追求动力不足，缺乏精雕细刻、精益求精、追求完美的工匠精神，科技成果转化也不尽如人意。这种传统发展观在促进质量发展的同时，对释放科技创新潜能却有一定

的消极作用,其主要问题是科技创新不能与质量发展紧密契合,科技创新与质量发展"两张皮"现象较为突出,即质量发展主要不是依靠科技创新来驱动,科技创新未能在质量发展中发挥其核心和引领作用,科技创新优势没有转化为质量发展优势,重要科技创新成果本地直接转化率较低,产品的科技含量和竞争力偏低。根据《中国区域科技进步评价报告2015》,湖北省科研物质资源指数为36.67,居全国第22位,中部地区倒数第二,仅高于河南省(35.93);湖北省科技活动人力投入指数88.63,居全国第15位,低于中部地区的河南省(100.00)、湖南省(95.50)、山西省(94.56)、安徽省(91.82);湖北省科技意识指数为40.50,居全国第13位,低于中部地区的安徽省(41.47);湖北省技术市场化指数为54.32,居全国第11位;湖北省科技促进经济社会发展指数为68.86,居全国第10位,较2014年提高了4.67%,但全国同期科技促进经济社会发展指数的增幅为6.68%。从这些评价指标中可以看出,湖北省科技创新对质量强省建设的助推作用不够显著。2015年国家质检总局产品质量抽查结果表明,湖北省产品合格率为94.3%,比全国平均水平高3.2个百分点,连续两年高于全国平均水平。应该看到,产品合格率实质上只是一项"基本保障性"质量标准,并不是一项真正适应和满足消费者需求的"优质"质量标准。无数事实表明,低质量标准不可能加快质量提升,也不可能导致质量发展提速,更不可能形成对科技创新的有效激励。

在我国深入实施创新驱动发展战略、加快建设创新型国家的背景下,湖北省必须在新形势下确立科学的质量发展观,积极倡导"创新驱动型质量发展观",充分发挥新观念的定向开路作用,不断强化科技创新对质量发展的重要支撑作用。

(二)制度安排问题

不论是强化科技创新还是促进质量发展,都需要良好的制度安排。知识产权保护对于激励科技创新、促进质量发展具有重要意义和特殊价值,尤其是专利制度可以为创新之火加添权益之油。知识产权保护是政府激励科技创新、促进质量发展的一项基本制度安排。近年来,湖北省实施知识产权战略,在知识产权保护和激励方面做了很多工作,但与发达地区的知识产权保护和激励相比仍显不够。根据国家知识产权局2016年发布的《2015年全国专利实力状况报告》,中部地区仅有湖南省进入全国专利综合实力前10位,专利保护实力指标位居全国第8位;安徽省专利综合实力在中部地区仅次于湖南省,专利创造实力指标位居全国第5位;河南省在专利运用实力指标居全国第7位,专利保护实力指标位居全国第10位;湖北省只是在专利服务实力和专利管理实力指标居全国第8位、第9位。由此可见,湖北省专利服务实力、专利管理实力较强,但最关键的专利创造实力、专利运用实力、专利保护实力却相对较弱。2015年,湖北省发明专利授权量在中部地区位居第二,与安徽省的差距有扩大之忧。此外,湖北省在科技创新资源投入与配置、科技成果评价与转化、科技人员激励与流动、政产学研协同创新等方面的配套制度体系建设上仍显不够,制约着科技创新资源向企业、产业的转移和转化,直接影响科技创新对区域质量发展的重要支撑。根据科技部发布的《中国区域创新能力监测报告2015》,湖北省研究与发展经费内部支出总额、地方财政科技支出总额、科技论文产出数量等均居于全国前列,但科研经费的主要流向是高等学校和科研机构,侧重于基础研究和应用研究,与产业转型升级和产品质量提升联系更紧密的试验发展研究相对薄弱,企业科技创新资源不足,新产品开发与升级换代较为缓慢,拥有核心技术和品牌优势的企业不多,对高新技术企业发展的支持力度有限。2014年,湖北省有研发机构的企业数仅927个,低于安徽省的2576个、湖南省的1325个和河南省的1267个,有研发机构的企业占工业企业比重偏低;湖北省高新技术产业新产品销售收入占主营业务收入的比重为22.73%,低于河南省的44.67%和湖南省的30.76%;湖北省高新技术企业减免税额15.72亿元,低于湖南省的30.32亿元和河南省的18.17亿元。企业是技术创新的主体,也是不断提高产品质量和服务质量的主体。湖北省企业技术创新不足,无疑会影响企业的产品质量和服务质量,影响质量强省建设进程。

(三) 政策供给问题

近年来，湖北省出台了一些关于质量发展的政策文件，并实施质量强省战略及其行动计划，但从总体上看没有高度重视科技创新对质量发展的积极促进作用，出台激励科技创新促进质量发展的专门文件，以最大限度地利用科技创新优势，充分释放科技创新对质量发展的引领和支撑作用。如在《湖北省贯彻实施质量发展纲要2015行动计划》中，行动计划有十五个方面的内容，负责落实的省委省政府部、委、办、厅、局多达二十多个，但唯独没有明确科技厅的主体责任。此外，在这份重要的年度行动计划中，竟然通篇没有出现"科技创新"等重要关键词。2016年，湖北省质监局出台了《全省质监系统贯彻质量强省战略十大行动实施方案》，包括中小企业质量提升行动实施方案、重点产品质量提升行动实施方案、检验检测机构改革整合行动实施方案、品牌引领产业升级行动实施方案、质量铸信行动实施方案、标准化拓展升级行动实施方案、计量助企惠民行动实施方案、放管结合效能提升行动实施方案、特种设备平安行动实施方案、质量服务进万企行动实施方案。这十大行动实施方案尽管对科技创新的作用有所涉及，提出了优化创新环境、加强技术机构整合、完善质量服务体系、推广质量管理方法等措施，但整体上对科技创新支撑与引领质量强省建设认识不深、着墨不多，对创新驱动战略、创新发展理念强化不够，更没有以科技创新驱动质量提升的专项行动实施方案。在这种政策供给背景下，科技创新引领和支撑质量发展在一定程度上失之虚化，尤其是缺乏科技创新促进质量发展的实际路径。科技创新对湖北省质量发展的影响应该是广义的，应该包括"硬"科技创新和"软"科技创新，但在现实中往往重"硬"科技创新而轻"软"科技创新，以至于科技创新对质量发展的综合效应大打折扣。事实上，湖北质量强省涉及大量战略及管理问题，科技创新不能偏废，质量发展需要科技创新"软硬兼施"，不仅需要技术手段和技术工具，而且更需要科学思想和科学观念；不仅需要人才库和科技库，而且需要现代思想库。

(四)社会需求问题

从企业对质量发展的现实需求看,在近年来全国经济下行的背景下,湖北省许多企业面临生存与发展的严峻挑战,在一定程度上迫于生存压力疲于奔命,客观上影响一些企业的科技创新及质量提升需求,影响企业通过科技创新提高产品和服务质量的效果。企业技术改造是提升产品质量和服务质量的有效途径,湖北省近年来企业技术改造投入明显不足。根据科技部《中国区域创新能力监测报告2015》,从中部地区六省的企业技术改造经费支出排名看,2014年湖南省支出266.68亿元,安徽省支出145.24亿元,河南省支出125.92亿元,山西省支出99.35亿元,湖北省支出97.91亿元,江西省支出95.36亿元。由此可见,湖北省企业技术改造经费支出位居中部地区第五位,只是湖南省的36.7%、安徽省的67.4%和河南省的77.7%。不仅如此,企业技术创新既有不确定风险又需要大量经费投入,社会知识产权保护不足更使其望而却步。企业技术创新动力不足和能力不足弱化了企业的核心竞争力,制约着企业产品质量的持续提升,影响湖北产品的市场占有率和湖北制造的声誉。根据2016年发布的《湖北省质量白皮书》,2015年湖北省出境货物检验检疫48019批,货值406019.5万美元,比2014年分别下降2.57%和3.83%;不合格货物557批次,批次不合格率为11.5‰,比2014年分别增长719.12%和721.43%。在实施质量强省战略的背景下,湖北省产品出口数量、金额和质量出现的这种滑坡现象令人担忧,必须引起全社会的重视。从消费市场对质量发展的需求看,质低价廉的产品和服务之所以有市场,山寨产品和低劣服务之所以一时受到青睐,在于现实生活中缺乏科技创新支撑产品和服务质量的社会意识,企业不能满足用户对科技含量高、质量性价比好产品和服务的迫切需求。不论是日常生活用品市场供给,旅游服务及旅游纪念品市场供给,还是高档商品及奢侈品市场供给,我国企业、尤其是湖北企业都不能有效满足消费者市场需求,尤其是与发达国家的创意产品及服务供给相比差距明显。

(五) 方法推广问题

方法得当，事半功倍；方法不当，事倍功半。从目前发展现状看，湖北省对有效提高产品和服务质量的科学方法推广应用不够。如1946年诞生的TRIZ方法（发明问题解决理论）已在世界范围广泛推广应用，但我国2006年以后才从国家层面加强TRIZ方法的推广应用。国内外无数事实证明，TRIZ是解决发明问题并最终实现技术与管理创新的重要理论、方法和工具，为不同行业解决技术难题提供了事半功倍的通用方法（包括39个通用工程参数、40条发明原理以及76个标准解等），能够通过创新有效提高产品质量。据统计，应用TRIZ方法可增加80%~100%的专利数量，并提高专利质量；可提高60%~70%的新产品开发效率，并缩短50%的新产品上市时间；可有效提高不同行业的产品质量。湖北省作为国家创新方法推广应用省，于2009年启动创新方法工作，主要推广应用TRIZ方法。尽管湖北省已经历TRIZ方法宣传培训、试点示范和全面推广三个阶段，并取得了一些推广应用成效，但大部分企业至今尚未受惠于这种行之有效的创新方法。湖北省积极推广国际先进且成熟的质量管理技术、方法和工具，但企业特别是中小企业的质量意识不强，对先进质量管理技术、方法、工具的学习和应用不主动、不深入，甚至流于形式和表面，质量管理体系和制度不健全，成效不明显。据统计，湖北省至今仅有1051家企业导入了卓越绩效标准。湖北省深入实施质量强省战略，必须进一步强化创新方法和质量管理技术的推广应用。

针对上述主要问题以及成本管理、集成优化、广泛参与等问题，湖北省应确立并落实创新驱动型质量发展观，并采取积极行之有效的重要举措，充分发挥科技创新对湖北质量强省建设的引领和支撑作用，加快实现质量强省的预期目标。

四、科技创新引领和支撑湖北质量强省的对策措施

建设质量强省是湖北加快转型升级的现实选择，是贯彻落实"竞进

提质、升级增效、以质为帅、量质兼取"工作方针的内在要求,是适应国内外质量发展新要求的主动作为,是建设生态文明的迫切需要,是保障和改善民生的必然途径。"十三五"期间,湖北省深入实施质量强省战略,在加快建设"创新湖北"的实践探索中,要始终坚持以科技创新为核心和引领的全面创新,更加自觉地以科技创新引领和支撑湖北质量强省建设,加快打造湖北经济升级版,全面提升湖北经济社会发展质量和效益,为"建成支点、走在前列"提供强有力的质量支撑。为充分发挥科技创新引领和支撑湖北质量强省的重要作用,加快实现质量兴省向质量强省的新跨越,应积极采取一系列对策措施。

(一)进一步完善质量强省的顶层设计及综合治理

在国家《质量发展纲要(2011—2020年)》框架及国家《贯彻实施质量发展纲要2016年行动计划》指导下,进一步落实《湖北省质量发展规划(2013—2020年)》,抓紧编制完善《湖北省质量发展"十三五"规划》,并建议在全国率先制定并实施《湖北省科技创新促进质量发展三年行动计划(2017—2019年)》。发挥湖北省各地科技创新资源禀赋,因地制宜开展创建"质量强省示范县(市、区)"和"全国质量强市示范市"的活动,推动科技创新资源向企业集聚、向基层下沉,使更多地区以科技创新为动力促进区域质量提升,力争实现"全国质量强市示范市"零的突破。湖北省各级政府要进一步加大质量发展的科技创新投入,设立质量发展科技创新专项,推进质量发展制度体系、质量技术创新体系和质量管理科学体系建设,夯实质量发展的科技创新基础,提高科技创新助推质量提升的能力与水平,引导和推动区域质量的创新发展。进一步完善质量激励制度,积极探索各种质量激励途径及方式,突出科技创新在质量奖评审中的关键作用,树立质量发展的科技创新标杆,引领企业将质量提升聚焦于科技创新上。

(二)积极倡导"创新驱动型质量发展观"

充分发挥观念创新的定向开路作用,强化科技创新在湖北省全面创新中的核心地位和引领功能。坚持以人为本的科技创新促进质量发展的价值取向，深刻认识科技创新与质量发展的互动关系，将科技创新真正嵌入湖北省质量发展的各种规划及行动计划之中，更加自觉地以科技创新引领和支撑质量强省建设。充分发挥质量兴省领导小组和质量强省工作委员会统筹全局、协调各方、齐抓共管的作用，以"创新湖北"建设深入推进、科技体制机制改革不断深化、"大众创业万众创新"活力充分释放为契机，研究制定科技创新促进全省质量发展的配套政策、年度计划和工作方案，形成新常态下推动质量强省建设的聚合力和新动力。进一步建立健全各级政府质量工作考核办法，加大科技创新在质量工作考核评价指标体系中的权重，强化考核结果运用，对落实创新驱动不力、考核不达标的地区实行约谈制度。

(三) 努力提高质量强省系统工程建设的协调度

大力整合各种社会资源、尤其是科技创新资源。加快落实国务院批复的武汉市系统推进全面创新改革试验方案，努力加快武汉东湖国家自主创新示范区"武汉·中国光谷国家技术标准创新基地"建设，确保2017年正式挂牌时实现预期阶段性建设目标；推进光谷国家知识产权示范区建设，充分发挥其在全省乃至中部地区的重要支撑、辐射带动及典型示范作用；大力推进武汉产业创新中心建设，完善创新生态系统，构建有效的产业科技创新体系，使武汉成为创新驱动发展的路径开拓者和模式示范者，成为"质量强省"建设的先行先试者和经验传播者，带动武汉城市圈及省域整体创新和转型升级。以襄阳、宜昌两个省域副中心城市、国家创新型试点城市为重要节点，以十堰、黄冈、咸宁等区域创新中心建设为依托，以国家级高新区、省级高新区、经济开发区的转型升级为载体，打通科技创新与区域发展之间的通道，促进科技创新资源自由流动，加速促进科技成果的资本化和产业化，建立健全科技成果转化的有效机制、便捷通道和支持体系，加快构建以产学研合作为重点的协同创新支撑体系，强化创新链和产业链有机衔接，形成创新驱动发展的长效机制，实现"湖北制造向湖北创造转变、湖北速度向湖北质量转变、湖北产品向湖北品牌转变"。

（四）集成应用移动互联网、大数据等技术成果

充分发挥科技创新方法及工具的重要作用，加快推进 TRIZ 理论及方法的广泛应用，立足提高产品和服务质量，将不断升级的标准与勇于探索的科学家精神、富于创新的企业家精神、精益求精的工匠精神有机结合，营造精益求精、崇尚质量、追求卓越的氛围，在追求高质量、高标准中创造更多优质供给，更好满足消费升级、产业升级需求。大力实施"互联网+"行动计划，推进互联网与各产业领域的深度融合与创新发展，推动产业技术进步、效率提升和组织变革，借助"万物互联"将研发、生产、销售以及产品和用户体验无缝、实时连接在一起，从封闭性的单点式创新向交互式的快速迭代集成创新转变，推动产品和服务质量由符合标准性向市场需求性转变，由合格率向优质率转变，由通用性向个性化定制转变，不断丰富用户需要的产品和服务，不断提升产品质量和服务质量，不断强化全方位质量管理和提质增效，不断为湖北实施质量强省战略夯实坚实基础。

（五）始终坚持以全球视野谋划质量强省建设

在以科技创新促进湖北质量强省的过程中，必须具有未雨绸缪的前瞻性和放眼世界的全球视野。湖北省应更积极地参加各种综合性和专业性国际质量大会，尤其是全球最高规格的质量会议（如世界质量大会、世界软件质量大会等），紧密跟踪世界质量发展前沿以及科技创新对质量发展的影响。通过把握国内外质量发展趋势，认真研究科技创新给质量发展带来的新问题，尽可能规避滥用科技创新成果产生异化的社会风险，并采取行之有效的积极对策行动，切实加强政府的市场监管和公众的社会监督。要深入研究国际贸易的技术壁垒和绿色壁垒，以持续的科技创新提升产品的自主创新能力和核心竞争力，加强产品生产的全周期质量管理，不断提高出口产品的技术与环保标准，提升湖北省在国际贸易中的质量信誉。要积极引进、消化吸收和推广应用国外先进的质量检验检测技术与质量管理方法，加强质量学科建设和人才培养模式创新，培育大批具有国际视野的高层次质量专业技术人才和管理人才，为"质量强省"建设提供源源不断的强大动力。

(六) 充分发挥科技创新对品牌建设的重要作用

推动企业从产品竞争、价格竞争向质量竞争和品牌竞争转变，引导企业加强技术研发、创建产业联盟、开展协同创新，重点支持优势骨干企业通过自主创新、品牌经营、政策引导等手段，培育和扶持一批拥有自主知识产权和核心技术、市场竞争力强的品牌，尽快培育一批区域特色突出、质量标准水平先进、品牌带动辐射作用强、块状集聚效应明显的知名品牌创建示范区，打造名牌成长快速通道。建立创新驱动的产品质量提升长效机制，开展质量品牌提升行动，以科技成果转化应用和集成创新助推品牌的培育、引进、认证、推介、保护和奖励力度，建立完善以消费者认可和市场评价为基础的品牌创建机制。引导企业围绕研发创新、生产制造、质量管理和营销服务全过程，建立以质量和诚信为核心的品牌文化，夯实品牌发展基础。举办湖北特色品牌展示活动，放大品牌集群效应，形成品牌竞争新优势，推动湖北制造从全球产业链的中低端迈向中高端，加快湖北名牌产品"走出去"，在国际竞争中彰显湖北品牌优势。利用现代化防伪溯源技术手段，加大品牌保护力度，严厉打击销售假冒伪劣产品，强化品牌维权机制。

(七) 高度重视科技创新对标准建设的支撑功能

推进技术创新与技术标准的深度融合，推动创新成果产业化，将湖北省科教优势、区位优势转化为标准规则优势，增强市场竞争话语权，抢占区域竞争制高点。积极鼓励具备标准创制能力的学会、协会、商会、联合会等社会组织和产业技术联盟，协调相关市场主体，在市场化程度高、创新活跃、产品类别较多的领域率先制定、实施、推广满足市场和创新需要的团体标准，大力支持将专利技术、科技创新成果融入团体标准。进一步增强优势产业标准化话语权，加大重点领域、重点行业以及重大技术改造、技术突破的标准化研制力度，依托湖北省科技创新优势和战略性新兴产业集群，推进政产学研协同创新的科技研发、标准研制和产业发展一体化，提升标准技术水平，加快标准制定周期，积极主导和参与国际标准、国家标准和行业标准研制。建立完善标准化创新服务体系，拓展标准研发服务，开展标准技术内容和编制方法咨询，为企业制定标准提供国内外相关标准分析研究、关键技术指标试验验证等专业化服务，提供标准实施咨询服务，为企业实施标准提供定制化技术解决方案，指导企业正确、有效执行标准。加强"湖北标准"与一带一路沿线国家和国际标准的双边多边交流合作、标准互认、技术标准体系对接，提高企业标准、团体标准、行业标准与国际标准的一致性程度，大力推动"湖北标准"走出去。

（八）不断创新和丰富质量强省的内涵及外延

在高度重视产品、服务等微观质量发展问题的同时，应积极促进产业链上下游质量标准对接，并努力探索湖北省中观质量发展和宏观质量发展问题。以可持续发展的战略思维，进一步深化"竞进提质"的认识，不断提高湖北省经济发展质量、社会运行质量、民生改善质量和政府治理质量，尤其是要将标准化理念及方法融入政府治理之中，不断深化简政放权、放管结合、优化服务改革，通过强化标准化运用，健全公共治理体系，促进政府管理更加科学、市场监管更加规范有序、公共服务更加高效。政府要充分运用新一代信息技术，创新质量监管方式方法，加强质量信息平台建设。要加快建立质量信息在线调查、实时收集和信息发布于一体的质量监测技术平台，加强对质量信息的实时监测和系统分析，科学预防和有效处理质量安全风险，定期发布质量统计分析报告。着力搭建质量信用技术平台，建立质量信用信息网，开展企业质量信用评级，完善质量信用守信激励和失信惩戒机制。建立健全缺陷产品召回技术支撑体系，建立完善缺陷产品召回技术标准体系，加大缺陷信息收集分析、缺陷调查、召回信息公开等力度，督促企业履行召回义务。

(九)大力推进质量技术基础及服务能力建设

以科技创新为动力,不断夯实质量强省建设的技术根基。以国家质量技术基础(NQI)专项建设计划全面启动为契机,湖北省要充分整合相关科技创新资源和质检技术力量,积极争取承担子课题研究,在若干重点领域探索计量、标准、检验检测、认证认可之间协同集成关键技术,形成全链条和一体化的"计量—标准—检验检测—认证认可"整体技术解决方案。湖北省要主动参与和贯彻落实《国家质量技术基础建设服务示范工程行动计划》,着力加强公共质量技术基础服务平台,在产业集聚区探索建设一批国家技术标准创新基地、国家级标准验证检验检测点、计量科技创新基地和联盟、检验检测认证公共服务平台,推进标准化事务所建立和运营,建设一批质量技术基础服务外贸出口的示范工程,为出口企业提供标准化、计量、产品检测、认证认可、品牌建设等全方位服务。湖北省要加快推广以质检技术机构高度整合、面向企业免费开放、提供综合性公共检验检测服务为内涵的"京山模式",建立健全省域内标准、计量、认证认可、检验检测等质量技术基础资源共享机制,加快实现质检业务互联互通,开放质量技术服务市场,加快质量技术服务的社会化、市场化、专业化、规模化进程,进一步优化检验检测资源配置,加强国家级、省级质量检验检测中心建设,着力打造一批技术领先、品牌效应好、辐射能力强的检验检测集团。加强检验检测技术基础能力建设,发展面向设计开发、生产制造、售后服务全过程的分析、测试、检验、计量等服务,培育第三方质量安全技术服务市场主体。适时引进国际知名检验检测认证机构,学习借鉴国外先进经验,建设检验检测认证产业基地,不断推进检验检测认证产业做大做强。加强质检大数据开发利用,进一步拓展数据、信息采集渠道,针对重点业务领域开展数据挖掘、风险管理、决策支持等大数据应用相关工作。进一步加大企业质量创新力度,大力推动企业质量创新,支持企业开展质量共性技术和关键技术攻关,推出新产品、催生新业态,以技术创新引领产品质量提升。

(十)切实加强科技创新促进质量发展的宣传教育

将科技创新促进质量发展作为科学普及活动、质量月活动、质量安全教育活动的重要内容，不断提高公众科学素质、创新意识和质量意识，努力提高"科技创新　质量强省"的社会意识、岗位责任意识，在全社会牢固树立科技创新是推动质量发展的第一动力的理念，把科技创新摆在质量发展全局的核心位置，让科技创新贯穿到质量强省建设的全过程和各个环节，突出科技创新对质量发展和质量强省建设的引领和支撑作用。培育和提升"以人为本、诚实守信、精益求精、追求卓越"为核心的荆楚质量文化，倡导科学理性、优质安全、节能环保的消费理念，引导企业树立"质量就是生命"的文化理念，将荆楚质量文化精神转化为社会、企业的行为准则、道德规范和价值取向。切实加强对各级各类劳动者的科技创新教育和质量管理教育，开展劳动者质量素养提升行动，鼓励劳动者的奇思妙想和创新实践，鼓励一切有益的微创新、小建议、小革新、小攻关、小发明、小创造，引导企业广泛开展QC小组、岗位练兵、技能竞赛等群众性质量活动。大力倡导专注实体经济和质量提升的工匠精神，把"工匠精神"传导到每个行业、每个领域，落实到每个环节、每个产品，形成人人把好质量关，全社会讲质量、抓质量的浓厚质量氛围。积极引导公众以消费者需求端广泛参与质量发展，主动参与提高产品和服务质量的技术创新迭代活动，并有效转化为湖北省大众创业、万众创新的自觉行动，进而促进覆盖整个社会的质量发展互动。

（本报告为湖北科技思想库重点项目研究成果）

课题负责人：李　光　武汉大学发展研究院院长、教授、博士生导师
课题组成员：胡甲刚　武汉大学发展研究院副院长、博士
　　　　　　易晓波　武汉大学发展研究院副教授、博士
　　　　　　刘义胜　武汉大学发展研究院博士生
　　　　　　徐千城　武汉大学发展研究院博士生

湖北省精准创新驱动发展对策研究

潘　峰　等

湖北要实现精准创新，就必须清晰定量地了解湖北创新能力的现状，找准存在的短板。此文分析湖北在全国各项创新能力指标中的排序，客观评价湖北创新能力建设中的经验与不足，明确湖北精准创新的着力点，探寻提出湖北精准创新驱动发展的对策。

一、湖北省创新能力现状

（一）湖北综合创新能力

2015年湖北创新能力综合效用值为28.59，在全国排序是第12位。排在湖北前面的地区是江苏、广东、北京、上海、浙江、山东、天津、重庆、安徽、福建、湖南。

创新能力指标体系中的5个类别指标是知识创造指标、知识获取指标、企业创新指标、创新环境指标、创新绩效指标。知识创造类别指标包括研究开发投入指标、专利指标、科研论文指标；知识获取类别指标包括科技合作指标、技术转移指标、外资企业投资指标；企业创新类别指标包括企业研究开发投入指标、设计能力指标、技术能力提升指标、新产品销售收入指标；创新环境类别指标包括创新基础设施指标、市场环境指标、劳动者素质指标、金融环境指标、创业水平指标；创新绩效类别指标包括宏观经济指标、产业结构指标、产业国际竞争力指标、就业指标、可持续发展与环保指标。创新能力指标由创新能力基础指标构成，创新能力基础指标。

湖北与创新强省比差距还较大。创新强省江苏、广东、浙江、山东基础较好，发展较快，创新能力较强。这四省创新能力综合效用值分别为58.01、52.71、42.05、37.49。湖北创新能力综合效用值为28.59，仅仅是江苏的49.3%，不到一半；广东、浙江、山东的创新能力综合效用值分别比湖北高84.4%、47.1%、31.1%。

湖北在中部省份比较优势不足。中部六省，综合创新能力整体水平不高，最高者安徽是29.85，最低者山西是20.61。湖北综合创新能力排中部第3名，安徽、湖南位列在前。

(二)湖北知识创造能力分析

湖北知识创造能力效用值是20.54，在全国排序第15位。湖北知识创造能力的三个指标，即研究开发投入指标、专利指标、科研论文指标的指标值分别为18.63、17.41、30.65，在全国排序分别为第11位、第17位、第15位。

2015年湖北GDP在全国排第8位，这三个指标在全国的排位都落后于湖北经济实力在全国的排位，尤其是专利指标的落后，严重影响着湖北知识创造能力。

在研究开发投入指标中的具体项目研究与试验发展全时人员当量133060人，政府研发投入92.44亿元，政府研发投入占GDP的比例0.37%，这三项分别排序第8位、第9位、第9位。然而，政府研发投入增长率12.71%，仅排第27位。通过分析可以看出，湖北进行研发的人员数量不少，政府研发的投入也不是很低，政府研发投入增长幅度虽然有12.71%，但是与大部分省份比较，这个幅度还是低了。

纵向比较，湖北知识创造能力从2010年到2015年基本处于下滑状态，从2010年的第11位下滑到2015年的第15位，退了4位。下滑的主要原因是专利的数量和论文的质量下降，专利指标从2010年的第13位，下滑到2015年的第17位，退了4位；科研论文指标从2010年的第7位下滑到2015年的第15位，退了8位；研究开发投入指标基本处于第 11 位，2012 年和 2014 年退了一点，2015 年又回到第 11 位。

(三) 湖北知识获取能力分析

湖北知识获取能力全国排第 11 位。2015 年，湖北知识获取能力效用值 22.13，在全国排序第 11 位。

2015 年，湖北知识获取能力的三个指标，即科技合作投入指标、技术转移指标、外资企业投资指标的指标值分别为 37.40、17.87、13.86，在全国排序分别为第 11 位、第 11 位、第 12 位。这三个指标的位次还是比较低的，落后于湖北经济实力的水平。

科技合作指标，湖北的一些绝对值指标还可以，但是人均指标就落后，增长速度指标更低。绝对值指标：作者同省异单位科技论文数 4258 篇，排序第 8 位；作者异省合作科技论文数 3310 篇，排序第 6 位。人均指标：每十万研发人员作者同省异单位科技论文数 3200.04 篇，排序第 17 位。增长速度指标：同省异单位科技论文数增长率 1.29%，排序第 25 位；高校和科研院所研发经费内部支出额中来自企业的资金增长率 12.89%，排序第 20 位。再就是湖北研发人员异省单位合作研究比较少。作者异省合作科技论文数 3310 篇，排序第 19 位；作者异省科技论文数增长率 3.09%，排序第 26 位。

技术转移指标，规模以上工业企业国内技术成交金额 76636.6 万元，排序第 6 位；规模以上工业企业国内技术成交金额增长率 40.3%，排序第 7 位。这表明，湖北规模以上工业企业国内技术交易额及增长速度还可以。但是，有些指标明显偏低。外资企业投资指标，湖北外商投资企业年底注册资金中外资部分 256.22 亿美元，人均外商投资企业年底注册资金中外资部分 441.84 万美元，外商投资企业年底注册资金中外资部分增长率 11.16%，分别排序第 13 位、第 13 位、第 10 位。

纵向比较，湖北知识获取能力从 2010 年到 2015 年一直不是太强。2010 年、2011 年、2013 年，这三年都是排序第 15 位；2012 年排过第 10 位，2014 年排序第 14 位。2015 年排序第 11 位，进步了 3 位。湖北转移指标一直很低，2010 年和 2013 年低到第 20 位以下，分别是第 26

位和第21位;仅仅2012年强一点,排序第9位;2011年和2014年分别排序为第18位和第15位。2015年排序第11位,比上年进步了4位,这应该是近年来湖北重视科技成果转化的结果。

(四)湖北企业创新能力分析

湖北企业创新能力排第13位。2015年,湖北企业创新能力效用值29.60,在全国排序第13位。

2015年,湖北企业创新能力的四个指标,即企业研究开发投入指标、设计能力指标、技术提升能力指标、新产品销售收入指标的指标值分别为39.32、14.33、13.73、40.64,在全国排序分别为第10位、第18位、第28位、第11位。这四个指标的位次都落后于湖北经济实力的水平,尤其是技术提升能力指标在全国处于倒数第4位。

在企业研究开发投入指标,湖北具有优势的指标是规模以上工业企业研发活动内部支出总额增长率,达到27.13%,排序第4位;比较好的指标有规模以上工业企业研发人员数12.9万人和规模以上工业企业研发活动经费内部支出总额311.8万元,分别排序都是第7位;存在不足的指标有规模以上工业企业中有研发机构的企业占总企业数的比例是6.72%和规模以上工业企业有研发机构的企业数增长率7.71%,分别排序第19位和第14位。

设计能力指标,湖北实用新型专利申请数26163件,排序第11位;实用新型专利申请增长率20.92%,排序第27位。外观设计专利申请数6464件,排序第14位;外观设计专利申请增长率-6.23%,排序第29位。研究表明:湖北实用新型专利申请数和外观设计专利申请数不算高,突出的是两个指标的增长速度慢,尤其是外观设计专利申请数已经是负增长了。

技术提升能力指标,湖北处于全国倒数位次。表现湖北技术提升能力差的主要指标是规模以上工业企业研发经费外部支出9.08亿元,排序第17位;规模以上工业企业平均研发经费外部支出6.76万元/个,排序第29位;规模以上工业企业研发经费外部支出增长率14.09%,排序第 14 位；规模以上工业企业技术改造经费支出 955260.2 万元，排序第 17 位；规模以上工业企业平均技术改造经费支出 0.71 百万元/个，排序第 26 位；规模以上工业企业技术改造经费支出增长率-24.83%，排序第 31 位，全国倒数第一名。研究表明：湖北工业企业研发工作没有搞好，本来湖北工业企业内部建立的研发机构就不多，如果委托外部研发也还是可以，现在看来外部研发更是严重不足。

新产品销售收入指标，湖北规模以上工业企业新产品销售收入 4654.48 亿元，排序第 9 位；规模以上工业企业新产品销售收入占销售收入的比重 12.29%，排序第 10 位；规模以上工业企业新产品销售收入增长率 28.83%，排序第 7 位。

纵向比较，湖北企业创新能力从 2011 年到 2015 年一直处于第 12 位或第 13 位的排序，2013 年、2014 年排序第 12 位；2011 年、2012 年、2015 年排序第 13 位。湖北企业研究开发投入指标，2012 年排序比上年进步了 3 位以后，逐年下降 1 位，2012 年、2013 年、2014 年、2015 年分别排序为第 7、第 8、第 9、第 10 位。

(五) 湖北创新环境分析

湖北创新环境综合指标排序第 7 位。2015 年，湖北创新环境效用值 31.14，在全国排序第 7 位。这一指标，是比较靠前的指标。

2015 年，湖北创新环境的五个指标，即创新基础设施指标、市场环境指标、劳动者素质指标、金融环境指标、创业水平指标的指标值分别为 43.38、32.52、29.41、20.09、30.31，在全国排序分别为第 4 位、第 21 位、第 16 位、第 10 位、第 12 位。可见，湖北创新基础设施及利用很不错；金融环境、创业水平有不足，但与全国的差距不是很大；市场环境和劳动者素质还有很大的提升空间。

2015 年，湖北创新基础设施很不错，主要表现在科技馆的数量多以及科技馆参观人数多。科技馆数量 66 个，在全国数量第一；科技馆当年参观人数 168.72 万人次，排序第 7 位。湖北的国际互联网用户人数也比较多，达到 2491 万人，排序第 8 位。湖北科普经费筹集还算可以，年度科普经费筹集额有42493.6万元，排序第9位。

市场环境方面：政府行政管理有所改善，改善程度提高了0.32%；中介组织的发育和法律环境不够好，市场中介组织的发育和法律环境制度指标2.9，排序第15位；市场中介组织的发育和法律环境制度改善程度-2.03%，排序第17位；居民消费水平不算高，人均居民消费水平13912元，排序第12位；居民消费水平增长率10.6%，排序第9位；国际市场吸引力不强，进出口总额140.24亿美元，排序第14位；进出口总额占GDP比重3.44%，排序第19位；进出口总额比上年不仅没有增长，还下降28.82%，排序第17位。

劳动者素质方面：学历人口数不算高。按照规范统计分析，6岁及6岁以上人口中大专以上学历人口数(抽样数)5304人，排序第9位；6岁及6岁以上人口中大专以上学历所占的比例11.13%，排序第11位；6岁及6岁以上人口中大专以上学历人口增长率9.17%，排序第17位。

金融环境方面：企业研发获得金融机构支持力度还有待加强。规模以上工业企业研发经费内部支出额中获得金融机构贷款额34448.5万元，排序第9位；规模以上工业企业研发经费内部支出额中平均获得金融机构贷款额2.56万元/个，排序第12位；规模以上工业企业研发经费内部支出额中获得金融机构贷款额增长率34.08%，排序第17位。

创业水平方面：高技术人才的创业还需要继续推动。高技术企业数830家，排序第9位；高技术企业数占规模以上工业企业比重6.18%，排序第15位；高技术企业数增长率8.43%，排序第8位。

纵向比较，湖北创新环境近三年有很大的进步。2010年、2011年、2012年创新环境指标分别为第13位、第14位、第14位；2013年进步到第8位，前进了6位；2014年稳定在第8位，2015年又进步了1位，排序第7位。其中进步最明显的指标是创新基础设施指标，2010年和2011年都是第10位，2012年是第12位，2013年进步到第4位；2014年和2015年分别为第3位和第4位。市场环境指标一直较低，2010年、2011年都是排19位；2012年退步4位，排序第23位；2013年排第17位；2014年、2015年分别排第20位和第21位。劳动者素质指标近年来是下降的趋势，2010年、2011年分别是第12位和第13位，2012年低到第16位，2013年、2014年、2015年分别排第13位、15位、16位。

（六）湖北创新绩效分析

湖北创新绩效综合指标排第10位。2015年，湖北创新绩效用值39.86，在全国排序第10位。

2015年，湖北创新绩效的五个指标，即宏观经济指标、产业结构指标、产业国际竞争力指标、就业指标、可持续发展与环保指标的指标值分别为44.78、26.45、18.79、46.89、80.12，在全国排序分别为第9位、第10位、第13位、第7位、第8位。

宏观经济方面的指标，湖北地区GDP比较靠前，发展速度也较快。2015年，湖北地区GDP是29550.19亿元，排序第8位；地区GDP增长率8.90%，排序第7位。湖北人均GDP水平不算高，仅50500.20元，排序第13位。

产业结构指标显示，2015年湖北第三产业、信息产业、高技术产业发展较快。第二产业增加值12736.79亿元，排序第10位；第三产业增加值增长率10.7%，排序第7位；信息产业主营业务收入4681亿元，排序第11位；信息产业主营业务收入增长率11.71%，排序第10位；高技术产业产值15539.29亿元，排序第10位；高技术产业产值增长率14.8%，排序第9位。

产业国际竞争的指标显示湖北产业国际竞争力不强。2015年，湖北出口额293亿美元，排序仅第16位；出口额占GDP的比重为6.15%，排序第13位。虽然湖北出口额不算高，但增长速度很快。2015年全球经济不旺，我国对外出口受阻，许多省份对外出口下降，湖北对外出口额增长率11%，排序第4位。

就业指标指标显示湖北就业状况比较好。2015年，湖北城镇登记失业率2.64%，就业情况排序第7位。

可持续发展与环保指标显示湖北能耗下降较快。2015年湖北万元地区生产总值能耗(等价值)下降率7.66%,排序第4位;万元地区生产总值电耗下降率7.65%,排序12位。

纵向比较,湖北创新绩效指标有了大幅度的提高,这表明湖北近年来加快创新发展真正产生了绩效。从2011年到2014年,湖北创新绩效指标分别排序第15位、第11位、第18位、第13位,2015年排序第10位,比2014年进步了3位。创新绩效的各指标都有大幅度的进步。宏观经济指标,除2011年排序第15位外,几年来都是在第11位、第12位徘徊,2015年实现突破,上升到第9位,进步了3位。产业结构指标,前几年一直比较靠后,而2015年实现了大进步。2011年到2014年,分别排序第13位、第16位、第15位、第16位,2015年排序第10位,比2014年进步了6位。

二、湖北省精准创新的着力点

湖北在创新能力建设中取得巨大成就的同时,还存在着一些不足。着眼未来,只有准确地找出不足,将目前的不足点视作未来工作的着力点,就能精准地实现创新。通过创新指标比较研究,湖北精准创新的着力点应该在以下几个方面。

(一)应精准着力强化专利研发,提高专利受理授权数

发明专利最能体现一个地区的自主创新能力,它既是一种无形的知识财产,又能通过工业生产和制造转化成现实财富。湖北的科技创新重要指标发明专利数和实用新型专利数在全国排序不算靠前。

湖北发明专利申请受理数排序12位,每十万人平均发明专利申请受理数排序第12位,每亿元研发经费内部支出产生的发明专利申请数排序第22位,每亿元研发经费内部支出产生的发明专利授权数排序第21位。在中部的安徽,其发明专利申请受理数比湖北高出91.6%;安徽发明专利申请受理数比上年增长66.35%,湖北的增长率仅为28.95%。安徽的发明专利授权数增长速度也较快,达到50.26%,比湖

北高出 25.02 个百分点。

湖北实用新型专利申请数排序第 11 位，实用新型专利申请增长率排序第 27 位；外观设计专利申请数排序第 14 位，外观设计专利申请增长率排序第 29 位。江苏、浙江、广东、山东实用新型专利申请数分别是湖北的 8.96 倍、4.86 倍、3.58 倍、2.82 倍。在中部，安徽实用新型专利申请数比湖北高出 73%，河南也超过湖北 12.45%；安徽实用新型专利申请增长速度在中部最快，其增长率达到 68.39%，湖北仅仅是 20.92%；江西、河南、湖南、山西的增长率都超过了湖北。外观设计专利申请数，安徽是湖北的 2.06 倍，湖南比湖北高 71%，河南也比湖北高 69%。

发明专利和实用新型专利是实现科技创新的最直接途径。湖北有两院院士 70 名，院士专家人数在国内居于前列；湖北高等学校有 128 所，全国排序第 5 位；湖北研究与实验发展全时间人员当量数 133060 人年，全国排序第 8 位。与湖北研究发明专利和实用新型专利的人力要素资源比较，湖北发明专利和实用新型专利的研究明显落后。"创新湖北"建设，必须精准着力提高湖北发明专利和实用新型专利数。

(二) 应精准着力务实实施合作，提高产学研合作效果

产学研单位合作研发是实现科技创新的关键途径，湖北的合作研发还很不够。

在全国比较，每十万研发人员作者同省异单位科技论文数排序第 17 位，同省异单位科技论文数增长率排序第 25 位；高校和科研院所研发经费内部支出额中来自企业的资金增长率排序第 20 位。湖北研发人员不仅同省异单位之间合作少，异省单位间合作研究更少。作者异省合作科技论文数排序第 19 位，作者异省科技论文数增长率排序第 26 位。湖南高校和科研院所研发经费内部支出额中来自企业的资金的比例 24.67%，比湖北的 18.15% 高出 6.52 个百分点。

企业研发经费外部支出的额度，表明企业研发合作的程度。湖北研发人员同省异单位科技论文数少，说明湖北研发人员，尤其是高等学校的研发人员深入到企业中与企业合作研发少。一般而言，产学研结合研发的成果，其实用价值比单独在学校实验室中研发成果的价值要大；产学研结合研发的成果，也容易转化为生产力。上述的一系列指标表明，湖北产学研结合还有很大的潜力，真正实施有效的研发，必须精准着力实施产学研的合作。

(三) 应精准着力发展技术市场，提高技术市场交易额

技术市场是从事技术中介服务和技术商品经营活动的场所。它以推动科技成果向现实生产力转化为宗旨，具体开展技术开发、技术转让、技术咨询、技术服务、技术承包；生产或经销科研中试产品和科技新产品；组织和开展技术成果的推广与应用等，技术覆盖面涉及所有技术领域。在全国比较，湖北技术市场活跃程度不高。

技术市场交易金额排序第 11 位，技术市场交易金额的增长率排序第 12 位，技术市场企业平均交易额排序第 15 位；规模以上工业企业平均国外技术引进金额排序第 12 位，规模以上工业企业国外技术引进金额增长率排序第 14 位。江苏技术市场交易比湖北活跃得多。江西技术市场企业平均交易额也比湖北高 81.82%，江西技术市场交易金额的增长率比湖北高出 11.76 个百分点。

技术市场活跃程度是技术创新发展水平的"晴雨表"。反映湖北技术市场活跃程度的几个重要指标在全国的排序不算高，与强省比较明显不足，在中部比较没有突出的优势。湖北如此的技术市场发展水平，与湖北的经济社会发展水平不相适应，与"科教大省"不相适应。推动技术创新，必须有活跃的技术市场。因此，必须精准着力发展技术市场。

(四) 应精准着力培育研发机构，提高企业研发机构数

企业研发机构，可以开展产学研科技合作，为企业产品升级和规模化生产提供技术支撑，强化科技成果研发和转化，提高企业技术创新能力。实现技术创新，需要企业在技术创新中的发挥主体作用。企业能否在技术创新中发挥主体作用，关键是企业研发机构强不强。如果企业研

发机构弱，或者企业研发机构数量少，那么企业就很难在技术创新中发挥主体作用。比较而言，湖北工业企业中研发机构数量较少，工业企业中研发机构数量增长率较低。

湖北规模以上工业企业中有研发机构的企业占总企业数的比例在全国排序第19位，规模以上工业企业有研发机构的企业数增长率在全国排序第14位。河南的规模以上工业企业研发人员数比湖北超出30.39%；规模以上工业企业就业人员中研发人员比重，安徽超过了湖北。规模以上工业企业有研发机构的企业数，安徽是湖北的2.30倍；河南和湖南也分别超过湖北33.00%和31.01%。安徽、湖南、江西规模以上工业企业中有研发机构的企业占总企业数的比例大于湖北，他们在规模以上工业企业中建立研发机构的速度也快于湖北。

企业研发机构数量的多少，决定产业技术创新的基础是否扎实。建设"创新湖北"，其重要的基础工作是精准着力，在规模以上工业企业中培育建立研发机构。

(五) 应精准着力加大技改力度，提高企业技改费支出

采用先进适用的新技术、新工艺、新设备、新材料对传统产业企业现有设施、生产工艺条件进行的技术改造，可以提高产品质量，增加花色品种，促进产品升级换代，扩大出口，降低成本，节约能耗，加强资源综合利用和三废治理。实践证明，用先进、实用技术改造传统产业，不仅具有投资少、工期短、见效快等特点，而且不需要再铺新摊子，能有效避免重复建设，同时还有利于优化产业结构、改变增长方式、提高企业的效益和竞争力。

长期以来，湖北在技术改造方面做了大量的工作，然而，当前的现状在全国比较，显得落后了。湖北规模以上工业企业技术改造经费支出全国排序第17位，规模以上工业企业平均技术改造经费支出全国排序第26位，规模以上工业企业技术改造经费支出增长率-24.83%，全国倒数第一名。湖南规模以上工业企业技术改造经费支出，是湖北的4.14倍；江西、安徽、河南、山西的支出也大幅度高于湖北，分别比湖北高出89%、64%、55%、44%。江西和湖南的规模以上工业企业技术改造经费支出增长幅度大,分别是21.15%和16.42%,湖北不仅没有增长,反而减少了。

加大企业技术改造力度,是提升传统产业技术水平的有效措施。湖北传统产业多,技术改造的任务重,更应该重视技术改造工作。针对当前湖北建设改造力度不够的问题,应精准着力加强对传统产业企业的技术改造。

(六)应精准着力强化产品创新,提高新产品销售收入

产品创新,是技术创新的落脚点。采用新技术原理、新设计构思研制生产,或者在结构、材质、工艺等某一方面有所突破或较原产品有明显改进,从而显著提高了产品性能或扩大了使用功能,对提高经济效益具有一定作用,在一定区域或行业范围内具有先进性、新颖性和适用性的产品就是新产品。产品创新水平,是技术创新是否有活力的重要标志。

产品创新的重要指标是规模以上工业企业新产品销售收入,湖北规模以上工业企业新产品销售收入在全国排序第9位,规模以上工业企业新产品销售收入占销售收入的比重排序第10位。湖南规模以上工业企业新产品销售收入超出湖北22.99%,河南也高于湖北2.94%。规模以上工业企业新产品销售收入占销售收入的比重,湖南高于湖北47.36%,安徽高于湖北7.73%。

当前实施的供给侧改革,其主要内容就是要向消费者提供满足需求的新产品。新产品销售收入的额度大,产品创新的水平就高。产品创新水平表明技术创新效果的程度,也反映了实施供给侧改革的实际效果。因此,湖北应精准着力加快产品创新。

(七)应精准着力完善融资机制,提高研发融资贷款额

金融机构对企业研发的融资,是提高企业技术创新能力的重要途径。在全球经济增长乏力和资源环境约束的背景下,如何进一步增强企

业研发投入成为促进技术创新的关键。一方面，研发活动需要大量资金的长期持续投入；另一方面，技术创新行为在本质上具有高风险和回报周期长的特征，这使得企业研发投资容易陷入资金需求大却又不易获得资金融通的两难境地。一般来说，企业研发所需资金来源于内部资金和外部融资两个渠道，如果企业无法提供充足的抵押担保，在信息不对称的情况下，处于信息劣势的外部资金提供者不愿意承担研发风险和道德风险，使得外部融资成本远高于内源融资成本，企业研发活动面临着融资约束。解决企业研发活动面临的融资约束，就需要金融机构对企业研发活动的支持。

湖北企业研发获得金融机构支持力度还有待加强。湖北规模以上工业企业研发经费内部支出额中获得金融机构贷款额指标在全国排序第9位，规模以上工业企业研发经费内部支出额中平均获得金融机构贷款额指标在全国排序第12位，规模以上工业企业研发经费内部支出额中获得金融机构贷款额增长率指标在全国排序第17位。江西的金融机构对企业研发支持力度大于湖北。江西规模以上工业企业研发经费内部支出额中获得金融机构贷款额比湖北高出42.74%，规模以上工业企业研发经费内部支出额中平均获得金融机构贷款额是湖北的2.53倍，规模以上工业企业研发经费内部支出额中获得金融机构贷款额增长率是湖北的3.30倍。

金融机构向企业研发贷款额度，直接反映着金融机构对企业研发的支持力度。湖北创新发展有潜力，湖北企业研发需要大量的资金，而目前湖北企业研发获得金融机构支持力度在全国排序不算靠前，因此必须精准着力加大金融机构对企业研发支持的力度。

（八）应精准着力优化人力素质，提高劳动者素质指标

劳动生产率的高低，取决于技术的进步和劳动者素质。技术的进步，在一定程度上依赖于劳动者素质。劳动者素质，是推进技术创新，提高劳动生产率的最基础因素。

衡量劳动者素质的重要指标是6岁及6岁以上人口中大专以上学历

所占的比例，湖北这一指标优势不明显。6岁及6岁以上人口中大专以上学历所占的比例11.13%，在全国排序第11位；6岁及6岁以上人口中大专以上学历人口增长率9.17%，在全国排序第17位。

湖北高等学校数位列全国第5，湖北高等学校走出的大学毕业生在全国也是名列前茅，虽然有一些大学毕业生留在了湖北，也有一些外地的高等学校培养的学生来湖北工作，但是从湖北大专以上学历者所占比例的指标看，湖北留住自己培养的大学生及吸引外地高等学校培养的大学生还不够。大专以上学历者所占比例的高低，直接关联着劳动者的素质，关联着技术创新的基础，因此必须精准着力提高湖北大专以上学历者在人口中的占比。

(九) 应精准着力发展高新产业，提高高新技术企业数

高新技术产业以技术创新驱动为基础，是高新技术及其产品的研究、开发、生产和技术服务的企业集合。高新技术产业是知识密集、技术密集的产业。这种产业所拥有的关键技术往往开发难度很大，一旦开发成功，却具有高于一般的经济效益和社会效益。

高新技术产业的规模，既是当前经济发展水平的标志，更是未来经济发展希望的指向。湖北高度重视高新技术产业的发展，取得了巨大的成就。然而，在全国范围比较，还有很大的潜力。湖北高新技术企业数在全国排序第9位，高新技术企业数占规模以上工业企业比重在全国排序第15位。湖南高新技术企业数比湖北高出6.14%，高新技术企业数占规模以上工业企业比重比湖北高出0.43个百分点，高新技术企业数增长率比湖北高出2.93个百分点；安徽高新技术企业数比湖北高出1.33%；高新技术企业数增长率比湖北高出5.06个百分点。高新技术产业中最主要的产业是信息产业，湖北的信息产业在全国没有进入第一方阵。衡量信息产业发展的重要指标是信息产业主营业务收入，广东、江苏、山东、浙江2015年信息产业主营业务收入分别是湖北的5.98倍、4.44倍、2.87倍、2.11倍。

高技术企业数量，反映着创新发展的水平，关联着创新发展的能力。信息产业是为产业服务的产业，信息产业主营业务收入的高低，关联着地区产业发展现代化程度的高低。湖北有武汉东湖新技术产业开发区，区内有58所高等院校，100万名在校大学生；有71个国家级科研院所。如此高等院校林立、科研机构众多的阵势全国少有，这样的科技研发力量是发展高新技术产业的最大优势。湖北有光谷，光谷是我国最大的光通信研发基地，最大的光纤光缆生产基地，最大的光电器件生产基地，最大的激光产业基地，已成为代表国家参与全球光电子产业竞争的主力军。凭着"武汉东湖新技术产业开发区"和"光谷"这两张名片，湖北高新技术产业和信息产业进入全国第一方阵不应该是梦想，因此，必须精准着力发展高新技术产业。

三、湖北省精准创新的对策

（一）着力强化专利研发，提高专利受理授权数

1. 开展培训，大力传播专利知识

省委省政府高度重视专利发明及实用新型专利工作，但是社会上存在专利意识淡薄的现象，有些地方的专利工作还未摆到科技、经济工作的应有位置。有些人对专利制度缺乏了解，部分企业未能将专利制度作为技术创新的动力机制和保护机制来认识和对待，因此必须大力开展专利宣传知识培训。专利工作业务性强，必须对相关人员进行必要的专利知识培训，通过实效的培训，提高知识产权创造、管理、保护、运用能力，实现发明专利申请和授权提质扩量；要加强对基层知识产权管理人才的专利知识普及性培训，增强其专利管理能力；要加强对企事业单位专业技术人才的专利实务培训，使技术人员的创造工作与专利形成工作有机结合起来，从而更加有效地发掘技术的创新点，形成可能授权的发明专利申请。

2. 瞄准应用，推动专利成果转化

专利成果转化率越高，专利成果的作用就越大，专利成果的研究

者、专利成果转化机构、专利成果应用企业的效益就越高，其积极性就越大，研究、转化、应用专利成果的动力就越足。推动专利成果转化，需要高校与科研院所、企业、政府齐努力。

高校与科研院所层面，针对"重论文，轻专利"的现象，要强调专利的重要作用，提高专利在评价体系中的分值，鼓励高校与科研院所的科研人员研究发明专利和实用新型专利。针对湖北高校专利技术转化的中间环节薄弱、信息沟通渠道不畅通的现状，要通过社会上的专利转化平台为高校和企业牵线搭桥。针对高校缺乏高水平的技术转移队伍，且部分学校技术转移处于无序状态的现状，要加强高校专利技术转移人才的培养，着手培养一批素质高、能力强、知识面宽的技术经纪人。针对高校科研与实现产业化存在较大距离的问题，要加强高校与企业的联系，及时了解企业需求，力求高校研发工作有的放矢。

企业层面，针对企业承接能力不强、技术创新能力弱、经济实力有限的特点，瞄准科技型中小企业，将投资应更多地投向企业的早期创业，更多地帮助技术专利第一次商品化的过程。针对一些企业缺乏风险意识和战略眼光，在没有政府支持和风险投资介入的情况下不愿承担发明专利技术二次开发的风险，应培养企业的风险意识，同时政府加大对中小型企业的前期投入，并引导社会资金的投入。

政府层面，一是政策上为企业和高校创造一个更加宽松的研发环境，尽快制定有利于专利技术转移的税收政策、金融政策、政府采购政策以在及其他各方面的政策。二是设立促进高校专利在本地转化的专项资金，鼓励本地区企业购买高校发明专利在本地实施。三是加强大学科技园、高校技术创新孵化服务网络等基础设施建设，增加高校周边孵化器数量。

3. 全面实施，企业发挥主体作用

企业是专利研发最重要的主体，其主体作用主要体现在研发、投入、技术应用和成果转化等方面。建议开展规模以上企业专利申请全覆盖行动，将之与促进中小企业转型升级相结合，鼓励中小企业申请首件专利，奖励为中小企业提供有效服务的中介机构，以此来全面提升中小企业知识产权创造能力。现在政府部门对企业扶持的项目资金较多，有科技部门的项目资金，有经信部门的项目资金，有发改部门的项目资金。这些部门在选择项目资金扶持对象时，要将企业专利数量作为重要的依据，引导企业重视发明专利和实用新型专利的研发、应用和推广。

4. 开源节流，合理用好研发经费

技术成果专利权化，需要申请专利、委托代理、授权登记、在一定时期内给予维持等，这些过程都要产生一定的费用，加到一起也是一笔不小的支出。专利成果产业化需要进行小试、中试，直至开拓市场都需要大量的经费，没有大量R&D投入，很多研发工作无法开展，发明专利自然无法形成。因此需要大幅度增加R&D经费投入量，促进更多的发明专利产生。湖北政府研发投入经费在全国排序第9位，这说明湖北政府投入研发经费不算低，但是，湖北研发经费在专利上产生的效果并不好。

(二) 着力务实实施合作，提高产学研合作效果

1. 引导合作，建立合作动力机制

企业参与产学研合作的动力是期望从高校、科研院所获得持续的人力资本、知识、技术、信息资源，分担企业的研发风险，缩短研发时间，因为高校及科研院所掌握大量项目研究信息以及先进、前沿技术的研究动态，拥有图书室、研究室、先进实验仪器和高素质的科研人员，产学研深度合作有助于降低交易费用，最大限度地实现企业对潜在利润的追求。高校参与产学研合作的动力是为了加快科技成果转化速度，希望通过企业加大对市场的了解，提高研发的针对性；通过产学研深度合作优化高校的学科建设，获得更多科研经费，培养出更加符合社会需求的复合型人才等。

2. 强强联合，完善合作选择机制

从深度合作的综合优势角度，科学确定深度合作伙伴，选择企业作为合作对象时主要考虑：企业的核心能力及特色的优势资源，企业的诚信，研发能力，市场营销能力，企业财务状况，企业文化，对产学研合

作的态度等。选择高校和科研院所作为深度合作伙伴时，主要考虑高校、科研院所的科技优势资源和技术特色，创新团队，科研成果积累与研发现状，产学研深度合作经历和效果，以及对产学研深度合作的技术支持程度等。

3. 有效推进，构建合作协调机制

良好的协调机制要有明确的规章制度和有力的执行措施。一是要建立规范的信息披露制度，及时准确地披露产学研深度合作相关信息，提高各方信任度；二是要建立产学研深度合作各方沟通与协商渠道，完善工作协调方式，以提高合作的运行效率；三是建立共同参与合作规划与调整制度，保证产学研深度合作战略制定和规划调整的科学性与客观性；四是建立良好的约束与励机制，以进一步规范产学研深度合作成员及其全体员工的行为，同时对做出贡献的人员给予奖励，以调动合作各方的积极性。

4. 互利互惠，完善利益分配机制

利益分配问题关系到产学研深度合作的稳定性与长期性。利益分配机制要按照公平、客观的原则，科学确定产学研深度合作各方利益分配情况的具体规则和分配方法。产学研深度合作的利益分配必须明确分配依据，利用科学的方法计量合作各方的贡献，从而合理地确定各方利益所得；同时要在深度合作中形成知识产权保护意识，制定一套完善的知识产权管理条例或管理办法，保证各方利益不受侵犯。比如在产学研深度合作建立之初，可以采用各方接受的方法或协商方式，对各方利益分配比例和方法做出清晰、明确的规定，而通过一段时间运行后，再根据各方的贡献大小，进一步协商和调整利益分配比例和方法，保证利益分配的公正性与客观性。

(三) 着力发展技术市场，提高技术市场交易额

1. 平台建设，完善技术市场功能

针对一些技术市场交易内容和方式单一的问题，要丰富技术交易内容和方式。在进一步强化技术开发、转让、咨询、服务等技术交易的同

时，积极发展协议转让、招标转让、竞价交易（含拍卖）、人才参股等灵活多样的交易方式，不断丰富技术交易内容。要支持实体技术交易机构开展科技成果交易挂牌、组织、监督、签证等，通过技术、股权、资产综合交易，完善创新创业资本进入及退出市场机制。要积极推动企业、研发机构等各类技术供需主体参加技术市场活动，提高技术市场供需信息总量；加强孵化器、中试基地、金融机构、风投机构、信息研究机构以及展览、展会与技术市场业务衔接，发挥技术市场的桥梁作用。充分发挥大型技术交易市场的作用和重塑功能，进一步促进技术市场与资本、人才等市场的融合，增强技术市场对仪器设备、信息、资本、人才要素资源的配置能力。创新技术产权交易模式，探索建立服务于高新园区高新技术企业股权交易、技术并购及股权融资等业务的技术产权交易平台。

2. 职场优化，提高队伍整体素质

针对技术市场人才素质问题，要加强技术市场人才队伍建设。要选择具有较好条件和基础的高校共建技术市场人才培养基地，开展诸如技术合同认定登记、技术转移服务模式、技术经纪人、科技咨询师等业务培训，形成学历教育、继续教育、职业教育等多层次技术市场人才培养体系。要打破传统进人用人制度，试点技术市场管理人才聘用制、代理制、市州之间、上下之间、企业院校之间挂职交流制等方法。要大力培养高素质的技术经纪人队伍，造就一支懂技术、懂法律、懂管理、懂经营的复合型高素质的技术经纪人队伍。

3. 适应需求，培育新兴服务业态

针对技术市场需求的变化，要探索建立服务完善、各类科技资源高效配置的新型技术交易中介服务体系。推动技术市场与资本市场、人才市场的协调发展，促进技术商品尽快产业化。面向科技成果转移转化需求，加快培育一批从事技术咨询、中试基地、评估、检验检测及成果转化、知识产权代理、科技金融等专业服务的技术交易中介服务机构。动态选择一批技术交易中介服务机构，开展技术交易服务商业模式创新试点。完善无形资产评估制度，探索知识产权、著作权等科技资源的市场化融资担保模式,拓宽科技融资渠道,促进技术市场与金融市场的融合,实现科技创新链条与金融资本链条的有机结合,缓解科技型中小企业融资难问题。

4. 针对特点,完善技术市场政策

针对技术市场服务性质的特点,应完善技术市场政策,加大政府扶持力度。巩固和完善技术合同认定制度,评估各项优惠政策执行情况和效果,落实现有的财税优惠政策,提高技术合同减免税的兑现水平。研究制定企业吸纳技术、进行技术扩散,技术转移机构进行技术咨询和技术服务,技术交易印花税、个人所得税方面的财税优惠政策。加快完善股权、分红等多种促进科技成果转化的激励政策。应由科技、税务、财政等部门共同认定一批符合条件的企业类的技术交易机构、技术交易中介服务机构为高新技术企业,并对按高新技术企业享受的税率征收企业所得税。

(四)着力培育研发机构,提高企业研发机构数

1. 配置资源,大力建设研发机构

一是要加大投入力度,结合湖北实际,逐步提高政府资金对企业研发活动的投入,建立健全财政性科技投入稳定增长机制,不断加大对企业建设研发机构的奖励补助力度。二是要优化投入体系,充分发挥财政资金的引导作用,引导企业和社会加大对研发机构的投入,逐步建立多层次、多形式、多渠道的研发资金投入体系。三是要梯度配置资源,有效整合政府各类资金资源,优先支持建有研发机构的企业与项目,优先支持企业研发机构的创新活动,优先支持公共研发平台建设。

2. 政策支持,保障研发机构建设

一方面,要加强政策宣传。有关部门要对国家及省的相关扶持政策进行汇总梳理和系统研究,做好政策的创新、与现有政策的对接和政策的集成,并通过媒体和网站发布,便于企业及时了解和掌握。另一方面,要推进政策落实。认真落实企业研发费用加计扣除、高新技术企业所得税减免等政策,切实增强企业建设研发机构、开展技术创新的积极

性。按照国家和省有关鼓励科技创新创业的一系列文件规定,严格落实企业研发机构的税收优惠和奖励政策。同时,对建有研发机构的企业,在申报高新技术企业、融资贷款、科研人员职称评定、资质认定等方面要给予优先支持。

3. 能力建设,提升研发机构水平

一方面,要通过深化产学研合作增强企业研发机构的技术创新能力,探索建立政府宏观调控及政策体系支持的产学研创新体系,鼓励企业研发机构与高校、科研院所整合创新资源,联合开展技术攻关、科技成果转化等研发活动,引导企业研发机构主动介入高校、科研院所的早期研发活动,构建产学研利益共同体,增强企业的创新能力。另一方面,要通过集聚高层次人才增强企业研发机构建设的层次和水平,充分发挥企业研发机构平台在汇集人才方面的积极作用,支持企业吸引更多高层次创新人才和研发管理人才,积极促进高校、科研院所与企业之间的人才互动交流,为企业研发机构的建设和发展提供充足的人才保障和智力支持。

4. 目标引领,明确各方职责任务

一是要完善工作体系。省市县要建立推进企业研发机构建设的工作联席会议机制,重点加强科技、发改、经信、统计等相关部门的协同联动,各负其责,相互配合。二是要强化目标引领。要尽快实现大中型工业企业和规模以上高新技术企业研发机构建设实现"全覆盖"。各级部门要制订企业研发机构建设工作计划,咬定全覆盖目标,将建设任务分解落实到各级部门。加强督促检查,确保研发机构建设工作推进的长期性、持续性。三是要优化考核导向,将研发机构建设工作纳入对各级科技部门科技工作考核的内容。

(五)着力加大技改力度,提高企业技改费支出

1. 提高认识,重视企业技术改造

技术改造符合工业化的发展规律。多年来国家出台了一系列支持政策,尤其是用中央财政技术改造基金,通过贴息的办法有效地支持了技改项目,带动了地方、企业、信贷和社会资本,这已经成为我国工业化进程中的重要经验。当前一些地方确实存在片面重视投资拉动发展,实际忽视技术改造发展的现象。技术改造是以内涵为主的发展方式,具有良好的综合效益;技术改造是全面提升技术经济指标,不仅可以拉动需求,而且可以提升有效供给;技术改造是技术创新,用信息化、智能化改造传统技术,可以创造现代产业。要重视投资对拉动经济发展的作用,但绝对不能忽视技术改造在推动经济发展中的作用。

2. 形成合力,协同开展技术改造

加快技术改造步伐,要靠政府和全社会的共同努力。政府在推动技术改造方面,一是要根据市场导向,增强前瞻性地制定好技术改造的规划,编制技术改造指导目录和投资信息,引导企业、社会资本投向重大技改项目。二是要引导中小企业的发展基金、新兴产业创业引导基金、先进制造业投资基金等,使其中一部分能够用于技术改造,还要引导民间基金投向技术改造。三是要对技术改造项目实行优惠的鼓励政策,加速技术改造企业折旧,鼓励支持节能环保产业作为第三方技术改造治理,为中小微企业绿色改造服务。

3. 要素投入,整合实施技术改造

要尽可能地整合要素资源的投入,参与实施技术改造。一是加大信息化方面的投入,重点加强信息技术在传统产业中的推广和应用,推进传统产业的信息化改造,加大对传统产业的信息化扶持力度;二是加大装备投入,实施一批关键技术和重要装备开发项目。鼓励企业引进国外先进技术设备,强化消化吸收再创新和集成创新,提高工艺技术装备水平;三是加大对技术开发和技术升级的经费投入,引导企业加大技术改造研发投入。

4. 转型升级,提高技术改造水准

要通过技术改造,提高装备水平。加快淘汰落后工艺技术和设备,推广应用自动化、数字化、网络化、智能化等先进制造系统、智能制造设备及大型成套技术装备。要支持重点企业瞄准世界前沿技术,加快装备升级改造,推动关键领域的技术装备达到国际先进水平。要实施装备创新工程，不断提高装备制造业技术改造的能力。在实施传统产业改造工程中，应多渠道向企业输送移植高新技术和产品，推动传统产业步入高新技术领域，通过采用最先进的实用技术跨越基础落后的障碍，改进生产、服务、经营、管理模式，逐渐由"渗透型"改造向"跳跃型"改造转移，实现跨越式发展。

(六) 着力强化产品创新，提高新产品销售收入

1. 供给视角，重新认识产品创新

产品创新是实现供给侧结构性改革的重要手段。经过改革开放30多年的发展，我国的供给和需求已经发生了重大变化，结构性矛盾日益突出。就供给而言，一方面，我们告别了原来普遍供给不足的短缺经济，进入到普遍供给过剩、总供给大于总需求的阶段；另一方面，供给的结构性失衡较为严重，总体上呈现中低端产品过剩、高端产品供给不足，传统产业产品过剩、新兴产业产品不足。就需求而言，一方面，人们日益注重消费的质量和个性化，从追求"吃得饱、穿得暖"转变成"吃得好、穿得美"；另一方面，很多需求得不到满足，人们更愿意到海外去采购奶粉、马桶盖等。实施供给侧结构性改革，迫切需要创新产品，优化供给，满足人们的消费需求。

2. 企业主体，主力实施产品创新

企业是产品创新的主体，面对激烈的市场竞争，企业只有产品创新，才能实现主动。中国2013—2015年的恩格尔系数分别为31.2%、31.0%、30.6%，接近发达国家食物消费支出水平，同时人均住房约40平方米，汽车保有量、产销量均已达到非常高的水平，已经接近饱和。在基本的衣食住行需要得到满足的情况下，消费在经济增长中的基础作用几乎已经发挥到极致。在海外市场收缩的情形下，进一步扩大内需既势在必行，又困难重重。

3. 政府主导，大力推动产品创新

企业虽然是产品创新的主体，但是产品创新离不开政府的主导。当前在产品创新上需要政府主导的方面：一是要创造公平竞争的市场环

境;二是要向企业通过有效的产业政策;三是合理布局重点支持重要的产品创新。湖北的多层次发展战略,有利于克服这些弊端。要进一步实施好多层次发展战略,更加细化地整体产业布局,更有针对性地指导新产品开发。

4. 满足需求,市场导向产品创新

以市场为导向,满足消费者新需求,是有效地实现产品创新的前提。当前的消费者更趋个性化和多样化,个性化和多样化的消费偏好使得产品在进入市场后很快被新产品所替代,这使得企业必须不断更新产品和服务,以获取消费者的青睐。对于消费者而言,只有对新型产品的功能产生消费欲望,才能克服边际消费倾向递减,形成扩大化的需求,最终拿出货币付诸消费行动。

(七)着力完善融资机制,提高研发融资贷款额

1. 引导融资,提高贷款利用效率

一是政府要逐步减少对大中型企业的研发资助,促进大中型企业的研发活动与科研院所、金融机构合作。二是鼓励金融机构支持中小企业研发活动,金融机构应响应国家政策的号召,加大对这些企业的研发投入力度。金融机构适当降低对这些企业的贷款利率,建立适合中小企业的信贷标准。三是建立效率指标,结合湖北的实际情况及时减少或停止对资金利用效率不高的企业的信贷支持,使贷款的投放更加科学。

2. 搭建平台,优化科技金融服务

一是健全综合性科技金融服务平台,创新信息网络建设,扩大金融服务的覆盖面。二是增加科技金融服务平台建设引导性投入,依托生产力促进中心、科技企业孵化器、大学科技园、金融机构等,搭建多元化、多种类、多形式的科技金融服务平台。三是建立激励机制,培育和规范中介服务机构,提升专业服务能力,充分发挥其技术创新服务功能和投融资平台作用。

3. 深化改革,加快银行科技创新

一是组建区域性的科技银行,利用区域资源来共同分享区域的科技

成果和信息。二是与风险基金等风险投资机构及融资担保机构合作共同开发科技产品,利用各自的特点处理好风险与收益的关系。三是建立多层次的直接融资市场。简化投资模式,建立像存款一样能使广大百姓参与的市场,这个问题解决了,直接融资市场的规模过小问题就解决了。降低市场的交易费用,提高金融体系的运行效率。

4. 配套措施,构建良好融资环境

一是鼓励民间资本进入金融市场。民间资本是金融市场的活力,吸引民间资本,会改变目前金融结构失衡的问题。民间资本的特点决定了其更容易与私营企业和中小企业结合,有利于对中小企业的技术创新提供资金支持。二是加大发展风险投资。目前湖北的风险投资在技术创新领域有应用,但是还有潜力。应该拓宽风险投资的资金来源,顺畅风险资金的进入渠道,以使科技资金的来源更加多样化,从而有利于分散风险。三是加强相关秩序管理。政府应重视信用法规的建设,建立健全适合科技企业特点的信用征集体系、信用评级制度和信息共享机制,营造良好的科技企业金融服务生态环境,以使金融主体各司其职,健康有序地支持研发活动的开展。

(八) 着力优化人力素质,提高劳动者素质指标

1. 素质教育,提倡培养适用人才

一是要解决师资问题。现在高等学校许多教师是在学校读书后,直接到学校当教师的,他们没有在企业工作的经历,这样不利于他们培育出适合企业使用的高素质学生。解决师资问题,需要优化师资结构,提高有企业工作经历者在高等学校教师中的比例。要提倡高等学校在企业人才中招聘教师。要鼓励优秀的硕士、博士毕业到企业工作一段时间,再到高等学校当教师。在保证素质的前提下,要大量聘请有实践经验的技能人才担任兼职教师。二是要解决教材问题。在教材中应增加应用性知识的分量。在某些专业,应提倡结合湖北企业实际编写教材。三是解决实习问题。要务实地开展实习,真正通过实习,提高学生的实践能力,提高学生在企业的适应能力。

2. 鼓励创业，增强创业能力教育

一是改革人才培养目标和模式。人才培养的目标不仅是让他们掌握专业知识，更重要的是培养他们的内心。要让大学生树立坚定的人生观和价值观，培养他们创业的信心和创业的意志，培养他们勇往直前的精神。为了培养他们创业的潜质，要创立新的人才培养模式，实行开放性政策，加强学校各部门之间、师生之间的联系与沟通，加强学生与社会的接触和沟通。二是构建新的创业教育体系。对大学生进行创业教育是培养大学生创业能力的重要措施。要对传统的教学进行改革，构建一个有特色的课程体系，把创业作为职业教育的重点，让学生了解一些实际的办公知识和技能，熟悉创业的相关知识。要有一支优秀的教师团队，培养一批高素质、高技能的专业老师对学生进行教学。要以学生为基础开展一些创业实践活动，给学生实践的机会，让学生在实战中运用所学到的知识，而不仅仅是口头学习。三是为大学生提供良好的创业环境。学校要给学生创造一个良好的校园环境。学校不可能把每一个学生都培养成大学术家，更大一部分的学生还是要走向社会，从事经济活动的。在传授理论知识的基础上，要注意培养学生的创业实践能力，多举办一些创业实践活动和创业实践大赛，激励学生的创业热情和信心，鼓励学生形成这种意识，主动创业。社会也要给学生提供创业环境。政府应进一步实施创业援助贷款政策，建立一些合理的引导创业机制，举办一些创业分析报告会，讲解当前的创业形势和政策，鼓励大学生去创业。可以设立一些大学生创业基金会，或者是放宽大学生创业贷款的限度，以及其他的贷款政策，降低大学生的市场准入门槛。

3. 推介湖北，增强湖北留人引力

要想将湖北的大学生更多地留在湖北，高校、社会、企业有必要面向大学生推介湖北，增强湖北留住大学生的吸引力。一是推介湖北的人文。荆楚文化，历史厚重；唯楚有才，人杰地灵。推介湖北的人文，会增强大学生们对湖北历史的敬仰。二是推介湖北的发展。湖北近年的发展，争先进位，好局连台；竞相追赶，跨越发展。推介湖北的发展，会激发大学生们对参与湖北建设的愿望。三是推介湖北的政策。湖北的政策，阳光普照，温暖人心；扶持创业，倾情助力。推介湖北的政策，会坚定大学生们对在湖北创业的意志。

4. 爱才惜才，引导企业使用人才

绝大多数的大学生们都掌握一定的专业知识，具有一定的专业特长，是国家精心培养的人才。企业是留住人才、使用人才的主体，要爱才惜才。一是要加大物质激励力度，稳定骨干人才队伍。对于高素质的战略经营管理人员、掌握关键技术或专利的人员、工程项目领衔性的技术尖子、高智商的工程技术人员、有创造力的产品设计和开发人员、资本运营人才、市场战略研究人才和战略营销人员等，企业要提供高物质待遇，稳定他们的工作。二是搞好"软环境"建设，以事业凝聚人才。人才最关心的莫过于企业的经营状况、发展前景和个人在企业的岗位与发展的可能性。企业要在不断改革创新，充分展示其发展前景的同时，要为人才提供展示才华的空间和发展机遇，创造良好的发展环境，要满足人才不同层次的需要，充分运用好精神激励。三是做深入细致的思想工作，感情留人。企业各级领导要主动与他们接触，进行"感情投资"，发挥其人格魅力在吸引稳定人才中的作用。

（九）着力发展高新产业，提高高新技术企业数

1. 龙头带动，壮大全省高新产业

武汉东湖新技术开发区是湖北发展高新技术产业的龙头。这一龙头聚集有58所高等院校，100多万名在校大学生，71个国家级科研院所。光谷已经是全国最大的光通信研发基地，最大的光纤光缆生产基地，最大的光电器件生产基地，最大的激光产业基地。有着如此巨大的龙头，然而湖北的高新技术企业数不仅远低于经济强省，而且还低于湖南、安徽。由此分析，武汉东湖新技术开发区在武汉市充分地发挥了龙头作用，在湖北省发挥龙头作用还有潜力。湖北也只有充分发挥武汉东湖新技术开发区和光谷在全省高新技术产业发展上的龙头作用，带动全省高新技术产业的大发展，才可能使湖北高新技术产业的发展进入到全国第一方阵。一是真正发挥"雁阵效应"，而不是"虹吸效应"。"龙头"会产

生"龙头效应","龙头效应"有时可以表现为积极的"雁阵效应",有时可以表现为消极的"虹吸效应"。"雁阵效应",就像一雁领头群雁飞翔一样,一个龙头园区会带动许多园区一起发展;"虹吸效应",就像虹吸管吸水一样,一个龙头园区吸取大量的要素资源,没有带动其他园区的发展。二是带动好省内现有合作园区的发展。现在省内一些市州的开发区已经与武汉东湖新技术开发区开展了合作,成为武汉东湖新技术开发区的分园区。这种合作虽然取得一些成效,但这些分园区还需要进一步学习武汉东湖新技术开发区的运作模式、管理机制,进一步加强与武汉东湖新技术开发区的产业合作,进一步主动地接受武汉东湖新技术开发区的带动。三是省政府应就发挥武汉东湖新技术开发区在全省高新技术产业发展的龙头带动作用,研究具体措施,进行布局上的规划,政策上的支持,合作上指导,促进湖北高新技术产业发展的"雁阵效应"形成。

2. 广开财源,加大高新产业投入

高新技术产业的特点是投入大,只有大投入,才能大产出。当前对高新产业的投资方向,应该优于对其他一般产业的投资方向。因此,应该广开财源,加大对高新产业的投入。一是完善风险投资机制,进一步扩大风险投资规模。要进一步鼓励和引导企业、个人以股份制或有限合伙制形式,组建风险投资公司。加强与国内外风险投资机构的联系,引导社会资金发展创业风险投资,吸引国内外风险投资基金和投资机构对高新技术产业进行风险投资。充分发挥省以及有关市、县创业投资引导基金的作用,通过财政资金"四两拨千斤"的作用,扶持创业投资企业的发展,引导更多的社会资本进入高新技术产业的创业投资领域。鼓励高新技术企业发行债券融资,积极协助符合条件的企业争取上市,推动符合条件的高新技术企业到海外上市。逐步健全完善产权交易市场,实现非上市企业的资本流动。二是完善融资和担保机制,引导金融机构加大对高新产业投入。引导各类商业银行扩大授信额度,引导金融机构加大对高新技术企业的信贷投入,搭建银政企对接合作平台,加大对工业技术创新的支持力度。鼓励社会资金建立中小企业信用担保机构,加大对中小企业技术创新的信贷支持。完善知识产权和非专利技术等无形资产质押贷款具体政策，方便高新技术企业可以用专利、非专利技术、商标等作为担保。积极推进科技保险试点工作，鼓励担保机构提供更多的高新技术产业融资担保服务，进一步完善高新技术产业贷款的风险分散和化解机制。三是加大财政对高新产业的投入，发挥政府资金的引导作用。财政科技经费的投入重点要用于高新技术产业发展和传统产业改造提升的高新技术研究开发和成果转化项目。各级各类科技计划要重点向高新技术产业园区内的公共技术服务平台、龙头企业研发机构和高新技术企业倾斜；要进一步增加中小企业技术创新专项基金的总量和支持力度，倾斜性扶持中小型高新技术企业发展。

3. 培育主体，推动产业增量发展

高新技术企业是高新技术产业的承担主体，高新技术产业的发展，需要高新技术企业的壮大和高新技术企业数量的增加，因此要培育主体，推动产业增量发展。一是壮大高新技术企业。企业数量的多少，层次的高低是衡量一个地区高新技术产业化水平的重要标志。针对湖北省高新技术企业总量偏少的差距，要在企业培育和扩张数量上再下功夫。要认真选择一批科技成长型企业，大力孵化与扶持，通过政策、项目和资金等集成支持与倾斜，引导企业向电子信息、现代装备制造、新材料、生物技术与新能源等高新技术领域方向发展。通过引进先进技术和自主研发相结合，实现工艺创新和产品更新，使之迅速成为高新技术产业的后备力量。要切实做好成熟企业申报高新技术产业的推介服务工作，使之较快享受高新技术企业的优惠待遇。培养高新技术企业成为拥有自主知识产权核心技术和具有自主品牌、主业突出、核心竞争力强的大企业（集团），充分发挥其在自主创新和高新技术产业发展中的引领带动作用。对暂时不符合规定条件的企业，也要帮助其制订整改方案，尽早发展为高新技术企业。二是积极引导科技型中小企业成长。中小民营企业数量多，范围广。中小民营企业以其完全按照市场机制运行的发展模式，显现着强劲的活力，在技术开发、产品创新、成果产业化方面扮演着日益重要的角色。要以各种政策措施鼓励中小民营企业投资高新技术项目，支持它们瞄准科技含量高、市场潜力大的产品加强研发，把它们培育成科技型中小企业，对具备条件的逐步培育成为高新技术企业和创新型示范企业，使其成为全省高新技术产业的新生力量。三是扶持一批大型企业作为创新型试点企业。不断增强企业自主创新能力，使其成为主业突出、创新能力强、带动性好的龙头企业，发挥其产业辐射、技术示范和销售网络的带动引领作用。

课题负责人：潘　峰　武汉科技大学二级教授、硕士生导师
课题组成员：曾小丰　彭骥飞　卢　春　郭艳萍　阮景星

湖北省科技服务业聚集化发展研究

涂顽强 等

科技服务业运用各种专业的科技知识、技术和方法向全社会提供科技服务，作为现代服务业中重要的一部分，对促进科技创新和科技成果转化、优化产业结构、培育新的经济增长点有着重大意义。产业聚集作为一种高效的产业组织形式，是科技服务业发展的必由之路。抓住湖北省科技服务业在新时期的发展机遇，推动湖北省科技服务业的聚集化发展，缩小该省与国内科技服务业强省之间的差距，不仅直接关系着湖北省科技服务业发展本身，更关系到湖北省社会经济发展在新常态时期中的顺利转型。

一、湖北省科技服务业聚集化发展的必要性

一是实现"建成支点、走在前列"宏伟目标需要科技服务业的支撑。2013年10月，湖北省委提出了"建成支点、走在前列"的宏伟战略。湖北省要想实现跨越式发展，就必须在提高传统产业的经济效益的同时，充分发挥"科教大省"的优势，走科技创新和知识驱动的发展之路。科技服务业是科技和政府、科技与经济、科技与社会不同利益主体之间的桥梁和纽带。而要充分发挥科技服务业的桥梁纽带作用，并实现其各种功能，科技服务业的聚集化发展是必经之路。科技服务业的聚集是指科技服务业的产业资源经过与地域条件不断协调和组织之后，经过群聚的形成和发展，最后在一定的地域范围内形成一个科技服务业的区域密集系统，形成一个类似于"群落"的稳定网状状态的过程。研究湖北省科

技服务业的聚集化发展的规律，不仅直接关系着湖北省科技服务业发展本身，更关系到实现"建成支点、走在前列"的宏伟战略目标。

二是提高科技服务业有效供给需要聚集化发展的保障。科技服务业企业聚集在特定区域内，不仅大大增加了科技服务产品的供给，更因为企业之间的激烈竞争而保证了服务产品的质量，也提高了科技服务机构的信誉，并使集聚区内的科技服务产品对顾客更具有吸引力。而当科技服务业聚集化发展到一定程度还会形成"品牌效应"，将会获得更高的市场认同，进一步促进市场对其科技服务产品的需求。

三是实现湖北省经济转型需要科技服务业聚集化发展的推动。科技和知识密集型产业是包括湖北省在内的中国经济转型的方向。科学技术最初只是知识分子的学术成果，只是潜在的生产力。其要转化实际的生产力，需要经过市场主体的选择、投入、生产和经营等过程，即科技有一个成果转化的问题。在众多科技成果转化的路径中，经由科技服务机构的媒介作用实现的科技成果转化，被市场证明是最有效率的。所以，培育知识和科技驱动型的经济产业，就必须大力发展科技服务业。科技服务机构聚集在一起，使得集聚区内资本、技术、技能管理和高级人才等不断积累，促进了科技资源的最优配置，提高了科技服务机构的运营效率，最终有助于实现湖北省经济的转型。

二、湖北省科技服务业聚集化发展的现状

在我国经济高速发展的大势下，湖北省依托本省的科教资源优势，充分发挥政策的引导作用，通过采取推动服务业企业与高校、科研院所建立长期稳定的产学研合作机制；促进技术与资本等要素的结合，引导社会投资投向科技成果转化行业；并大力发展科技招投标、科技中介、技术产权交易、检验检测等服务机构，依托武汉光谷联合产权交易所等技术转移机构，繁荣技术市场等措施使湖北省的科技服务业得到极大的发展，科学研究和技术开发取得新的成果。2016年，全年共登记重大科技成果2022项，其中基础理论成果17项，应用技术成果1974项，

软科学成果 31 项；全年共签订技术合同 24248 项，技术合同成交金额 927.73 亿元，合同金额比上年增长 11.7%；科学研究与实验发展（R&D）经费支出 620 亿元，增长 10%，占湖北省生产总值的 1.92%；全年共争取国家高技术产业发展项目 6 个，争取国家资金 8.3 亿元；湖北省具备向社会出具检测报告的产品质量监督检验机构有 123 个，其中国家产品质量监督检验中心 31 个。高新技术产业发展迅速。2016 年湖北省制造业增长 8.4%，快于规模以上工业 0.4 个百分点，值得一提的是高技术制造业增长 10.7%，快于规模以上工业 2.7 个百分点，占规模以上工业增加值的比重达 8.3%，对规模以上工业增长的贡献率达 10.8%。高新企业成长良好。2015 年全年新增高新技术企业 833 家，新登记备案的高新产品 747 项，据初步测算，新增企业对湖北省高新技术产业增长的贡献率达到 30.6%，此外高新技术产业增值为 5028.94 亿元，增速为 10.9%，这些资料和数据显示湖北省的科技服务产业化已初具规模。①

湖北省的科技服务机构较为齐全，现阶段拥有科学研究与试验发展服务机构、专业化技术服务机构、科技推广及相关服务机构、科技信息服务机构、科技金融服务机构、科技普及和宣传教育服务机构、综合科技服务机构等七大类机构。而近年来每类机构的发展都取得了不小的进步。湖北省经济、科技体制深化改革发展，经济结构转型升级，其服务对象的整体水平均有较大的提升和改进，与之相对应的科技服务机构的职能面临转型，但是由于先天不足，即各方职责难以明确，运作模式较为落后，缺乏对各个组织之间的有效链接的公共数据库，使得各科研组织无法获知各种研究进度，出现重复投入造成科研资源的严重浪费。另外科技服务机构并非通过自身能力获得市场份额，甚至还存在通过政府部门的照顾来提供相关科技服务专项或者直接将科技服务任务进行委托授权的现象，因此这类组织存在着计划经济时代的僵化的"等、靠、要"思想。

---

① 数据来自《湖北省统计年鉴 2015》。

梳理2007年至2016年湖北省政府出台的涉及科技服务业发展的多项政策，我们发现湖北省政府在所有制结构、管理体制、运作机制、运作模式等方面力促科技服务业机构功能体系多样化与创新化。随着相关政策的出台和经济持续的发展，湖北省的科技服务机构功能体系日趋完善，科技服务手段也越来越多样。各类科技服务机构在科技资源整合、技术推广和转移方面发挥着越来越重要的作用。但湖北省科技服务业政策也存在着一些问题，从政策执行方面来讲，各地执行措施不够细化、各地市政策差异较大、政策扶持力度偏弱、激励效率偏低；另外政策评估方面，湖北省经济社会转型出现的变化使科技政策评估主体变得相对复杂，日益呈现出混合型状态，这样谁来开展政策评估、采取哪些评估方法、开展政策评估各主体的权力如何分配、对评估主体如何界定等都成了科技政策评估面临的难题，湖北省对科技政策评估主体未做明确规定，这样必然会影响政策评估的信度、效度以及政策效率的实现。

湖北省的科技服务产业初具规模，但与北京、上海、广东、江苏等发达地区相比，总体上产业规模偏小、增速缓慢，科技服务业并未随湖北经济的快速发展步入快车道。一个重要的原因是科技服务业聚集效应不够突出。湖北省科技服务业聚集效应不够突出主要体现在以下几个方面。第一，产业聚集环境尚不成熟，科技体制仍属行政主导型，科技资源配置的市场机制尚未完全建立，尤其是在研究与开发、人才和经费投入方面仍以政府行为为主，科技资源系统内部各要素之间沟通与合作很弱。第二，企业聚集效应尚不突出，还没有建立有影响力的企业间技术联盟，虽然正在建设"武汉·中国光谷"基地，而且生物信息技术也处于全国领先地位，但湖北省大中型企业接受外单位委托开发所得经费仅占技术开发经费来源的极少部分。第三，科技研发机构聚集效应不够突出，科技机构、大学之间合作交流不够，科研机构游离于企业之外，是湖北省科技力量还没有真正成为推动经济发展的"内生变量"及科技成果转化率和科技进步贡献率不高的重要原因。同时，湖北省科研机构条块分割、军民分割、部门分割、地区分割、学科分割的"体系病"仍旧相当明显。第四，人才聚集效应不突出。一方面，湖北省的经济环境和第三产业发展环境较北京上海等发达地区而言,对人才的吸引辐射能力较弱,服务机构难以从市场上招聘到满意的从业人才;另一方面,许多科技服务机构规模小,经营能力差,对高素质服务人才又缺乏吸引力。第五,科技服务机构聚集效应不够突出,大多数科技服务机构规模较小,服务内容单一,而且相当数量的科技咨询机构规模较小,服务手段落后。第六,跨地区聚集效应不够突出,一方面,中心城区周边的产业园区在规划和企业入驻时出现了行业布局不集中,企业间的关联性较弱,缺乏专业化分工协作等问题;另一方面,跨地区合作少,有竞争力的产业聚集不多,例如湖北省经济相对发达地区主要集中在武汉、襄樊、十堰、宜昌等中心城市,有竞争力的产业也主要分布在这些地区,尤其是武汉占去50%以上,武汉与中心城市的科技"孤岛"和多数地区的科技发展"空心化"并存,科技鸿沟十分明显。

三、湖北省科技服务业聚集化发展的障碍

一是科技服务业聚集化发展资源配置不合理。湖北省科技服务业聚集并不突出,且发展不平衡。作为省会城市,武汉科技服务业聚集化发展水平具有绝对优势,而湖北省内其他城市科技服务业聚集水平非常低。这主要是湖北省科技服务业聚集发展中的资源配置不合理所造成的,各类生产要素和资源主要向省会城市武汉倾斜集中,致使宜昌、襄阳两个省域副中心城市和其他地市缺乏科技服务业聚集的必要资源。资源配置不合理主要表现在三个方面,(1)省内经济基础不平衡。虽然宜昌和襄阳两市在生产总值和财政总收入增长速度上高于武汉市,但在绝对值上武汉市远超宜昌和襄阳,2015年武汉市生产总值占湖北省35.1%,而宜昌与襄阳生产总值之和也仅占湖北省17.9%,另外财政总收入宜昌与襄阳更是远远落后于武汉[①]。(2)教育资源过于集中。武汉

---

① 湖北省统计局. 湖北省2016年国民经济和社会发展统计公报[EB/OL]. http://www.statshb.gov.cn/tjgb/ndtjgb/hbs/114833.htm. 2017-03-06.

作为全国第三大教育中心,武汉市内拥有数量众多,质量较高的高等院校,武汉市高等院校的数量占湖北省高等院校总数的65%;湖北省8所部委直属层次的高校全部集中于武汉市;武汉市众多的高等院校聚集了大量的高层次人才,这是湖北省其他城市无法比拟的优势。(3)科技资源投入过度集中。从授权专利数来看,2015年武汉市累计授权的专利数为33565项,占湖北省总授权数的56%,[①] 此外申报专利成功率也大大高于其他省市,资源投入上面的差距比较明显,影响湖北省总体科技服务效率。从以上分析中看出湖北省科技资源投入倾向性明显,武汉市占据了湖北省大部分的科技资源,湖北省科技资源配置过于集中。

二是科技服务业聚集化发展创新体系不健全。湖北省科技服务业聚集化水平与科技服务业发达省、直辖市相比偏低。科技服务业的发展是建立在一个地区科技创新、科技发展的基础上的,只有一个地区充满创新和科研的活力,科技服务业才有良好的市场需求,科技服务业聚集水平才能有效提升。当前湖北省科技创新体系不健全,聚集水平低主要表现在科技投入不足,缺乏科技创新活力;创新主体不明确,产学研合作机制有待完善;缺乏有影响力的科技服务业品牌等三个方面。从科技投入来看,与国内发达省、市的科技投入情况相比,湖北省投放于科技方面的资金明显偏低,同时,较差的科技基础也间接导致了科技对外交流困难,很难吸引外部先进的科技资源,最终导致大量科技项目不能顺利结项。目前湖北省的科技项目资金融资渠道已经较之前有了很大的提高,但是无论从融资渠道的宽泛程度,还是从融资质量的高低均远远低于国内经济发达省份,科技资金的不畅通进一步加剧。在产学研合作机制方面,湖北省高等院校、科研院所是湖北创新资源的重要聚集地,也是湖北技术创新的主要依托力量,但是高等院校、科研机构科技活动多以出成果为导向,以争取政府奖励、发表论文、著作为目标,离商业化应用有较大距离;而企业需求的创新成果则是工程化的成熟技术,以经

---

① 数据来自《湖北省统计年鉴2015》。

济效益为目标，创新活动常常与地方经济发展的要求错位。此外，湖北省科技资源部门所有，条块分割，分布在不同单位、部门的优势科技资源难以有效集成。科技活动创新以课题组为单元，规模小，跨学科跨机构的协作交流合作少，创新效率低下，难以培育出重大创新成果。最后湖北省科技服务业品牌效应差表现在科技服务业缺乏有带动作用和影响力的服务业品牌，科技服务业区域繁杂，分布广泛，条块分割状态严重，一体化程度不足，特别是相关科技资源缺乏整合，重点龙头企业少，品牌少，竞争力弱。

三是科技服务业聚集化发展配套支撑体系不完善。首先，科技服务业规范管理与标准建设不到位，湖北省对科技服务业的规范管理还处在一个磨合期和探索期，就目前对科技服务业发展的监督管理来看，还存在监管主体单一，主要以政府监管为主；监管手段单一，主要以政府的行政监管为主的问题。其次，科技服务体系不健全，配套保障缺失，主要表现在以下几个方面，(1)缺乏法制支撑体系。科技服务业的规范发展离不开良好法制环境。但当前湖北省还未有关于科技服务业发展的相关法律法规，对科技服务业的行为规范和科技服务从业者的权利保障都缺少法制依据。(2)缺乏政策支撑体系。科技服务业的发展除了按照市场规律运行，同时政策是推动科技服务业聚集发展的一个重要因素。(3)缺乏融资支撑体系。资金是科技服务业发展的基础要素之一。当前湖北省对科技服务企业和机构的资金支持主要是通过财政拨付和专项资金支持，科技服务业的融资渠道单一。单靠政府融资无法满足当前湖北省科技服务业发展的需求，需要进一步拓宽科技服务业的融资渠道。(4)缺乏人才支撑体系。科技服务业的发展要靠人才，湖北省作为教育强省，虽然聚集了大量的高层次人才资源，但人才外流比例大；同时缺乏专门的科技服务业人才培训体系，说明湖北省科技服务业人才的培养和激励机制都有待进一步的完善。[1] 最后，科技服务业产业规划模糊，

---

① 周静黎. 湖北省科技服务业集聚发展的对策研究[D]. 武汉：华中科技大学，2015.

聚集化发展重点不明确，湖北省科技服务业聚集化水平在低位徘徊，主要和湖北省科技推广与应用服务业的聚集水平不高有关。科技推广与应用服务业主要包括农业技术、生物技术、新材料技术和技能技术等其他各类技术服务业，还包括各类科技中介服务业。相比研究与试验发展和专业技术服务业，科技推广与应用服务业的业态范围是最为广阔的，涵盖了经济社会发展的方方面面；而且开展信息交流、技术咨询、技术孵化、科技评估和科技鉴定等活动的科技中介服务业更是推动科技创新的黏合剂和催化剂。因而提升科技推广与应用服务业的聚集化水平是提升湖北省科技服务业聚集化发展水平的关键。但当前湖北省缺乏对科技服务业的统一分类，科技服务业业态划分模糊，对科技服务业聚集化发展的产业规划不明确，这严重影响了湖北省科技服务业聚集化发展水平的提升。

四、湖北省科技服务业聚集化发展的对策建议

针对湖北省科技服务业聚集化发展存在的现状及问题，从科技资源（Resource）、科技创新体系（System）、政府行为（Government）以及"互联网+"（Internet+）四个角度出发构建RSGI模型，为进一步促进湖北省科技服务业聚集化发展提供切实可行的措施。

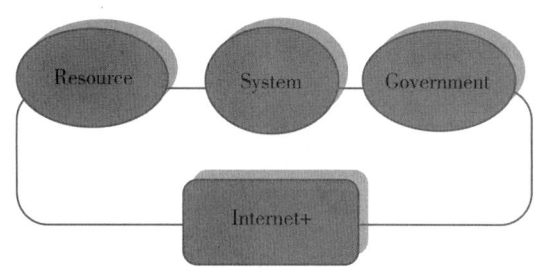

图1　推动湖北省科技服务业聚集化发展的RSGI模型

(一) Resource：科技资源＝规划＋沟通＋平台

1. 发挥政府主导作用，合理规划科技服务业集聚发展格局

早在"十二五"开局之年，湖北省委省政府就确定了"一主两副"的发展战略，即坚持以武汉为湖北省主中心城市，把宜昌和襄阳两个省域副中心城市发展成为"宜荆荆"和"襄十随"城市群的核心城市。湖北省科技服务业聚集化发展也可以按照"一主两副"的发展格局来进行规划，依托宜昌和襄阳高新技术产业、科技园区来促进科技服务业的聚集。当前省会武汉市的科技服务业聚集化发展水平较高，而宜昌和襄阳两个省域副中心城市的聚集化程度较低，这严重影响了湖北省科技服务业的整体发展水平，间接影响着整个湖北产业结构优化升级和经济发展方式转变的实现。由于武汉市已经具备经济、教育和科技等资源上的绝对优势，湖北省科技服务业会按照市场的引导依旧向武汉市聚集，因此需要加强科技服务业聚集化发展中的政府宏观调控，通过政府的行政手段为宜昌和襄阳两市提供吸引科技服务业聚集的相关资源，如加大对宜昌和襄阳两市科技活动的财政支持，加快宜昌和襄阳两市国家级、省级实验室、工程技术研究中心、科技孵化器和生产力促进中心的发展建设。通过湖北省政府的主导，激活宜昌和襄阳的科技创新活力，提升科技创新水平，挖掘科技服务业发展的市场需求，以科技武装经济，经济促进科技，形成科技创新与经济发展的良性互动机制；并不断的积累吸引科技服务业聚集的区位因素，提升宜昌和襄阳对科技服务业入驻发展的吸引力，沿着"政府主导—企业成长—市场主导"的路径不断发展，促进湖北省科技服务业的三大集聚区的形成，促进湖北省科技服务业聚集化水平的整体提升。

2. 畅通科技资源在省域内部沟通渠道

加快科技服务业向宜昌和襄阳两个副省域中心城市聚集，不能闭门造车，要以武汉市丰富的科技服务业资源为依靠，加强武汉、宜昌和襄阳之间的内部沟通，共享科技服务业资源。应采取以下几项措施，第一，建立资源共享平台。例如，技术市场交易共享平台、科技文献信息

共享平台、科技金融信息共享平台等公共平台的建设，可以使科技创新的信息流通更快，获取更加便捷；从而促进科技创新活动的开展，为科技服务业的发展创造市场需求。① 第二，宜昌和襄阳两市可以引进武汉市优秀的科技服务企业入驻本市。两市可以通过优惠的场所和税收政策，吸引武汉市内优秀的科技企业孵化器、科技金融、科技信息咨询等专业技术服务机构和科技推广机构的入驻两市，设立分支机构。这不仅可以提升宜昌和襄阳两市的科技服务业聚集程度，同时也为这些入驻的科技服务企业提供了更广阔的市场空间，有利提升它们的科技服务综合实力。第三，扩大内部沟通交流的地域范围。不仅要加强"一主两副"中心城市的内部交流，更要注重同"一主两副"中心城市地理空间联系更紧密的三大城市群内部之间的联系，为武汉、宜昌和襄阳科技服务业的发展寻找更广阔的市场，提高三大中心城市的科技服务业辐射能力，形成科技服务业发展与城市群科技创新进步的良性互动机制，从而提升整个湖北省的科技服务业聚集化水平。

3. 搭建科技园区等平台，加快科技资源流动

改变湖北省资源配置的不合理现状，除了需要加强政府的宏观调控，更主要的是按照市场规律，加强宜昌和襄阳两地对科技服务业发展所必需的科技资源的吸引力。高新技术开发区和科技园区就是良好的科技资源聚集平台，高新技术开发区和科技园区是一个集研究开发、推广应用、成果转化和实现效益于一体的科技创新载体，包含了科技产业链的全过程。高新技术开发区或科技园区的建设不仅需要大量的资金投入，还需要聚集大量的人才、信息、知识和技术等科技资源，同时也需要大量各类专业的科技服务业机构提供发展保障。② 通过建设科技园区等创新平台，加快湖北省内科技资源流动，提升科技资源的区域配置效率，形成宜昌和襄阳两个省域副中心城市聚集科技资源的内生动力，不

---

① 贺志姣.产业生态理论视角下湖北省科技服务业发展政策支持体系研究[J].科技进步与对策，2014(21)：104-109.

② 周慧妮，龙子午.湖北省科技服务业发展的实证研究[J].武汉轻工大学学报，2015(3)：105-110.

断积累科技服务业聚集所需的人才、知识和技术等各类资源，推动宜昌和襄阳两市科技服务业聚集发展，实现整个湖北省科技服务业聚集化发展水平腾飞的愿望。

(二) System：科技创新体系＝交流+合作+品牌

1. 扩大对外交流合作，激活科技创新活力

总的来说，湖北省科技资源的对外开放程度不是很高。因此在发挥外生动力辅助作用的过程中，要充分利用产业已有的优势，加大国际化力度。把扩大开放与自身发展有机结合起来，增强对国内外先进知识、技术的吸纳转化能力。一方面，要围绕培育发展战略性新兴产业，构筑提升产业核心竞争力的创新平台，大力推进湖北省"十二五"期间信息、生物、新材料、高端装备等重点领域的发展。另一方面，要培育部分有条件的高技术企业成为自主知识产权的拥有者、新技术的创造者和发展先进技术的引领者。以武汉东湖高新区为核心，以完善技术转移服务链条为导向，吸引涵盖"技术源头发现—技术评估—交易与转移服务—项目落地跟踪"等环节的国外知名技术转移机构聚集。鼓励省内企业充分利用全球创新资源，广泛开展国际合作和交流，在更高层次参与国际科研合作。加强知识产权国际交流与合作，引导知识产权服务机构帮助企业有效运用知识产权国际规则。深入开展知识产权保护活动，开展多层次的企业知识产权辅导培训与知识产权公益宣传，营造与国际接轨的知识产权环境。

2. 发挥企业创新主体作用，完善产学研合作机制

(1)建立企业研发中心。企业建立技术研究与开发机构有助于企业开展技术创新工作。引导企业和科研院所开展产学研合作，建立合作开展技术创新的机制，通过加强企业创新能力，解决影响企业发展的重大技术问题。大型企业级产业集聚区、工业园区的高新技术企业，应积极搭建产学研合作载体，广泛与高等学校、科研机构联合共建实验室或研究中心，为企业发展提供技术支持。对于企业建立技术中心、科研站、产业基地、工程中心的，政府应给予政策支持。

(2)形成产学研创新战略联盟。湖北省科技服务业聚集化发展需要政府推动与市场导向相结合,以企业为主体,以高校和科研机构为主要技术依托。提高湖北科技服务业竞争力,需要确定湖北省优先合作发展的行业和重点合作发展的技术领域,支持有能力的科研机构、高校、企业组建产学研联盟。例如,可以根据湖北省优势产业和支柱产业的技术创新需求,建立以汽车零配件、生物技术、光电子等行业产学研合作联盟。应将研究生培养工作与"产学研"合作联盟紧密结合,为发展城市圈优势产业集群提供科技和人才支撑。

(3)加快企业技术创新体系建设。建立起以企业为主体的产学研相结合的企业技术创新体系;帮助企业建立创新能力强、科研设备先进、工作机制灵活的研究开发机构;帮助有条件的企业创建工程研究中心、技术研究中心、重点实验室,使之成为企业技术创新的发动机,使企业真正成为创新的主角,增强企业主导产业技术进步的能力。建立促进科研院所机构、高校科技成果转化的长效机制,加快科技成果转化,推进城市圈科技资源的有效整合与高效利用。加快完善创新服务体系,积极引导各类投资主体创办符合产业发展方向的各种类型、不同所有制、专业化特色明显的科技企业孵化器和各类科技中介服务机构,不断创新服务模式,提高服务效能。[1]

3. "一主"带"两副",打造科技服务业新品牌

湖北要坚持以企业为主体,以政策为导向,根据湖北省服务业发展规划和现有服务业企业发展情况,确定湖北省科技服务业重点企业名单,支持和鼓励企业争创名牌、品牌,做大做强。大力开发和培育一批地方特色鲜明、市场美誉度高的科技服务业知名品牌,提升科技服务业整体竞争力。新形势下,湖北省必须实施"破围墙"战略,以武汉为内核,两翼齐飞。宜昌、襄阳主动接受武汉辐射,与主中心实现功能互补和产业契合。湖北省的激光、光机电一体化、生物医药工程、电动汽

---

[1] 张清正,李国平. 中国科技服务业集聚发展及影响因素研究[J]. 中国软科学,2015(7):75-93.

车、制造业信息化工程等研究开发水平均处于领先地位,东湖高新技术产业开发区是全国最大的光谷基地、制造信息化工程中心。湖北省可以围绕这些具有优势的新兴支柱产业,加大投入,扩大产业链,有目的地进行科技服务大企业外围型发展,打造国内知名的科技服务业品牌。同时,根据"一主两副"战略统筹规划区域科技资源要素与结构,建设科技服务业集聚区域中心,提升整体的科技优化能力。

(三) Government:政府行为=规范+体系+范围

1. 强化规范管理加快科技服务业统一标准建设

首先,湖北省政府应该建立完善的科技服务业监督管理体制与机制,以法律法规的形式制定科技服务业的监管内容和程序,对科技服务业实行制度化管理。同时要探索多元化的科技服务业监督管理模式,比如发挥科技行业协会对科技服务业的监督约束作用,依托行业协会来规范科技服务企业行为、推进科技服务业行业自律和解决科技服务行业内部纷争。当然,推动科技服务业的行业自治需要对科技行业协会进行必要的授权,比如制定对行业内科技服务企业具有约束力的规章制度;调解或裁决行业内科技服务企业的内部纷争,制定行业内科技服务业的标准等。发挥政府和社会组织的合力,实现对湖北省科技服务业的多元化、规范化管理。

其次,湖北省科技厅应协同有关职能部门联合制定详细的湖北省科技服务机构的认定标准和市场准入标准。目前,湖北省科技厅门户网站上已经出现了类似的服务,比如科技服务中的资质认定服务。但这只是科技服务机构认定标准和市场准入标准建设的一小部分。应当尽快成立湖北省科技服务机构认定与市场准入标准建设研究小组,制定出详细的统一的标准,以规范湖北省科技服务业的发展。

最后,湖北省科技厅与湖北省统计局应该尽快建立起明确统一的湖北省科技服务业分类标准和统计指标体系,为全面真实有效地了解湖北省科技服务业发展状况提供切合实际的、科学的和统一的统计口径。建立湖北省科技服务业统计调查制度和测算制度,完善科技服务业的统计方法和统计指标,确保科技服务业统计数据的准确性和真实性,并及时向社会公布和披露相关统计信息,满足社会对科技服务业开展相关研究的需要。

2. 完善服务体系健全科技服务业聚集化发展的配套保障

(1)完善科技服务业聚集化发展的法律法规支撑体系。科技服务业的全国性法律法规还比较少,而且需要经过长时间的发展和完善,因此加强对科技服务业地方性法规的建设就显得十分重要。完善的法规体系有利于促进地方科技服务业的规范化发展,能更好地维护科技服务业发展秩序及科技服务业从业者的权益。湖北省应该加强对科技服务业的地方性立法,为各种科技服务机构建章立制,特别是科技咨询、科技评估、科技鉴定、科技培训、科技普及和技术风险投资等科技推广和应用机构,考虑不同科技服务机构的法律法规需求,形成系统的、切实的和操作性强的法律法规体系。

(2)完善促进科技服务业聚集化发展的配套政策支撑体系。通过政府的政策引导科技服务业的聚集发展,强化政策的倾向性。这种倾向性包括政策内的倾向性和地理空间的倾向性。湖北省政府需要制定大量有关科技服务业聚集发展的政策,同时促使这些政策向科技服务业聚集化水平较低的宜昌和襄阳两个副省域中心城市倾斜。除了制定与科技服务业聚集化发展直接相关的政策以外,还需要制定财税政策、信贷政策、专项补贴政策等一系列有助于科技服务业聚集化发展顺利进行的配套政策。

(3)完善科技服务业聚集化发展融资支撑体系。要拓展湖北省科技服务业聚集化发展的多元化融资渠道,主要包括:强化银行与科技服务企业之间的合作关系,争取银行对科技服务企业的资金支持等。鼓励社会力量创办科技风险投资机构,为科技服务企业提供发展资本。建立并完善信用担保制度,鼓励社会力量创办信用担保机构,为科技创业企业和科技服务企业提供便捷的融资担保服务。

(4)完善科技服务业人才培养和激励机制。政府、科技服务企业和高校之间应加协调和联系,针对科技服务业的社会发展情况,在高校开设相应学科，为社会培养专业化、特殊化的科技服务业人才。另外科技服务企业要建立多元化的人才激励机制，综合运用成果激励、职称激励、绩效激励、政府激励、企业激励、精神激励和物质激励等各种形式的激励措施，为科技服务业聚集化发展培养人才、吸引人才和留住人才。

3. 明确发展范围确定科技服务业聚集化发展重点

(1)进一步加强技术研发服务业。针对湖北省发展的实际情况，应该加强那些既能突出湖北特色，如农业技术、生物工程技术、光电信息技术，又能实现社会普遍关注的，如新能源新材料等领域的技术研发服务业，以科技园区、技术开发区和创新实验区的形式推动科技研发的不断发展。目前，湖北省已经在大冶、荆州和十堰等地建立起了一批高新技术开发区，在黄陂、赤壁和潜江等地建立起一批农业科技园区，这仅仅只是聚集发展的开端，未来还需要更大规模、更大范围地发展技术研发服务业。

(2)发展科技中介组织。以生产力促进中心、科技企业孵化器、科技咨询业、科技风险投资和知识产权服务业等为重点，建立和形成适应不同需求的科技服务中介机构，建立和完善科技中介服务体系，引导科技中介服务业向市场化、专业化、规模化、网络化和国际化的方向发展，充分发挥科技中介服务机构整合创新资源、降低创新成本和减少创新风险等方面的作用，推动科技创新，推动聚集化发展。①

(四) Internet+："互联网+"=整合+改造+提升

1. 整合创新创业资源建设科技服务互联网平台

针对湖北省科技服务业"欠缺科技服务供需对接的平台，不能有效满足供需各方的个性化需求"的不足，湖北省应当抓住"互联网+"的发展机遇，探索基于互联网的科技服务业的新机制、新模式、新业态，借助新一代信息技术实现科技服务业跨越式发展。一个可以采取的措施就

---

① 刘开云. 科技服务业研究述评与展望[J]. 科技进步与对策，2014(12)：149-153.

是整合创新创业资源，建设科技服务互联网平台。

所谓科技服务互联网平台，是指通过基于互联网服务系统，在政府的支持下，将科研机构、专家、企业等科技知识和科技成果拥有者及其科技服务提供者与科技服务的需求者整合起来，通过有效的组织和协调机制来开展科技服务的各项活动，从而提供科技服务的效率和效能，促进全社会科技创新能力的提升。这个平台包括创新型企业、科研院所、创新人才、科技金融、仪器设备、文献专利、技术成果、创新场地、众创空间、中介机构、政务政策等人、财、物方方面面的资源信息。创新创业者只要进入这个平台，就可以找到自己需要的任何相关资源。政、产、学、研、金、介等共同参与科技市场的建设，将极大地激发创新创业活力，更为高效地促进大众创业、万众创新。

2. 营造良好的政策环境助力互联网改造科技服务业

互联网的网络组织特性让科技服务的专业化、市场化趋势越来越明显，要积极培育和引进各类新型孵化器，如培育和引进服务移动互联网企业，提供行业社交网络、专业化技术服务平台及产业链资源支持的专业服务型孵化器，或是基于互联网技术、硬件开源和3D制作工具，以服务创客群体、满足个性化需求为目的的创客孵化型孵化器等，利用信息网络技术实现众包、众筹、众创等服务模式的孵化落地。利用互联网技术实现超越地域、组织、技术的跨界整合，整合政府、企业、协会、院所等优势资源，打造产学研销、互动共赢的研发平台，有效提升跨国研发效率，形成高效化的全球研发创新网络。[1] 为此，政府要加大扶持力度，一方面按照企业信息化的不同程度分级设置"智能化改造专项基金"，融合线上科技金融的新融资模式和跨境电商的新贸易模式，加快对商贸、物流、家电、汽车等传统行业的信息化应用改造；另一方面，采用政府购买第三方服务的方式，支持第三方机构开发应用移动办公、在线定制、线上线下服务等新方式和新手段，培育形成科技服务的新模

---

[1] 厉娜，谭思明，刘瑾. 互联网模式下科技服务业发展战略研究[J]. 特区经济，2016(6)：165-166.

式和新业态。

3. 挖掘数据价值提升科技服务业创新能力

大数据实际上是数据采集、存储、组织、分析和分享上的创新，为科技服务业创新提供新的空间，强化科技服务业和其他产业之间的耦合度。用"互联网+"充分挖掘数据价值，能将从实验室到中试、量产阶段的正式、非正式文件数据化，通过对大量数据的整合、计算和分析，发现数据之间的联系，从而创造新的知识和价值。要构建大数据平台，整合科技服务业子系统和公共服务系统，打破信息垄断，减少信息获取和交易成本，保障信息的完整性、对称性和准确性，加强科技服务提供商与生产企业之间的隐形知识互动与分享。同时要制定科技服务业隐私保护政策，对数据和隐私信息采集、分析、处理、交易等方面的保护进行顶层设计。

（本文是湖北省科技支撑计划重点项目"湖北省科技服务业聚集化发展研究"的部分成果）

  课题负责人： 徐顽强 华中科技大学公共管理学院二级教授、博士生导师

  课题组成员： 乔纳纳 华中科技大学公共管理学院博士生
        钟钦崟 华中科技大学公共管理学院博士生
        胡经纬 华中科技大学公共管理学院硕士生
        王德莉 华中科技大学公共管理学院硕士生

加快武汉国家中心城市建设的重要举措研究

李 光

2016年12月14日,国家发展和改革委员会正式批复支持武汉建设国家中心城市,同时发布《国家发展改革委关于支持武汉建设国家中心城市的指导意见》,并明确武汉的战略功能定位为:经济中心、高水平科技创新中心、商贸物流中心和国际交往中心。武汉要担当国家赋予的历史使命和战略重任,必须志存高远、发奋图强、群策群力、全力以赴地加快国家中心城市建设进程。

一、武汉应切实加快国家高水平科技创新中心建设

当今世界,新一轮科技革命蓄势待发,其主要特征是从"科学"向"技术"转化,尤其是重大科技创新成果的产业化和社会化。武汉是我国科技创新重镇,具有丰富的科技创新资源禀赋和超群的科技创新能力。中华人民共和国成立以来武汉不断积淀的科技和教育资源,不仅在湖北省而且在中部地区都有很高的集中度,为建设国家高水平科技创新中心奠定了坚实基础。国家赋予的战略使命,国内经济发展的新常态,国际形势的急剧变化,现代科技发展的逻辑,全面复兴大武汉的迫切需要,给武汉建设国家高水平科技创新中心带来了新机遇和新挑战。科技创新在全面创新中具有核心地位和引领作用,武汉加快建设国家中心城市,必须切实加快国家高水平科技创新中心建设。

面对我国同类城市竞相发展的竞争博弈,必须正视武汉加快建设国家高水平科技创新中心客观存在的问题:一是对科技创新综合优势认识

不够；二是对科技创新优质资源整合不够；三是对科技创新利益共同体建设不够；四是对科技创新领域政府和社会资本合作(PPP)探索不够；五是对"标志科技"创新优势利用不够；六是对在汉国务院部委直属高校及研发机构创新潜能释放不够；七是对科技创新人才全球迁徙流动规律重视不够；八是科技创新价值链和产业链延伸不够；九是科技创新能力水平高度不够。武汉必须坚持供给侧结构性改革的主攻方向，补齐影响科技创新巨大潜能释放的短板，以坐不住的紧迫感、等不起的责任感、慢不得的危机感，努力加快国家高水平科技创新中心建设。

——强化现代科技创新资源观，正确研判武汉的科技创新现实优势和潜在优势、硬科学优势和软科学优势、大科学优势和小科学优势、"标志科技"优势和"民生科技"优势、自然科学优势和人文社会科学优势。努力推进自然科学、人文社会科学系统集成，充分释放自然科学、人文社会科学潜能，尤其是发掘长期被低估的人文社会科学及决策咨询研究智库潜能，实现科技硬实力与文化软实力的相互支撑，加快形成具有武汉地方特色和综合竞争力的科技创新优势。

——以全球视野整合科技创新资源，在更大空间、更多领域聚集更多优质科技创新资源，不断提高武汉科技创新资源增量，不断激活武汉科技创新资源存量，不断推进科技创新资源共创共享。在注重引进国内外知名研发机构的同时，切实发挥在汉国务院部委直属高校及研发机构这些"关键性少数"的重要支撑作用，尤其是珍惜其长期扎根武汉、服务武汉的"近水楼台"功能，力争更多国家大科学重要基础设施在武汉布局及重大项目落地。

——坚持科技创新"问题导向"，科技创新要始终聚焦科学、经济和社会发展迫切需要解决的问题。积极适应现代社会从科学(S)到技术(T)再到生产(P)的发展演化规律，不断推进社会用户需求导向的科技创新，力求从源头上解决科技成果转化难题。努力探索武汉"标志科技"创新优势向"民生科技"创新优势转化的有效路径，以知识产权及知识资本人格化利益机制，引导"标志科技"创新成果在地方经济社会发展中落地。

——大力支持有条件的在汉高校跻身国家"世界一流大学和一流学科建设"计划，进一步激发武汉大学、华中科技大学等高校服务地方经济社会发展的积极性。在日趋激烈的科技创新资源竞争博弈中，努力使这些科技创新"关键性少数"发挥更大的驱动发展效用，尽可能地优先服务武汉科技、经济和社会发展；在科技全球化和科技社会化时代背景下，应使这些科技创新优质资源产生预期的区域辐射效应，尽可能在激烈竞争博弈中使其有序产生"溢出效应"。

——努力创造天下科技创新英才近悦远来的生态系统，最大限度地发挥科技创新创业人才的积极性、主动性和创造性。切实按照国家中心城市、国家超大城市、国际性城市建设标准，切实遵循人才流动规律，充分开发利用城市优质资源，为优秀科技创新创业人才营造高舒适度生活环境、高满意度工作环境、高认同度社会环境，着力于打造全国乃至世界的优秀创新创业人才聚集高地。尤其要审时度势，重视高舒适度生活环境对高层次优秀科技创新人才的聚集效应。

——切实以政府科技创新投入引导社会资本参与，强化武汉科技金融创新对科技创新的核心支撑作用。在尽可能增加政府科技创新投入的同时，积极探索科技创新领域的政府和社会资本合作（PPP）模式，以先行先试走出一条混合所有、政企合作、运行有效的科技创新投入新路。通过政府高质量公共政策供给激励，进一步发挥企业技术创新投入主体的重要作用，不断提高企业进行技术研发和技术改造的自觉性，积极引导企业开展公益性、探索性、创新性学术活动。

——不断延伸科技创新价值链和产业链，在强化武汉科技创新能力的同时，不断加强与之适应的产业配套能力、行业响应能力、企业承载能力、政府服务能力建设；不断推进支柱产业、战略性新兴产业和未来产业的迭代发展；不断推进高技术服务业、科技服务业、文化创意产业等协同发展；不断扩大高质量产品和服务供给，努力培育更多名企名家名品，努力提高"创新源地"的国际知名度。

——加快建立以人为本的科技创新利益共同体，坚持"科技创新为了人"、"科技创新依靠人"的理念，深入贯彻落实中央《关于优化学术环境的若干意见》等一系列政策文件，不断提高武汉科技创新公共政策供给质量，加快政府职能从科技研发管理向科技创新服务转变，努力创造真正尊重科技创新人才、科技创新精神、科技创新价值的社会氛围，充分发挥科技创新主体的创新激情、创新活力和创新潜能。

二、武汉应强化我国第一个科技企业孵化器诞生地的竞争优势

2017年6月7日是中国第一个科技企业孵化器——武汉东湖新技术创业者中心诞生30周年纪念日。1987年6月7日，武汉作为中国第一个科技企业孵化器诞生地载入史册。在改革开放之年，中国第一个科技企业孵化器不是诞生在北京中关村，不是诞生在上海、广州或深圳，而是诞生在地处中国大陆腹地的湖北武汉，这不能不说是一个奇迹，也彰显了武汉"敢为人先、追求卓越"的城市精神。

经过30年的发展历程，武汉已成为我国科技企业孵化器发展的先行先试区和典型示范区。武汉东湖新技术创业者中心1987年在丁字桥108号诞生时，在孵初创科技企业仅有3家。在"十一五"期末（2010年），武汉有科技企业孵化器63家，其中国家级科技企业孵化器15家，科技企业孵化器总面积220万平方米。"十二五"期间，武汉以科技企业孵化器为核心载体，加快构建和完善科技创新创业服务体系，取得了科技企业孵化器建设的新突破。尤其是通过实施"千万平方米孵化器建设工程"，武汉科技企业孵化器在"十二五"期末（2015年）达到217家，其中国家级科技企业孵化器25家，科技企业孵化器总面积920万平方米。2016年，武汉科技企业孵化器增加到221家，其中国家级科技企业孵化器有29家，科技企业孵化器总面积超过1000万平方米，在孵企业约10600家。武汉作为首位度很高的省会城市，科技企业孵化器发展对湖北省举足轻重。2016年，湖北省各级各类科技企业孵化器总数超过500家，科技企业孵化器总面积超过1200万平方米，位居中部地区第一。2016年，武汉科技企业孵化器数量占湖北省总数40%以上，国

家级科技企业孵化器数量占湖北省总数50%以上，科技企业孵化器面积占湖北省总数80%以上。

在我国大众创业、万众创新的新常态下，复兴大武汉已成为社会共识，如何进一步强化中国第一个科技企业孵化器的先发势能和竞争优势？如何持之以恒地以创新加快科技企业孵化器发展？这是建设"三化"大武汉必须审时度势、深入思考和追踪决策的重要问题。

——《"十三五"国家科技创新规划》对科技企业孵化器发展有明确任务要求。我国是世界上高度重视科技创业孵化的国家，科技创业孵化是国家创新体系的重要组成部分，经过30年持之以恒的推进发展和完善，以科技企业孵化器为核心的创新创业孵化服务体系正在形成。我国科技创业孵化始终以促进科技成果转化、培育科技中小企业、发展高新技术产业为核心任务。截至2016年，我国纳入科技部统计的众创空间有4298家、科技企业孵化器3255家、科技企业加速器400家、国家高新技术产业开发区156家，已形成"科技创业苗圃+科技创业孵化器+科技创业加速器+科技产业园区"的科技创业孵化完整链条。目前，我国科技创业孵化在大众创业、万众创新浪潮中迎来历史性发展机遇，呈现出科技创业孵化能力专业化、科技创业孵化资源集成化、科技创业孵化服务多元化、科技创业孵化运行规范化、科技创业孵化生态开放化等发展态势。《"十三五"国家科技创新规划》明确提出：完善创业孵化服务链条，构建创新创业孵化生态系统，充分发挥大学科技园、科技企业孵化器在大学生创业中的载体作用，引导企业、社会资本参与投资建设孵化器。在这种社会背景下，武汉科技企业孵化器发展面临新的机遇和挑战，必须不断强化中国第一个科技企业孵化器诞生地的先发势能和竞争优势。

——武汉《市人民政府关于进一步支持科技企业孵化器建设和发展的意见》已于2016年12月31日失效。"十二五"期间，武汉相继出台《市人民政府关于进一步支持科技企业孵化器建设和发展的意见》、《市人民政府关于实施"青桐"计划，鼓励大学生到科技企业孵化器创业的意见》等重要文件，切实有效地推动了科技企业孵化器的突破性发展。

特别是通过认真落实《市人民政府关于进一步支持科技企业孵化器建设和发展的意见》，文件中明确提出的任务已全部超额完成。但值得关注的是，《市人民政府关于进一步支持科技企业孵化器建设和发展的意见》有效期为2016年12月31日，意味着这份重要文件不能再有效发挥支持科技企业孵化器建设和发展的作用。尽管武汉在2015年出台了《市人民政府办公厅关于加快发展众创空间支持大众创新创业的实施意见》等重要文件，且与科技企业孵化器建设和发展有关，但毕竟不是专门针对科技企业孵化器建设和发展的文件，对支持科技企业孵化器建设和发展的作用有限。强化中国第一个科技企业孵化器诞生地先发势能和竞争优势，迫切需要武汉尽快出台文件支持科技企业孵化器向服务专业化、功能社会化、组织网络化、运行规范化发展。

——《武汉市科技创新发展"十三五"规划》没有将"科技企业孵化器"作为主要指标，与武汉市"十二五"科技创新发展15项主要指标相比，《武汉市科技创新发展"十三五"规划》设置的14项主要指标中，取消了"科技企业孵化器"、"国家科技企业孵化器"和"科技企业孵化器场地面积"3项指标，增加了"创谷"和"众创空间"指标。根据《国家科技企业孵化器"十二五"发展规划》释义：科技企业孵化器包括高新技术创业服务中心、留学人员创业园、国际企业孵化器等创业孵化载体。尽管"创谷"和"众创空间"与科技企业孵化器有着密切联系，且需要科技企业孵化器的支撑和互动，但它们并不能与科技企业孵化器画等号，也不可能完全替代科技企业孵化器功能。事实上，《湖北省科技创新"十三五"规划》将"加快科技创业孵化器建设"和"加快众创空间建设"作为两项重要任务分别叙述，其科技创新15项主要指标中仍包含"各级各类科技企业孵化器总面积"指标。尽管《武汉市科技创新发展"十三五"规划》中有实施"科技企业孵化器建设工程"，"大力促进科技企业孵化器'量'、'质'提升"内容，但其发展规划具体指标不完整且明显偏低。强化中国第一个科技企业孵化器诞生地先发势能和竞争优势，迫切需要政府积极履行对科技企业孵化器"进行宏观管理和业务指导"的重要职责。

——复兴大武汉迫切需要强化中国第一个科技企业孵化器诞生地的

先发势能和竞争优势。按照《湖北省科技创新"十三五"规划》，武汉肩负科技企业孵化器建设和发展重任。湖北省将科技企业孵化作为高技术服务业的重要内容，并加强对科技企业孵化器的分类指导，重点建设以科技企业孵化器等为核心的支撑服务平台，依托重点市州建设一批引领示范的标杆型科技企业孵化器，打造引领全省创新能力提升的"创业孵化生态圈"。毫无疑问，不论是实施"百万大学生留汉创业就业计划"和"百万校友资智回汉工程"，还是释放武汉科技资源禀赋及科技创新潜能，或是发扬光大武汉科技创新创业传统，都需要科技企业孵化器发挥重要功能，并迫切需要提升中国第一个科技企业孵化器诞生地先发势能和竞争优势。武汉必须切实加快科技企业孵化器发展，不断完善"科技创业苗圃+科技创业孵化器+科技创业加速器+科技产业园区"的科技创业孵化完整链条。从武汉技术输出看，2016年技术输出16505项，成交额为544.7亿元，同比增长23.5%；主要技术输出流向为湖北、北京、福建、广东、江苏、河南和浙江等地，其中湖北省内技术输出成交额占37.8%。从武汉吸纳技术看，2016年吸纳技术9813项，成交额为469.2亿元，同比增长29.6%；其中吸纳武汉市外技术成交额为277.4亿元，同比增长35%，占吸纳技术总成交额的59.1%。这意味着武汉不仅有科技创新的竞争优势，而且有技术输出和吸纳技术的巨大需求，能够源源不断地创造科技创业孵化的社会需求和发展机会。

为强化中国第一个科技企业孵化器诞生地的先发势能和竞争优势，特提出以创新加快武汉科技企业孵化器发展的建议。

——创新科技企业孵化器政策供给。针对我国科技企业孵化器发展面临的新形势，建议武汉尽可能提高科技企业孵化器政策供给质量，当务之急是政府尽快出台具有创新性、科学性、导向性和前瞻性的升级版文件，为强化中国第一个科技企业孵化器诞生地的先发势能和竞争优势提供基础性制度保障。

——创新科技企业孵化器发展途径。在深入贯彻落实国家"一带一路"和长江经济带发展战略实践中，武汉要积极倡导构建区域间科技创业孵化网络，努力促进科技企业孵化器跨区域协同发展；自觉适应武汉建设国际交往中心的需要，大力开展离岸科技创业孵化和跨境科技创业加速活动，不断提高科技创企业孵化器发展的国际化水平。

——创新科技企业孵化器分类指导。以全球视野制定具有中国特色、区域标杆和专业特色的科技企业孵化器评价标准，围绕培育战略性新兴产业和提升科技创新创业孵化能力，加强对武汉的国家级、省级、市级科技企业孵化器实施分类指导和精准施策，不断促进科技企业孵化器专业化、网络化、社会化、特色化和规范化发展。

——创新科技企业孵化产业链条。针对不同类别科技创业企业各个生长阶段的迫切需求，建设与之相适应的科技创业孵化载体，充分发挥科技创业苗圃、科技创业孵化器、科技创业加速器、科技产业园区功能，建立完善武汉科技创业孵化全链条及科技创业孵化服务体系，努力实现无缝对接、规范管理和协同创新。

——创新科技企业孵化器组织形态。积极探索武汉科技企业孵化器发展形态多样化，充分利用物联网、大数据和人工智能等新技术进展，不断适应科技创业者及初创企业发展需要，加快建设网络虚拟孵化器、微型孵化器、专业孵化器、特色孵化器等，力求培育和孵化更多科技创业者及科技型中小微企业。

——创新科技企业孵化器运行机制。积极倡导社会资本投资武汉科技企业孵化器，在保持科技企业孵化器一定的公益性基础上，努力探索科技企业孵化器可持续发展的运行模式。积极鼓励科技企业孵化器以改革开放促进组织创新和运行机制创新，采取各种行之有效的激励方式，努力调动科技创业孵化从业者的积极性、主动性和创造性。

三、武汉应强化长江新城的智能、智慧、智造特质

伴随着湖北省、武汉市在国家战略中的地位不断提升，长江新城被提到城市规划建设的重要日程。打造武汉长江新城，既是国家发展的需要，也是湖北省发展的需要，更是建设现代化、国际化、生态化大武汉的需要。武汉长江新城作为长江新区的核心动力区，不仅对湖北省申报

和建设国家级长江新区产生重要影响,而且对武汉建设国家中心城市具有极其深远的战略意义。

——武汉长江新城应以"高大上"为形象特征。

面向未来,志存高远,着眼超越,武汉长江新城的形象识别特征可以通俗表述为"高大上":所谓"高",即高水平科技创新引领全面创新;所谓"大",即大城崛起社会综合治理典范;所谓"上",即上善若水宜居宜业生态。"高大上"的形象定位,使武汉长江新城具有极其丰富的内涵和外延。武汉长江新城的特质是基于高水平科技创新引领全面创新的"智能"、"智慧"和"智造",即应以"智能"为驱动引擎、以"智慧"强社会治理、以"智造"促产业发展。这也意味着长江新城应着力打造"智高点",以构筑引领未来发展的"制高点"。综合分析武汉的资源禀赋和比较优势,不仅拥有战略性区位、水资源等先天优势,而且同时拥有科技创新、产业集聚等先发优势和后起步、后规划等后发优势。武汉长江新城对标上海浦东新区、天津滨海新区以及世界著名城市新区,由于规划起步时间晚而具有明显的后发优势,可以预期将在多方面实现超越。事实上,武汉现在就有一些已经实现超越的范例,如武汉百步亭社区基层治理体系和治理能力现代化的探索、武汉长江江滩生态建设及综合治理等。

——武汉长江新城应以"智能"为驱动引擎。

2016年,国家发改委正式批复支持武汉建设国家中心城市,并明确其战略功能定位之一为"高水平科技创新中心"。2017年1月,中共武汉市第十三次代表大会报告明确提出"建设现代化大武汉",打造全国重要的科技创新中心。尽管"高水平"和"重要"两个关键词的寓意不同,但国家和武汉发展战略都高度聚焦于"科技创新"。科技创新在全面创新中具有核心地位和引领作用。武汉要更好地担当和履行国家中心城市建设的战略使命,就"必须紧紧抓住科技创新这个核心,发挥科技创新的支撑引领作用",牢牢牵住科技创新这个"牛鼻子",依靠科技创新转换发展动力,加快国家高水平科技创新中心建设。当今世界,新一轮科技革命和产业变革蓄势待发,深刻影响人类未来发展的一系列

"黑"科技和"颠覆式"科技创新正面临突破。武汉是我国科技创新重镇,具有丰富的科技创新资源禀赋和科技创新能力。新中国成立以来不断积淀的科技和教育资源,为武汉建设国家高水平科技创新中心奠定了坚实基础。尤其是在汉的国务院部委办直属高校及研发机构,形成对区域科技创新体系的关键支撑,在中部地区具有明显的比较优势。以教育部直属高校为例,武汉所拥有数量就超过中部地区其他省市的总和。在我国大力推进军民融合发展的新形势下,地处武汉的海军工程学院、武船重工、中船重工七一九所、中核动力设备等院所及企业,有助于形成高水平军民融合的新增长极。

打造以高水平"智能"为重要特征的武汉长江新城,必须始终坚持基于科技创新引领和支撑的"智能"驱动,长江新城应是现代化大武汉实现"科学"向"技术"转化,尤其是重大科技创新成果产业化和社会化的重要载体,应成为武汉以科技创新引领和支撑全面创新的核心动力区。

——武汉长江新城应以"智慧"强社会治理。

武汉长江新城以"智慧"强社会治理包括两个方面:一是以"智慧"贯穿城市社会治理的基础设施建设;二是以"智慧"渗透城市社会治理体系和治理能力现代化建设。

以"智慧"贯穿武汉长江新城社会治理的基础设施建设,主要着力于以人为本的高水平智慧城市建设,充分运用现代科学方法及高水平科技创新成果,创新城市智慧式管理和运行模式,减少城市运行管理成本,提高城市运行管理效能。武汉既是首批国家智慧城市试点,也是国家智慧城市技术和标准试点城市。事实上,智慧城市不仅是人类社会发展不可逆转的必然,而且是超大城市应对"城市病"和"城市脆弱性"的不二选择。打造以高水平"智慧"为重要特征的长江新城,必须始终以"智慧"贯穿城市社会治理的基础设施建设,使其能够及时传递、整合、交流、运用城市政治、经济、科技、文化、公共资源、管理服务、社会动态、市民生活、生态环境等信息,提高城市物与物、物与人、人与人之间的互联互通、全面感知和利用信息能力,从而极大提高政府社会治理和公共服务能力,极大提升市民生活质量和幸福美满感受,从而使城市发展更加全面、协调和可持续。

以"智慧"渗透武汉长江新城社会治理和治理能力现代化建设,主要着力于推进城市治理体系和治理能力现代化,尤其是社区基层治理体系和治理能力现代化建设,努力探索和示范具有中国特色的社会治理模式,以创新"红色引擎"为驱动力,创造宜居宜业、安居乐业的优越社会环境。经过20年的实践探索和不断创新,百步亭花园社区已成为我国文明社区建设的旗帜,是我国基层治理体系和治理能力现代化的范例,也是我国社区基层党建创新的典型,更是湖北省、武汉市的靓丽名片,并受到党中央、国务院以及地方各级政府的广泛重视和社会的普遍关注。2017年1月召开的武汉市第十三次党代会上,中共湖北省委副书记、中共武汉市委书记陈一新在工作报告中明确提出:"全面推广'百步亭经验',加快形成一批先进基层党组织示范群"。目前,武汉正以前所未有的认识高度和工作力度,深入贯彻落实党代会精神,全面推广"百步亭经验"。在长江新城建设中,应厚植百步亭基层社会治理先行先试优势,在实践探索和不断创新中全面推广"百步亭经验",以更加成熟、完善的实践经验和理论,促进我国城市社会治理体系和治理能力现代化。

打造以高水平"智慧"为特质的武汉长江新城,其目的是真正打造以人为本的、可持续发展的现代化宜居宜业生态。尤其是通过努力创造高舒适度生活环境,厚植长江新城在新一轮高层次人才竞争博弈中的比较优势,不断优化天下英才近悦远来的社会氛围,加快形成武汉高层次创新创业人才的核心聚集区。

——武汉长江新城应以"智造"促产业发展。

武汉长江新城的产业发展应始终坚持"智造",尽可能依靠科技进步,充分发挥科技创新的引领和支撑作用,真正实现高能效的产城融合。比较1978年和2016年的数据,不难看到武汉与广州三次产业结构变化的巨大差异。1978年,广州GDP为43.09亿元,武汉GDP为39.91亿元,武汉与广州比,只相差7.38%;2016年,武汉GDP与广州的差距达到

39.2%，且差距比 2015 年进一步扩大。2016 年，广州三次产业增加值比重为 1.22∶30.22∶68.56，第三产业对经济贡献率达到 77.0%。2016 年，武汉三次产业增加值比重为 3.3∶43.9∶52.8，武汉第三产业比重比广州低 15.76。2016 年，武汉第二产业增加值比广州大约少 699 亿元，而第三产业增加值比广州大约少 7200 亿元。对近几年的数据分析表明，武汉与广州第二产业增加值差距不断缩小，而第三产业增加值差距越来越大。建设国家中心城市和长江中游特大城市，武汉在大力发展先进制造业的同时，必须在现代服务业发展方面取得新突破。

打造武汉长江新城，应精心规划和优化产业发展，始终坚持"智造"，强化实体经济与虚体经济并举，真正实现先进制造业与现代服务业协同发展。尤其是要面向未来补短板，大力发展现代服务业，着力于以下几个重点领域。一是加快发展高技术服务业。2016 年，东湖国家自主创新示范区高技术服务业约占总收入比重的 25%，而中关村高技术服务业占总收入比重早在 2010 年就超过 50%，武汉具有很大的发展潜能。二是加快发展文化产业或文化创意产业。2015 年，武汉文化产业增加值占 GDP 比重低于全国平均水平 0.11 个百分点，湖北省更低于全国平均水平 1.12 个百分点，武汉具有很大的发展空间。三是加快发展集中体现以人民为中心的幸福产业，特别是旅游业、体育产业、健康产业和养老产业等，武汉具有很大的发展需求。长江新城在高度重视战略性新兴产业发展的同时，应高度重视战略性产业发展。对于一个超大城市而言，有些产业及其细分行业可能不是新兴的，但却永远是战略性的；战略性新兴产业必须发展为战略性支柱产业，才能够充分体现其重要战略价值。可以说，在面向未来的产业竞争中，"智造"对长江新城高能效产城融合、高质量宜居宜业举足轻重。长江新城应成为武汉担当"服务全国、连接世界"国家战略使命的核心功能区。

四、武汉应以利益机制激励更多优秀"城市合伙人"

武汉市《关于加快推进全面创新改革，建设国家创新型城市的意见》、《武汉系统推进全面创新改革试验,加快建设具有全球影响力的产业创新中心方案》以及《武汉市国民经济和社会发展第十三个五年规划纲要》都明确提出"实施'城市合伙人'计划";2016年《政府工作报告》进一步强调"积极实施'城市合伙人'计划,推进'3个10条'政策落地";在此后推出的"创谷计划"中,则将打造"'城市合伙人'集聚区"作为"创谷"的建设目标之一。2017年1月,中共武汉市第十三次代表大会报告中明确提出:"深化实施'城市合伙人'计划,加快集聚一批世界顶级产业科学家、创新创业领军人才和投资人,努力打造国际人才高地"。复兴大武汉,加快建设国家创新型城市、国家中心城市和国际性城市,打造奋斗共同体和命运共同体,必须按照"创新、协调、绿色、开放、共享"发展理念,着眼于城市可持续发展,真正以利益机制来聚集和激励更多"城市合伙人"。

复兴大武汉,加快国家创新型城市、国家中心城市和国际性城市建设,迫切需要聚集和激励更多的"城市合伙人"。聚集和激励"城市合伙人"具有多重含义:其一,"城市合伙人"乃武汉城市建设的切身利益相关者;其二,"城市合伙人"不仅包括利益相关者增量,而且包括利益相关者存量;其三,"城市合伙人"既需要基于"利益比较、价值取向"的聚集,更需要基于长期利益的持续性激励。"城市合伙人"应该是一个泛化的概念,是指积极参与复兴大武汉、创造新江城的所有公民,既包括正在关注武汉、纷至沓来、跃跃欲试的新一代创新创业者,也包括来武汉多年已经并正在为城市发展做出贡献的利益相关者,更包括在江城土生土长、代代相传的老武汉居民,甚至还包括身在祖国各地、异国他乡仍关注武汉发展的友人。毫无疑问,激发社会创新创业最有效的动力和活力是市场化,是利益相关者的互惠互利和合作共赢。正如马克思所言:"人们的奋斗所争取的一切,都同他们的利益有关"①。只有基于利益机制首先成为同甘苦、共患难的利益共同体,才能真正形成复兴大武汉、创造新江城的奋斗共同体和命运共同体。

---

① 《马克思恩格斯全集》第一卷. 北京:人民出版社,1956:82.

武汉加快实施"城市合伙人"计划，必须明确利益共同体关系，强化利益相关者的联系，形成具有社会凝聚力的利益机制，从聚集"城市合伙人"增量和激励"城市合伙人"存量两端发力，尽可能发挥更多"城市合伙人"的积极性、主动性和创造性。从目前状况看，政府十分注重"城市合伙人"增量，并突出对三大战略性新兴产业"知名创业投资人"和"优秀创新创业人才"的引进，已经出台了一系列配套优惠政策。从发展战略全局看，在加大聚集"城市合伙人"增量力度的同时，必须在进一步激励"城市合伙人"存量方面发力，以形成"城市合伙人"增量和存量叠加的协同倍增效应。从改革开放发展史看，武汉作为地处我国中部地区的内陆特大城市，改革开放近40年取得了辉煌成就，其中最早来武汉创业投资的港澳台商功不可没，不仅为武汉带来了社会资本、先进技术和市场信息，而且也带来了新思想、新观念、新方法和新管理，并发挥了积极引导和有效聚集外商投资的重要作用。

武汉市在高度重视聚集"城市合伙人"增量的同时，应进一步重视激励"城市合伙人"存量的战略意义，并采取一系列更积极、更有效的重要举措，以利益机制更好地聚集和激励更多复兴大武汉的"城市合伙人"。

——武汉市在聚集"城市合伙人"增量方面，应着力于城市利益共同体建设，尽快出台并完善基于利益相关者互惠互利的配套政策，努力提高新一代优秀创新创业人才聚集效率。充分发挥"城市合伙人"增量的重要作用，大力推动跨界、融合、集成创新，积极发展高新技术产业、战略性新兴产业、现代服务业，尤其是重点发展面向未来的信息技术产业、生命健康产业和智能产业等。

——武汉市在激励"城市合伙人"存量方面，应积极探索释放更多"城市合伙人"积极性、主动性和创造性潜能的有效途径，尤其要进一步引导老"城市合伙人"不断焕发青春活力并再建新功。充分发挥"城市合伙人"存量的重要作用，大力推动"互联网+"、大数据等新技术对传统产业的渗透和改造，努力提高战略性产业的科技含量，加快实现传统产业转型升级和新兴产业发展提速。

——武汉市应以"敢为人先"的城市精神,进一步完善聚集和激励"城市合伙人"的制度安排,更加努力地创造创新创业人才"近悦远来"的优越环境。在国内日趋激烈的创新创业人才竞争中,尽可能创造"人无我有"、"人有我优"、"人优我特"的创新创业生态,形成激励创新创业的文化氛围,真正使武汉市成为创新乐园、创业家园和改革开拓沃土,让"在"者和"来"者都安居乐业、和谐共处且潜能得到充分释放。

——武汉市应深入贯彻落实"创新、协调、绿色、开放、共享"发展理念,努力探索宜居宜业城市的"平衡之美"和"和谐之美"。为实现复兴大武汉美好愿景,不断聚集建设国家创新型城市、国家中心城市和国际性城市所需要的创新创业者,不断培育创造新江城所需要的忠实建设者,应充分考虑不同学科领域的发展均衡性,尽可能减少普遍存在的信息不对称现象,切实规避客观存在的创新创业风险,努力提高聚集和激励"城市合伙人"的投入产出效率。

——武汉市要根据2016年1月1日开始实施的《中华人民共和国国家勋章和国家荣誉称号法》,尽快建立完善城市勋章和城市荣誉称号激励体系,充分听取多年来为城市发展做出重要贡献"城市合伙人"的利益诉求,着力激励"城市合伙人"存量不断创新创业的积极性、主动性和创造性,充分发挥"城市合伙人"存量的先行优势,并以创新创业先行者的成功典范促进"城市合伙人"增量的更大提升。

——武汉市要牢牢把握系统推进全面创新改革试验的机遇,通过加快政府开放数据深化行政管理改革,努力为更多"城市合伙人"创造要素完备、支撑有力、开放包容的创新创业社会环境。切实加快法治社会建设,进一步强化企业市场主体地位,健全统一开放、竞争有序的市场体系,建立开放透明的市场规则及监管机制,推动形成崇尚诚信、承诺诚信、践行诚信的社会风尚,为聚集和激励更多"城市合伙人"创造良好市场环境。

——武汉市要进一步加强对"城市合伙人"的整合式宣传,积极营造创新创业者"近悦远来"的社会氛围,努力发挥宣传对聚集和激励"城市合伙人"的重要作用。尤其要通过探索全频道宣传"城市合伙人"的有效途径，形成全球创新创业者关注武汉市的"注意力效应"，提高"城市合伙人"对武汉的认知感、获得感、自豪感、成就感、使命感和归宿感，让"城市合伙人"真正与武汉成为利益共同体、奋斗共同体和命运共同体。

五、武汉应以高舒适度生活环境聚集高层次创新创业人才

目前，我国实施"人才强国"战略进入一个新阶段，聚集创新创业人才的激烈竞争和博弈出现两个新变化：一是从泛泛引进创新创业人才向重点聚集高层次创新创业人才转变；二是从关注创新创业人才工作环境向注重高层次创新创业人才生活环境转变。按照美国学者丹尼尔·阿尔特曼"舒适度理论"，能够很好地解释一些优秀人才、尤其是高层次创新创业人才选择迁徙目的地的动机。阿尔特曼认为：通过提高生活舒适度，可以大大增强人才聚集效应。显而易见，这种观点不同于传统的区域人才聚集观点，即一个区域对人才的聚集取决于其能否提供工作、薪酬和发展机会。对于高层次创新创业人才而言，他们往往已拥有较好的工作、薪酬和发展机会，处于一个较高的发展层面，也具有更高的生活质量追求和更美好的人生价值实现梦想。高层次创新创业人才之所以关注迁徙地的生活方式、科教水平、交通条件、社会治安、医疗保健、生态环境、公共服务、文化氛围以及创新创业平台等，源于他们对良好工作条件和高舒适度生活环境的向往，归根结底是他们对个人幸福的真实心理感受。在我国进入全球配置人才资源的新时期，武汉实施"城市合伙人"计划，加快实现高层次创新创业人才聚集，应密切关注国内外高层次创新创业人才迁徙的新动向，以新资源观重新认识武汉的资源禀赋和比较优势，切实重视城市高舒适度生活环境对天下英才的聚集效应。

武汉拥有创造高舒适度生活环境的优质资源禀赋和明显优势，不仅是中部地区的中心城市，而且正在加快国家中心城市和国际性城市的建设进程。毫无疑问，区域中心城市和国家中心城市所具有的综合优势，

对高层次创新创业人才具有明显的聚集作用。

武汉拥有优质的战略性淡水资源，地处长江、汉江干流交汇处，历史上更以"百湖之市"著称于世。位于主城区的武汉东湖生态旅游风景区面积88平方公里，是首批国家重点风景名胜区。智者乐水，仁者乐山。极其丰富的水资源，不仅使城市具有灵性，而且给高层次创新创业人才更多灵感。

武汉拥有优质的绿色山地资源，主城区及远城区山峦起伏、山清林秀，拥有九峰山、素山寺、九真山等多处国家森林公园，仅中心城区武昌就有蛇山、凤凰山、洪山等八座山体。武汉大学、华中科技大学等著名学府依山傍水，珞珈山百年簧门风景更是享誉天下。

武汉拥有优质的学校教育资源，具有完善的、全覆盖的完整教育体系，名优幼儿园、小学、初中、高中和高校分布江城三镇。武汉的教育部直属重点高校数量超过中部地区湖南、江西、安徽、河南、山西五省总和，正在努力打造蜚声中外的"大学之城"。

武汉拥有优质的医疗保健资源，具有高水平、全覆盖的完整医疗保健体系，华中科技大学附属同济医院和协和医院、武汉大学附属人民医院、口腔医院和亚洲心脏病医院等在国内享有盛名，正在努力打造国家医疗卫生服务中心和国家健康产业创新中心。

武汉拥有优质的商业市场资源，历史上就有"四大名镇"和"货到汉口活"之说，不仅老汉正街名垂青史，如今更是从"九省通衢"发展到"九州通衢"，城市5万平方米以上购物中心数量全球领先，成为天下商贾必争之地，正在努力打造国家物流商贸中心。

武汉拥有优质的文化创意资源，具有厚重的地方历史和文化积淀。思者无涯，勇者无疆。不仅有"大江、大湖、大武汉"的滨江滨湖生态城市特色，而且形成了"敢为人先，追求卓越"的城市精神，正在努力打造特色鲜明的"文化之城"。

武汉拥有优质的创新创业资源，是我国第一个科技企业孵化器的诞生地，更有东湖国家自主创新示范区等创新创业平台，为创新创业者提供了有为和发展的巨大空间，正在加快落实系统推进全面创新改革试验方案，努力打造具有全球影响力的产业创新中心。

武汉拥有优质的休闲养生资源，不仅有东湖生态旅游风景区、黄鹤楼公园、木兰生态旅游区等国家高等级旅游地，市中心区有连绵数公里的江滩休闲公园，而且在城市后花园拥有咸宁温泉、红莲湖高尔夫、梁子湖水乡等休闲度假产品。

武汉拥有优质的城市形象资源，不仅已有长江-汉江江滩、百步亭社区和武汉大学等城市名片，而且正加快建设"长江主轴"、"汉口CBD"、"绿地606"、"汉江之眼"、"世界工程设计之都"、"环东湖绿道"等标志性项目，两江交汇南岸咀等世界级资源有待开发。

武汉拥有优质的创新改革资源，不仅肩负国家资源节约和环境友好型社会试验区、国家自主创新示范区等建设重任，而且是国家创新型城市、国家系统推进全面创新改革试验城市。2016年武汉已正式实施《关于鼓励创新、宽容失败、促进全面创新改革试验的决定》。

按照世界银行统计，2016年我国人均GDP约合8280美元，在全球人均GDP排名第73位。相比之下，2016年武汉人均GDP大约是全国人均GDP的一倍多，早已超过世界银行高收入区域门槛标准。尽管武汉人均GDP还远低于我国经济最发达城市，但若以实际生活水平、生活质量和生活舒适度综合指标来衡量，这座超级城市的宜居宜业功能可能被明显低估。在聚集高层次创新创业人才行动中，武汉应充分考虑如何为高层次创新创业人才提供社会尊严和舒适生活的幸福感受，既要为其工作条件投入"真金白银"也要予以"生活环境软黄金"。以良好工作环境和高舒适度生活环境宣传"双管齐下"，武汉无疑会取得更好的高层次创新创业人才聚集效果，并在聚集高层次创新创业人才的激烈竞争和博弈中胜出。为推进这项具有深远战略意义的工作特提出以下建议。

——针对高层次创新创业人才群体的特点，强化聚集高层次创新创业人才的针对性、基础性和主动性，努力通过创新高舒适度生活环境"聚天下英才而用之"，切实加强对武汉良好创新创业工作环境、尤其是高舒适度生活环境的整合式宣传。

——尊重高层次创新创业人才的价值取向，提高政府引智政策供给的精准性和精致性，努力提高人才服务聚合力，逐步建立与国际接轨的社会保障机制，在注重创造良好工作环境的同时，着力用心为高层次创新创业人才创造更舒适的生活环境。

——加快国际性城市的基础设施建设，努力争取举办大型国际赛事活动，积极策划具有广泛影响的时事政治、科技、文化、体育、产业论坛及会展，加强高层次创新创业人才对高舒适度生活环境"百闻不如一见"的实地感知体验。

——在突破性发展现代服务业过程中，加快推进产业发展与城市建设的深度融合，在生产性服务业和生活性服务业两端同时发力，努力为创新创业者提供更舒适、更便利、更惬意的生活环境，使高层次创新创业人才近悦远来、安居乐业、惬意生活、感受幸福。

——积极适应国际性城市建设需要，进一步加强多层次、多渠道、多领域的国际交流，支持具有"国际"名与实的科技、教育、文化、医疗、学校、社区、公寓等重点项目建设，努力提升武汉高舒适度生活环境的国际化认知程度。

——进一步完善国际性城市建设规划，将高层次创新创业人才聚集与国际性城市建设有机融合，并制订实施可监测、可考核的阶段性行动计划，努力形成国际性城市优越工作环境与高舒适度生活环境的协调发展和相互支撑。

——大力宣传城市承前启后的优质资源禀赋，浓墨重彩武汉国家文明城市形象，突出国家资源节约和环境友好型城市、国家低碳城市、国家创新型城市和国家中心城市建设，精心描绘"幸福武汉"的未来发展愿景和高舒适度生活环境的美好蓝图。

——将创造优越的高层次创新创业人才宜居宜业环境与正在全力打造的经济、城市、民生"三个升级版"紧密结合，始终坚持以人为本，采取积极有效措施，不断推动经济发展动力和产业结构升级、城市功能和城市品质升级、民生保障和社会治理升级。

报告撰稿人： 李　光　武汉大学发展研究院院长、教授、博士生导师

湖北省"十三五"专利创造提档进位分析

湖北省知识产权局课题组

"十二五"期间,在中共湖北省委省政府的正确领导下,全省专利工作抢抓国家大力实施创新驱动发展战略机遇,从量、质两个方面加快培育,有力支撑了"创新湖北"建设。回顾过去五年,湖北省专利创造工作取得了很大进步,但与沿海发达、发展先进的省市比较,专利创造潜力尚未完全发挥,发展空间巨大。通过深入学习、领会湖北省委省政府"率先、进位、升级、奠基"和实现"建成支点,走在前列"的发展方略,结合建设知识产权强省的战略部署,有必要对湖北省专利创造工作在"十三五"期间提档进位、"稳居全国第一方阵、争取进入全国第一梯队"的发展目标进行可行性分析,并提出建议和对策。

一、湖北省专利创造现状

(一)"十二五"期间湖北省专利创造总体情况

1. 专利创造总体情况

"十二五"期间,湖北省专利申请、授权总量分别为277932件和139341件,年均增长分别为14.96%和19.47%。其中发明专利申请、授权分别为95896件和23883件,年均增长分别为30.77%和25.21%。"十二五"期间,湖北省专利创造增长速度总体上略高于全国平均水平。但近三年出现了连续快速增长态势,2014年和2015年专利申请、授权总量分别占"十二五"期间申请、授权总量的47.96%和48.13%,其中发明专利申请、授权分别占55.0%和52.85%。

2016年，湖北省专利申请、授权总量分别为95157件和41822件，增幅分别高于全国平均6.33和5.04个百分点。其中发明专利申请、授权分别为43789件和8517件，同比增长分别为44.98%和9.67%，发明专利申请量在全国31个省、市、自治区位列第9位，相比上年提升两个位次。

在发明专利申请量全国前十省份中，湖北省同比增幅排名第2位，仅次于广东省，发明授权量列全国第9位，与上年持平。截至2016年年底，湖北省万人有效发明专利拥有量达5.39件，低于安徽的6.4件，居中部第二位。

2. PCT国际专利申请情况

"十二五"期间，湖北省PCT国际专利申请年均增长29.77%。2016年全省PCT申请总量741件，年均增长78.99%，在全国排第7位。

(二) 相关主体专利创造现状

1. 企业专利创造情况

"十二五"期间，湖北省企业专利申请、授权分别为138950件和81770件，年均增长11.49%和19.10%，分别占全省专利申请、授权总量的49.99%和58.68%。

2016年，湖北省企业专利创造增长较快，涌现出一批专利密集型企业。全省企业专利申请、授权分别为48420件和23864件。其中，申请超过10件的企业有1217家，较上年增加340家，授权超过10件的企业有413家。企业专利申请过100件的有34家，相比上年增加12家；过500件的有武汉华星光电技术有限公司、武汉斗鱼网络科技有限公司、中铁第四勘察设计院集团有限公司等5家公司。特别是武汉华星光电技术有限公司2014年落户武汉，2016年专利申请达1079件，其中发明专利申请1062件，为湖北省首家、也是唯一一家年发明专利申请过1000件的企业。

2. 高校专利创造情况

2013年至2015年，湖北省高校专利申请、授权总量分别为25672

件和 13178 件，年均增长为 34.19% 和 46.64%。其中，发明专利申请、授权分别为 15934 件和 5880 件，年均增长为 26.81% 和 40.64%。湖北省高校专利申请、授权年均增速高于全省平均水平。

2013 年湖北省发明专利申请排名前六的高校申请量之和不及浙江大学，引起了省委省政府的高度重视，为此湖北省启动了高校院所知识产权推进工程。通过近三年的努力，湖北省高校明显提升了专利创造的量和质，与国内专利创造顶尖高校之间的差距明显缩小。2016 年，全省高校专利申请、授权分别为 15487 件和 7382 件，分别占全省专利申请、授权总量的 16.28% 和 17.65%，同比增长 36.09% 和 14.13%。其中发明专利申请、授权分别为 8656 件和 2908 件，占全省发明专利申请、授权总量的 19.77% 和 34.14%，同比7增长 29.37% 和 4.04%。

湖北省高校专利创造增长势头强劲，涌现出 11 所年度专利申请过 500 件的高校，比上年增加 3 所。其中武汉理工大学、华中科技大学、三峡大学、武汉大学、武汉科技大学等 5 所高校专利申请过千件。省属高校中湖北文理学院、三峡大学、长江大学发明专利申请势头迅猛。

(三) 各市州专利创造情况

"十二五"期间，湖北省各市州专利创造保持了良好的增长态势，有 9 个市州专利申请保持年均 20% 以上增长；有 15 个市州发明专利申请保持年均 30% 以上增长；有 10 个市州专利授权年均增长 20% 以上；有 14 个市州发明专利授权年均增长 20% 以上。

一主两副中心城市持续增长，其他市州增长强劲。2016 年一主两副城市专利申请、授权分别为 63393 件和 29230 件，占全省的 66.62% 和 69.89%，发明专利申请、授权分别为 30316 件和 7320 件，占全省的 69.23% 和 85.95%。一主两副以外的市州，2016 年专利申请同比增长超过 20% 的有 9 个市州，仅发明专利申请同比增长超过 30% 的有 12 个市州。一主两副多极专利创造的态势开始形成。

"十二五"初期，湖北省发明专利过千件市州仅武汉市和襄阳市。截至 2016 年年底，共有 7 个市州发明专利申请过千件，且增长势头强劲，增长率均达到 80% 以上 (见表 1)。

表1　湖北省各市州专利申请状况表

序号	市州	申请总量					发明申请					
		2016年	2015年	增长率(%)	2011年	"十二五"期间年均增长率(%)	2016年	占总量比例(%)	2015年	增长率(%)	2011年	"十二五"期间年均增长率(%)
	全省合计	95157	74240	28.17%	42510	14.96%	43789	46.02%	30204	44.98%	10327	30.77%
1	武汉市	44690	33565	33.14%	21876	11.30%	20611	46.12%	15065	36.81%	6358	24.07%
2	黄石市	3566	3416	4.39%	2848	4.65%	1575	44.17%	1300	21.15%	293	45.13%
3	十堰市	3521	2773	26.97%	1602	14.70%	1361	38.65%	814	67.20%	169	48.14%
4	宜昌市	9874	7013	40.80%	3828	16.34%	4677	47.37%	2555	83.05%	582	44.75%
5	襄阳市	8829	9297	-5.03%	4470	20.09%	5028	56.95%	3876	29.72%	1107	36.79%
6	鄂州市	1553	1223	26.98%	935	6.94%	765	49.26%	587	30.32%	199	31.05%
7	荆门市	2867	2221	29.09%	1432	11.60%	1227	42.80%	761	61.24%	192	41.10%
8	孝感市	4299	2904	48.04%	943	32.47%	1731	40.27%	997	73.62%	251	41.17%
9	荆州市	3406	2484	37.12%	1033	24.53%	1135	33.32%	695	63.31%	311	22.27%
10	黄冈市	3749	2456	52.65%	987	25.60%	1563	41.69%	913	71.19%	233	40.70%
11	咸宁市	2465	1756	40.38%	606	30.47%	804	32.62%	426	88.73%	109	40.60%
12	随州市	1602	1256	27.55%	509	25.33%	745	46.50%	434	71.66%	108	41.58%
13	恩施土家族苗族自治州	1258	922	36.44%	244	39.42%	497	39.51%	447	11.19%	97	46.52%
14	仙桃市	1445	1124	28.56%	292	40.07%	715	49.48%	443	61.40%	88	49.79%
15	潜江市	972	901	7.88%	276	34.42%	640	65.84%	455	40.66%	121	39.25%
16	天门市	1018	868	17.28%	531	13.07%	688	67.58%	416	65.38%	102	42.11%
17	神农架林区	43	61	-29.51%	98	-11.18%	27	62.79%	20	35%	7	30.01%

(四)重点行业专利创造现状

1. 支柱产业专利创造现状

湖北省共有八大支柱产业,分别是食品、纺织、汽车、钢铁、机械、有色金属、石油化工和电子信息。

"十二五"期间,湖北省支柱产业申请公开和授权公告总量分别为117603件和78838件,年均增长率为125.99%和128.98%;发明申请公开和授权公告总量分别为48879件和13888件,年均增长率为169.27%和166.16%。其中有效专利总量78673件,占申请公开总量的66.90%,有效发明申请和有效实用新型申请分别为20619件和58054件。

2016年,湖北省八大支柱产业专利申请前三名为机械产业、电子信息产业和食品产业,其申请总量占八大支柱产业产业申请总量的89.40%。其中机械产业公开申请15245件,占八大支柱产业产业申请总量的51.56%。

2. 战略性新兴产业专利创造现状

根据国务院关于《加快培育和发展战略性新兴产业的决定》的有关要求,从我国国情和科技、产业基础出发,现阶段战略性新兴产业主要包括节能环保、新一代信息技术、生物、高端装备制造、新能源、新材料和新能源汽车七个产业。

"十二五"期间,湖北省战略性新兴产业专利申请趋势强劲,申请公开和授权公告总量分别为183082件和116003件,年均增长率为138.94%和135.68%;发明申请公开和授权公告总量分别为91745件和30998件,年均增长率为156.86%和132.39%,发明申请公开年均增长率高于战略性新兴产业申请公开总体年均增长率。其中,有效专利总量为120679件,占申请公开总量的65.92%,有效发明申请和有效实用新型申请分别为43581件和77098件。

2016年,湖北省七大战略性新兴产业专利申请前三名为新能源产业、高端装备制造产业和新一代信息技术产业,其申请总量占七大战略新兴产业申请总量的60.16%。

(五)专利代理机构服务情况

2013年至2015年,湖北省代理机构代理专利申请、授权分别为111573件和71135件,年均增长21.19%和19.09%;其中代理发明专利申请、授权分别为46601件和15062件,年均增长28.09%和40.83%。

2016年,湖北省代理机构代理机构代理专利申请、授权分别为61376件和31758件,同比增长33.23%和9.22%,分别占全省专利申请、授权总量64.50%和75.94%;其中,本省代理机构代理专利申请、授权分别为34688件和18305件,分别占代理总量的56.52%和57.64%。湖北省专利代理机构代理发明专利申请、授权分别为27264件和7766件,同比增长38.41%和9.57%,分别占全省发明专利总量的62.26%和91.18%,其中本省代理机构代理发明专利申请、授权分别为17291件和5704件,分别占总量的63.42%和73.45%。

二、湖北省专利创造与部分省对比分析

(一)专利创造总量与经济社会、科教实力不相称

湖北作为科教大省,最大的优势就是科教优势,科教综合实力位列全国前五,中部第一,稳居全国第一梯队。2016年湖北省GDP总量位居全国第7位,中部第2位,GDP增长速度全国第9。但是,2016年湖北省专利授权量在全国31个省、市、自治区列第13位,与上年相比下降一个位次;湖北省万人发明专利拥有量为5.39件,已被安徽反超下降到中部第二,同时与全国平均水平8.03件比还存在巨大差距。由此可见,湖北省专利创造现状与湖北省情不相符,专利创造落后于湖北在全国的发展排位。

与江苏省相比,2016年江苏省专利申请和发明专利申请分别为

512429件和184632件，是国内专利创造排名第一的省份，也是我国首家获批建设创新型试点省份，湖北省专利申请和发明专利申请只占到江苏省的18.57%和23.72%，差距悬殊。

与四川省相比，其经济总量略高于湖北省，但是从专利创造上来看，湖北省与之差距明显。2016年四川省专利申请142522件，全国排名第7，发明专利申请54277件，全国排名第8，湖北省专利申请和发明专利申请只占四川省的66.77%和80.68%。

与安徽省相比，2016年安徽省GDP排全国第13位，其经济实力和科教实力都与湖北省有明显差距，但安徽省专利创造在中部地区排名第一。"十二五"初期，安徽省专利申请、发明专利申请分别为48556件和10982件，而湖北省分别为42510件和10327件，差距并不明显。但是，2016年安徽省专利申请、发明专利申请分别为172552件和95963件，湖北省只占安徽省的55.15%和45.63%；"十二五"期间，湖北省年均增速分别比安徽省低12.39个百分点和27.15个百分点。由此可见，湖北省专利创造与安徽省的差距在"十二五"期间明显拉大，"十三五"实现赶超形势严峻。

(二) 专利创造主体创新能力挖掘不够

1. 企业专利创造挖掘不够

2016年，湖北省企业专利申请量已接近全省专利申请总量的一半，而全省企业专利授权量已超过全省专利授权总量一半，由此可以看出企业专利创造占据主体地位。但与中部第一的安徽省相比差距明显，安徽省企业专利申请占申请总量的比例接近七成。据统计，2016年，湖北省仅有5711家企业申请了专利，但全省高新技术企业达到4000家。以襄阳和荆门为例，超过80%的规模以上企业无专利，这说明2/3以上规模以上企业没有专利创造活动，省内大量高新技术企业也没有持续性的专利创新。通过分析可以看出，湖北省企业还有巨大的专利创造潜力未能发挥，企业专利挖掘工作力度亟待加强。

2. 高校专利创造能力未能有效发挥

近年来,湖北省出台了鼓励科技人员创新创业系列政策,如"科技十条"、"专利八条"等,湖北省高校专利创造工作明显加快。2016 年,湖北省高校专利申请总量与发明专利申请量分别为 15487 件和 8656 件,其中三峡大学、武汉理工大学、武汉科技大学、湖北工业大学、中国地质大学(武汉)等十多所高校专利申请量较 2013 年翻番,但湖北省高校专利申请总量不大,过千件的还不多。据了解,江苏省 2016 年专利申请中高校占比 8.26%,达到 42303 件,其中发明专利申请排名前五高校均超过 1000 件;同时,湖北省高校与国内同等次知名高校在专利创造方面存在明显差距,如 2015 年浙江大学专利申请 4263 件,清华大学专利申请 2856 件,东南大学发明专利申请 2120 件,电子科技大学专利申请 1622 件,这些高校的专利创造量大质优。但 2015 年我省专利创造前三名的高校中,华中科技大学专利申请 1392 件,武汉大学专利申请 1336 件,武汉理工大学专利申请 1276 件。湖北省高校专利创造能力与之相比还有较大差距,还需进一步加大对高校创新主体的培育力度,推动高校专利创造工作快速发展。

(三) 区域专利创造能力极其不平衡

"十二五"期间,湖北省一主两副中心城市专利申请 193386 件,占全省专利申请的 69.58%;专利授权 101123 件,占全省专利授权的 72.57%。其中武汉市专利申请 132837 件,占一主两副城市专利申请的 68.69%。

2016 年,孝感市、黄冈市和黄石市专利申请分别是 4299 件、3749 件和 3566 件,成为除一主两副城市以外市州专利申请的前三强。但是,其专利申请总量不及一主两副城市专利申请的 1/5。可以看出,湖北省专利申请和授权主要集中在一主两副中心城市,而其中武汉市专利申请、授权量占到全省专利申请、授权量一半以上,全省 17 个市州专利创造能力极不平衡。

(四)专利代理机构发展存在短板

专利代理机构不多、不大、不强是当前制约湖北省专利创造快速提升的短板。一是总量少,服务意识不强。截至目前,湖北省专利代理机构和省外代理在汉分支机构仅55家,而北京市450家,广东省222家,导致不少机构存在"送货上门等服务"的落后思维,没有主动服务的意识。二是布局不平衡。湖北省90%以上机构都集中在武汉,省内其他区域代理机构严重不足,甚至有些地区还没有专利代理机构,如2016年黄冈市专利申请3749件,但没有注册一家专利代理机构。三是高端服务匮乏。湖北省专利代理机构大多只能提供专利代理等基础性服务,没有能力提供企业当前和未来创新发展所需的专利导航、专利评议、专利预警等中高端服务。

(五)专利创造省级财政投入严重不足

专利创造是经济社会未来能否全面发展的风向标,全国绝大部分省市加强了对专利创造方面的投入,且收到了四两拨千斤、立竿见影的效果。据了解,2015年江苏、广东、北京、山东、安徽等省财政专利投入超过2亿元,四川达1.65亿元,湖南、河南也超1亿元,而湖北省级财政投入严重不足,这也直接导致专利创造工作落后于经济社会发展速度。2016年专利创造中部排名第一的安徽省,在"十二五"期间设立了专项资金,对每一件授权的发明专利提供5000元的奖励,极大地刺激了安徽省的专利创造。除省级财政投入外,大部分省市基层财政专利专项投入也很高,如广东省有10个市级财政专利专项投入超过1000万元。近年来,湖北省采取多种措施,特别是2014年、2015年、2016年,紧抓专利创造量质齐升,实现了专利申请、发明专利申请提档升位。但从近期调研的结果来看,华为武汉研究所专利申请全部进入深圳本部;美的武汉工厂因湖北奖励标准低于芜湖、佛山、顺德工厂,其专利申请也流向了美的外省企业。如果"十三五"期间湖北省财政专利专项经费没有明显增加,专利创造在全国的排名将有很大可能下滑。

三、湖北省"十三五"期间专利创造提档进位的可行性分析

"十三五"是湖北省"建成支点、走在前列"的关键时期,专利创造排位能否与湖北省经济总量位置相当、与科教实力匹配,率先建成中部知识产权强省,专利创造量是一项重要的评价指标。根据2015年的数据,按照1.5倍增长系数,湖北省提出了"十三五"期间发明专利申请量达到7万~8万件、万人发明专利拥有量达10件的总体目标,力争"申请总量稳居全国第一方阵、发明专利申请争取进入第一梯队"。从企业、高等院校、区域(一主两副多极城市)三个方面进行潜力分析,我们认为是完全可行的。

(一)企业专利创造潜力分析

企业是创新的主体,专利创造潜力巨大。目前,湖北省市场主体430多万户,其中企业类主体87万多家,规模以上工业企业15894家,高新企业4000多家,大量企业无专利创造活动。据了解,很多企业存在专利申请需求,却因本地无代理机构或者代理机构服务不到位以及专利奖励力度不够,极大地影响了企业的积极性。从1987年全国第一家科技企业孵化器在湖北武汉成立到2015年截止,我省科技企业孵化器面积超过900万平方米,全国第一,在孵企业16000多家,其中90%的在孵企业为科技型企业,超过97%的在孵企业无专利创造活动。通过对湖北省企业专利创造潜力进行分析,我们有信心实现既定目标:(1)按照50%以上规上企业每家新增1件专利申请,将新增1万件;(2)实现高新企业专利量质提升,按照平均每家3件的标准挖潜,可每年新增1万件;按省政府制定的发展目标,"十三五"末湖北省高新技术企业将达到8000家,届时高新技术企业专利创造将会出现大幅增长;(3)在"双创"大政策的引导下,创新型中小企业将逐步成长为湖北省发明创造的生力军,我们将按照每年5000家的目标对中小企业持续"专利扫

零"，每年将会新增5000件专利申请；（4）对科技型在孵企业开展专利挖掘工作，实现每年新增8000件专利申请；（5）加大对知识产权密集型优势企业培育，用5年时间打造20家"千件申请企业"、200家"百件申请企业"。我们相信通过落实有关政策，优化代理服务，积极引导企业进行专利创造，湖北省企业专利创造将会在"十三五"期间呈现井喷式发展。

(二) 高校专利创造潜力分析

高等院校是科研力量和创新思维的聚集地，湖北省高校以应用型为主，专利创造潜力理应更强。从中央在鄂高校来看：8所大学中有6所申请同比增长率低于全省平均水平，但发明专利申请占比提升，其中华中科技大学占比由2014年的78.8%提升到87.51%，中央在鄂高校的专利创造数量和质量还有很大的提升空间。从省属高校来看：专利创造工作的推动力正在不断增强，三峡大学成为唯一专利申请过千件的省属高校，排名全省第3，省属高校专利申请同比增长率普遍高于全省平均水平，全省申请量排名前20的高校中有5所省属高校同比增长高于50%，其中湖北文理学院同比增长高达347.46%。从高职高专院校来看：已展现出了强烈的科技创新积极性，2016年有9所高职高专院校完成了从无到有的突破，襄阳职业技术学院、黄冈职业技术学院、武汉职业技术学院等进步显著。同时，我们应该看到"科技十条"、"专利八条"只颁布了两年多，2015年才刚刚启动了高校知识产权推进工程，这些政策和工程建设的效果还没完全显现。基于以上分析，我们有信心发挥好湖北省科教实力综合排名全国前五的优势，充分挖掘高校的创造潜力，参照江苏高校2015年水平，有望在2020年实现湖北省高校年专利申请3.5万件，争取在"十三五"末实现年专利申请过500件高校20所、过1000件高校10所的奋斗目标。

(三) 区域专利创造潜力分析

武汉市作为全省专利创造的领头羊，2015年专利申请只有44690

件，而同为副省级城市的青岛的专利申请59528件，成都97961件，这与武汉建设具有全球影响力的产业创新中心的目标差距很大，还有相当大的提升空间。虽然两副中心及多极城市近两年发展势头强劲，但是也仅仅只有12个市州申请过千件，且没有过万件的市州，发明专利申请还没有超过4000件的市州。相比较之下，安徽省只有1个市州没过千件，有3个市州发明专利申请已过万件，有6个市州发明专利申请过5000件，其中芜湖市专利申请26680件，发明专利申请达到16789件。显而易见，湖北省两副中心城市及多极城市专利创造情况与安徽省同类城市相比存在巨大差距。然而，在看到差距的同时也应该看到湖北省专利创造的潜力，2016年全省有7个市州专利申请同比增长超过30%，有14个市州发明专利申请同比增长超过30%，各市州专利创造增长迅猛，潜力巨大。2016年全省制定的发明专利申请目标为4.5万件，各个市州都有信心实现这个目标。因此，必须按照湖北省委省政府制定的"一主两副多极"的发展战略，加大区域工作力度，以市州为单位落实工作责任，力争在2020年，武汉实现发明专利申请过4万件，两个副中心城市均过1万件，多极中心城市均过3000件。

四、促进湖北省专利创造提档进位的建议和对策

面对"十三五"建设"知识产权强国"的总目标，湖北省作为全国重要的科教基地，必须适应新常态下的知识产权工作新要求。湖北省理应有所作为，扎实推进知识产权工作在全国实现提档进位，努力使知识产权工作与湖北省经济实力相适应。特提出以下建议和对策。

（一）加强领导，全方位推进知识产权强省建设

全面落实《湖北省人民政府关于加快知识产权强省建设的意见》，加快推进湖北省知识产权强省建设，实现湖北省知识产权的创造、运用、保护和管理能力大幅提升。落实知识产权强省建设联席会议制度，遵照湖北知识产权强省建设实施方案，将建设知识产权强省的目标任务

分解到各地、各部门，加强推进和完成情况的督查、考核。加大对新修订的《湖北省专利条例》的宣传、普及力度，借助"专利奖上升为省级人民政府奖励表彰"的重大政策契机，出台配套政策措施，将专利成果纳入到专业技术职称评聘体系中。此外，落实国务院知识产权战略实施工作部际联席会议办公室下发关于2017年知识产权强国推进计划要求，明确将建设知识产权工作列入湖北省地方党政工作年度考核目标。

(二) 加大投入，助力专利创造量质提升

发挥湖北省级财政资金在知识产权创造、运用、保护、管理和服务中的引导作用，不断增加省级财政对知识产权工作的投入，设立湖北省知识产权专项资金，资金规模1亿元/年，用于鼓励我省高校发明创造，支持知识产权密集型优势企业发展，引导和促进企业进行知识产权交易、许可、标准化、资本化和产业化，开展知识产权质押融资风险补偿基金和重点产业知识产权运营基金试点。各市、县(市、区)以及各类园区要设立独立预算的知识产权专项资金，建立稳定的财政投入增长机制，切实保障专利创造、运用、保护、管理和服务工作开展。

(三) 强化运用，发挥产业转型升级的专利力量

进一步提高湖北省支柱产业创新能力，加强专利创造能力和协同运用，促进传统支柱产业改造转型，提质增效，积极培育高价值专利，充分发挥科技创新在调整产业结构和加快产业转型升级的重要作用。开展重大经济科技活动知识产权分析评议，规避项目知识产权风险，为产业经济发展保驾护航。推动重点产业知识产权联盟建设，优化资源配置，对内形成专利池，实现联盟内部专利的交叉许可，互利共赢；对外建立知识产权风险控制机制，抱团取暖，共同防御知识产权风险。

(四) 多措并举，提高服务机构综合服务能力

进一步确立开放发展理念，大力培育、引进高端服务机构，全面开展包括知识产权战略研究、预警、导航、科技金融及保险、竞争对手监

控、企业技术并购重组等知识产权高端服务。开展知识产权服务机构分级评价，建立健全信用管理制度，建立并推行服务质量管理规范地方标准。加大对"能力强、业绩好、信誉优"知识产权服务机构的奖励力度。引导湖北省知识产权服务机构主动服务企业创新，挖掘企业知识产权创造潜力。

（五）引进培养，加强高素质人才队伍建设

将知识产权人才引进列入湖北省高层次创新创业人才引进计划；建立知识产权人才职业资格制度和职称评聘制度；支持企业建立知识产权工程师全程参与创新活动机制。发挥湖北省高校资源优势，大力开展系统化、规范化的知识产权培训教育，培养一大批知识产权保护、管理、运营的实用型人才。支持高校院所建立知识产权研究机构，集聚高层次知识产权研究人才，积极推动建设湖北省知识产权高层次人才队伍。

课题负责人：李述武　湖北省知识产权局副局长
课题组成员：冯刚顶　张鹏飞　杨雨佳　简文国　刘延平　刘　晶　邓　聪

湖北省国家级开发区土地利用效率及对策研究

邹 蔚

国家经济技术开发区和国家高新技术产业开发区是我国开发区中数量最多、分布最广、经济与空间规模最大,因而也是最重要的两类国家级开发区。国家级开发区的建立和发展,有力地推动了我国改革开放和区域经济特别是高新技术产业的发展,创造了令世人瞩目的成就,被认为是最能直接体现中国经济发展水平的地方,最具标志性反映中国经济开放程度的地方,最能代表中国科技创新和产业发展水平的地方,最直接呈现我国体制、机制、制度设计水平的地方[①]。

在全国219家国家级经济开发区中,湖北有7家[②]:武汉经济技术开发区、武汉临空港经济技术开发区、黄石经济技术开发区、鄂州葛店经济技术开发区、襄阳经济技术开发区、荆州经济技术开发区和十堰经济技术开发区。在全国145个国家高新技术产业开发区中,湖北有7家[③]:武汉东湖高新技术开发区、孝感高新技术产业开发区、襄阳高新技术产业开发区、宜昌高新技术产业开发区、荆门高新技术产业开发区、仙桃高新技术产业开发区和随州高新技术产业开发区。在2013年1月11日商务部公布的"2011年度国家级经济技术开发区综合发展水平

---

① 陈文玲:思维的"足迹"——中国经济社会前沿报告[M]. 北京:经济科学出版社,2006.
② 中国开发区网>国家级经济技术开发区[EB/OL]. http://www.cadz.org.cn/kaifa/economy.php.
③ 中国开发区网>国家级经济技术开发区[EB/OL]. http://www.cadz.org.cn/kaifa/economy.php.

评价结果"①(仅列出了前90名)中,武汉经济技术开发区位列14名,襄阳经济技术开发区位列34名,黄石经济技术开发区位列43名。

在2014年10月发布的《关于促进国家级经济技术开发区转型升级创新发展的若干意见》中,指出"国家级经开区必须严格土地管理,严控增量,盘活存量,坚持合理、节约、集约、高效开发利用土地。加强土地开发利用动态监管,加大对闲置、低效用地的处置力度,探索存量建设用地二次开发机制。"在2015年12月发布的《关于促进具备条件的开发区向城市综合功能区转型的指导意见》中,指出要"按照规模合理、布局集中、用地集约、产业集聚的要求,在严格符合当地土地利用总体规划和城市总体规划的前提下,根据开发区发展阶段和实际,适当调整开发区用地结构和功能布局,支撑开发区由单一功能向城市功能转型。"2016年3月发布的《国务院办公厅关于完善国家级经济技术开发区考核制度促进创新驱动发展的指导意见》,明确提出要"通过考核单位土地地区生产总值产出强度、土地开发利用率,促进国家级经开区科学划分产业用地与配套设施用地比例,创新土地动态监管和用地评估制度,建立健全低效用地再开发激励约束机制,盘活存量工业用地。"显而易见,近年来一系列有关国家级开发区的政策都直指土地利用效率。

本研究通过分析与研究湖北省国家级开发区(包括国家级经济开发区和国家高新技术产业开发区)近年来的经济发展状况,尤其是在湖北省国家级开发区占地面积快速增长(从2007年的976.9平方公里增加到2014年的5 723.6平方公里,增加了5.86倍)期间的土地利用效率,对于探寻湖北省国家级开发区发展过程中存在的问题,进而促进开发区转型升级与创新发展具有重要的现实意义。

---

① 科技日报:商务部公布国家级 开发区综合发展水平排名[EB/OL].http://digitalpaper.stdaily.com/http_www.kjrb.com/kjrb/html/2013-01/12/content_187799.htm? div=-1.

一、对国家级开发区的相关研究

科技部火炬高技术产业开发中心在"2011年国家高新技术产业开发区综合发展与数据分析报告"中指出园区平稳较快发展、企业成长能力进一步提升、产业结构不断调整、科技创新能力稳步提升,并对环渤海、长三角、珠三角、中部、西部和东北等6大区域的国家高新区的增长速度、经济效益进行了分析[①]。

齐二石等将数据包络分析法(Data Envelopment Analysis,DEA)引入经济开发区的效率评价,建立了经济开发区效率评价的DEA模型,并对我国53个国家级经济技术开发区进行了实证评价,给出各国家级经济开发区的总效率、技术效率和规模效率[②]。

为促进地区国家级经济开发区的发展,各地学者根据各区域国家级经济开发区的自身特点,设计不同的指标体系,对国家级开发区的发展状况进行深入研究,以探索提升国家级经济开发区的发展道路。

阿谢姆从区域创新系统中各关键要素间的互动关系出发,发现在知识传播、技术转移、学习机制等研究内容方面与高新技术开发区的相关研究出现了交叉[③]。托林和考夫曼将区域创新系统的研究成果用于解释高新技术开发区对技术创新的促进作用[④]。郎德万特的研究结果发现高新技术开发区对技术创新的促进严重依赖于其所在区域的创新系统,并

---

① 科技部火炬高技术产业开发中心. 2011年国家高新技术产业开发区综合发展与数据分析报告[J]. 中国科技产业,2012(10):62-73.

② 齐二石,孔海宁,刘晓峰,何曙光,李钢. 基于DEA方法的我国国家级经济技术开发区效率评价[J]. 西安电子科技大学学报(社会科学版),2008(9):1-6.

③ A Sheim B, Isaken A. Regional innovation systems: the integration of local sticky and global ubiquitous knowledge[J]. Technol Transfer, 2002(27):77-86.

④ Kaufmann A, Todtling F. How efective is innovation support for SMEs[J]. An analysis of the region of Upper Austria Technovation, 2002(2):147-159.

由此认为应该在研究区域创新系统的同时开展对高新技术开发区的研究[①]。此外，众多研究表明，即便将智力、风险资本、基础设施、信息服务等外部条件与物质因素糅合在一起，创新也并不必然会发生[②]。

张镧采用因子分析的方法，对湖北省各高新技术产业开发区的统计数据进行分析研究，提取产业发展规模、产业发展环境、企业创新能力、产业发展速度四个公因子，并基于因子得分排序对各高新区发展水平进行综合排序和分类评价，在此基础上分析各高新区发展中存在的问题[③]。

二、湖北省国家级开发区的经济发展评价

(一) 湖北省国家级开发区经济发展评价方法选择

数据包络分析(Data Envelopment Analysis, DEA)是美国著名运筹学家 A. Charnes 和 W. W. Cooper 等人在"相对效率评价"概念的基础上发展起来的一种系统分析方法。主要采用数学规划(包括线性规划、多目标规划、具有锥结构的广义最优化、半无限规划、随即规划等)模型，以 Pareto 优化为基础，以规划理论为工具，评价具有多个输入、输出"部门"或"单位"(决策单元, decision making unit, DMU)间的相对有效性(DEA 有效)，是用来解决经济效率定量化评价问题的一种效率评价方法。自第一个 DEA 模型被提出以来，多种派生的或专用的 DEA 模型被逐渐建立，理论研究不断深入，而且应用领域日益广泛，使 DEA 成为管理科学与系统工程领域的一种重要而有效的分析工具。

---

① Lundva B. Introduction: National Systems of Innovation—toward a Theory of Innovation and Interactive Learning Pinter[M]. London, 1992: 1-19.
② 马澜. 高新技术产业影响因素的灰色关联分析[J]. 四川理工学院学报(社会科学版), 2009(5): 71-73.
③ 张镧. 湖北省高新技术开发区产业发展水平的评价[J]. 统计与决策, 2015(3): 55-57.

湖北省国家级开发区经济发展的评价实质上是一种投入产出效率的评价。在进行评价时，需考虑多个投入与产出指标，其中多数指标难以预先设置生产函数和权重。DEA 模型以同类为参考系来进行比较分析，对于多投入、多产出的技术创新活动具有较好的适用性；DEA 模型的突出特点是无需预先设置生产函数和权重，在评价过程中更具有客观性；DEA 模型采用统计数据进行的运算不受输入和输出指标量纲选取的限制，且不需要预先对指标进行相关分析，使得操作简单易行。因此本研究选择 DEA 方法来对湖北省开发区经济发展进行评价。

(二) 湖北省国家级开发区经济发展评价指标体系

根据指标选取的科学性、一致性和可比性等原则，结合湖北省国家级开发区的现状与特点，构建了湖北省开发区经济发展评价指标体系，如表 1 所示。

表 1　湖北省国家级开发区经济发展评价指标表

类　别	指　标
经济发展投入	实际开发区面积
	从业人员
	固定资产投资总额
	外商投资金额
经济发展产出	规模以上工业增加值
	规模以上工业主营业务收入
	税收总额
	出口总额

(三) 湖北省国家级开发区 2008—2014 年经济发展评价分析

运用 Win4DEAP 软件对湖北省 12 个国家级开发区 2008—2014 年（由于荆门高新技术产业园区仅有 2011 年之后的数据，因此其分析时段为 2011—2014 年)的经济发展投入和产出 8 个指标进行计算。选取投入导向型的、规模报酬可变的 DEA(1-stage)模型进行计算,整理得表 2 和表 3。

表 2 2008—2014 年湖北省国家级开发区经济发展综合效率变化一览表

开发区	2008 年	2009 年	2010 年	2011 年	2012 年	2013 年	2014 年	7 年
武汉经济技术开发区	1.000	1.000	1.000	1.000	1.000	1.000	1.000	1.000
武汉东湖新技术产业开发区	1.000	1.000	1.000	1.000	1.000	1.000	1.000	1.000
襄阳高新技术产业开发区	1.000	1.000	1.000	1.000	1.000	1.000	1.000	1.000
武汉临空港经济技术开发区	1.000	1.000	0.977	0.420	0.930	0.930	0.501	1.000
十堰经济技术开发区	1.000	1.000	1.000	1.000	0.933	0.933	0.728	1.000
孝感高新技术产业开发区	0.843	0.631	0.756	0.628	0.927	0.927	0.944	0.843
湖北葛店经济技术开发区	0.722	0.427	0.604	0.468	0.703	0.703	1.000	0.722
襄阳经济技术开发区	0.630	1.000	1.000	1.000	1.000	1.000	1.000	0.630
黄石经济技术开发区	0.620	1.000	0.834	0.706	0.748	0.748	0.800	0.620
宜昌高新技术产业开发区	0.622	0.656	0.588	0.925	1.000	1.000	1.000	0.622
荆州经济技术开发区	0.415	0.309	0.361	0.606	1.000	1.000	1.000	0.415
荆门高新技术产业园区	—	—	—	0.345	0.661	0.800	0.947	0.345

表3　2008—2014年湖北省国家级开发区经济发展规模报酬变化一览表

开发区	2008年	2009年	2010年	2011年	2012年	2013年	2014年	7年
武汉经济技术开发区	—	—	—	—	—	—	—	—
武汉东湖新技术产业开发区	—	—	—	—	—	—	—	—
襄阳高新技术产业开发区	—	—	—	—	—	—	—	—
武汉临空港经济技术开发区	—	—	irs	drs	drs	drs	irs	irs
宜昌高新技术产业开发区	irs	irs	irs	drs	—	—	—	irs
黄石经济技术开发区	irs	—	irs	irs	irs	irs	irs	irs
十堰经济技术开发区	—	—	—	—	irs	irs	irs	—
襄阳经济技术开发区	irs	—	—	—	—	—	—	irs
湖北葛店经济技术开发区	irs	irs	irs	irs	irs	irs	—	irs
孝感高新技术产业开发区	irs	irs	irs	irs	irs	irs	irs	irs
荆州经济技术开发区	irs	irs	irs	irs	irs	irs	—	irs
荆门高新技术产业园区	—	—	—	irs	irs	irs	irs	irs

注：irs为规模报酬递增，drs为规模报酬递减，—为规模报酬不变。

如表2、表3所示，在所分析的湖北省12个国家级开发区中，2008—2014年的技术效率指数的均值为0.877（2011—2014年的技术效率指数的均值为0.805），数值比较高。具体而言，湖北省国家级开发区在2008—2014年的经济发展技术效率呈现如下特点。

1. 有3个国家级开发区呈技术效率有效状态，且呈规模报酬不变

2008—2014年，武汉经济技术开发区、武汉东湖新技术产业开发区、襄阳高新技术产业开发区3个国家级开发区的经济发展技术效率指数为1.000，处于技术效率有效状态，且处于最佳规模，并表现为规模报酬不变。

2. 有2个国家级开发区呈技术效率非有效状态，偶尔呈规模报酬递减

武汉临空港经济技术开发区在2010—2014年的经济发展均处于技术效率非有效状态，其中，2010年、2014年则表现为规模报酬递增状态，2008—2009年表现为规模报酬不变状态，2011—2013年表现为规模报酬递减状态。通过对其2008—2014年的相关数据分析发现，2010年11月，国务院办公厅函复湖北省人民政府和商务部，同意武汉吴家山经济开发区升级为国家级经济技术开发区，核定名称为"武汉吴家山经济技术开发区"，之后其实际开发面积由12平方公里猛增至109.20平方公里，致使其DEA经济发展技术效率呈现规模报酬递减。

宜昌高新技术产业开发区在2008—2012年的经济发展均处于技术效率非有效状态，其中2008—2010年表现为规模报酬递增状态，2011年表现为规模报酬递减状态，2012—2014年表现为规模报酬不变状态。通过对其2008—2014年的相关数据分析发现，宜昌高新技术产业开发区2010年11月被国务院批准为国家高新区，其主营业务收入有大幅增长，增长率高达140.16%。

3. 有7个国家级开发区呈技术效率非有效状态，且部分规模报酬递增

黄石经济技术开发区、十堰经济技术开发区、襄阳经济技术开发区、湖北葛店经济技术开发区、孝感高新技术产业开发区、荆州经济技术开发区、荆门高新技术产业园区7个国家级开发区在2008—2014年均呈技术效率非有效状态，且各自在不同的年份呈现规模报酬递增状态，说明这些开发区正呈现积极上升态势，在加大开发区的相关资源投

入的同时，应注意投入资源的协调配置，以充分发挥有限资源的作用。

4. 国家级开发区对区域经济发展的引领作用较强

对12个国家级开发区在2008—2014年投入产出指标的DEA分析，得到其技效率指数的均值为0.805，数值较高；且12个国家级开发区各年的技术效率均在0.3以上，均值超过0.4，部分国家级开发区由于升级、扩容等原因偶尔出现规模报酬递减，但后期很快通过资源的有效利用而呈现规模报酬递增或不变状态，不但提高了国家级开发区自身的投入产出效率，而且引领了区域的经济发展。

三、湖北省国家级开发区[①] 2007—2014年土地利用效率概况分析

(一) 湖北省国家级开发区占地面积分析

湖北省国家级开发区的占地面积从2007年的976.9平方公里增加到2014年的5723.6平方公里，实现年均增长28.73%；实际占地面积从2007年724.0平方公里增加到2014年2236.5平方公里，实现年均增长17.48%，如图1所示。

(二) 湖北省国家级开发区每平方米固定资产投资总额分析

湖北省国家级开发区的每平方米固定资产投资总额从2007年的1503.77万元增加到2014年的5374.37万元，实现年均增长19.96%；2007—2014年，各年的同比增长率呈下降趋势，2014年同比增长率仅为6.79%，如图2所示。

---

① 由于仙桃高新技术产业开发区和随州高新技术产业开发区为2015年底由部分园区合并而成，相关统计数据无法获取，暂不进行分析；荆门高新技术产业园区仅有2011年以来的数据，为不影响湖北省其他国家级开发区的分析，因此未将其纳入进行研究。

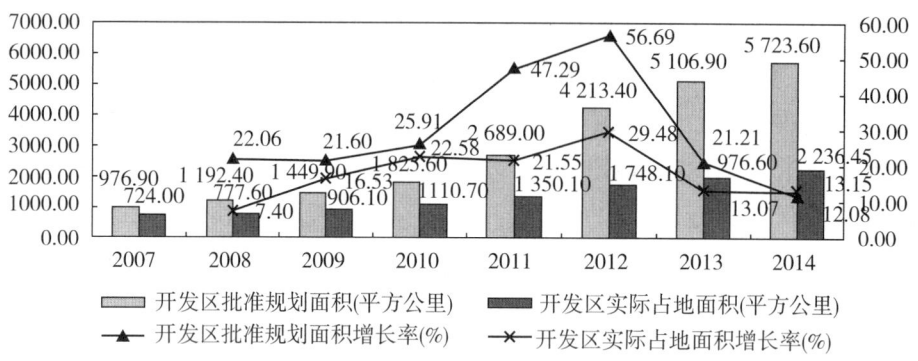

图 1　湖北省国家级开发区 2007—2014 年占地面积变化图

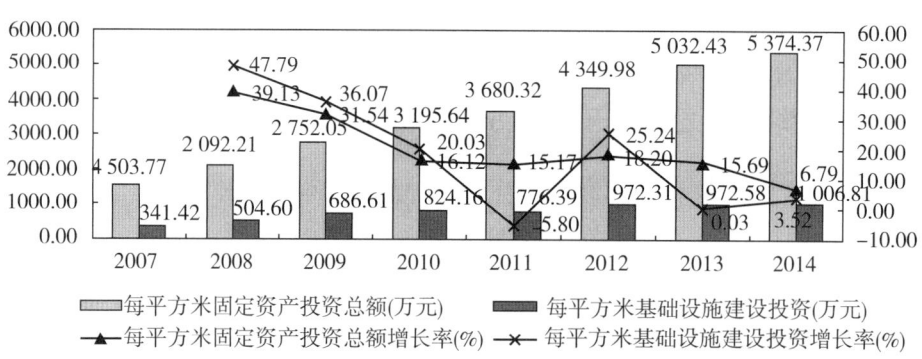

图 2　湖北省国家级开发区 2007—2014 年每平方米固定资产和基础设施投资变化图

(三) 湖北省国家级开发区每平方米基础设施投资总额分析

湖北省国家级开发区每平方米基础设施投资总额从 2007 年的 341.42 万元增加到 2014 年的 1006.81 万元, 实现年均增长 16.71%; 2007—2014 年, 各年的同比增长率波动较大, 2008 年增幅最高为 47.79%, 2011 年同比下降到 5.80%, 如图 2 所示。

(四) 湖北省国家级开发区每平方米工业总产值分析

湖北省国家级开发区的每平方米工业总产值从 2007 年的 7006.74

万元增加到 2014 年的 15181.20 万元，实现年均增长 11.68%；其中，2008—2013 年的同比增长率呈逐年下降趋势，2013 年同比下降 9.56%，到 2014 年转而上升，如图 3 所示。

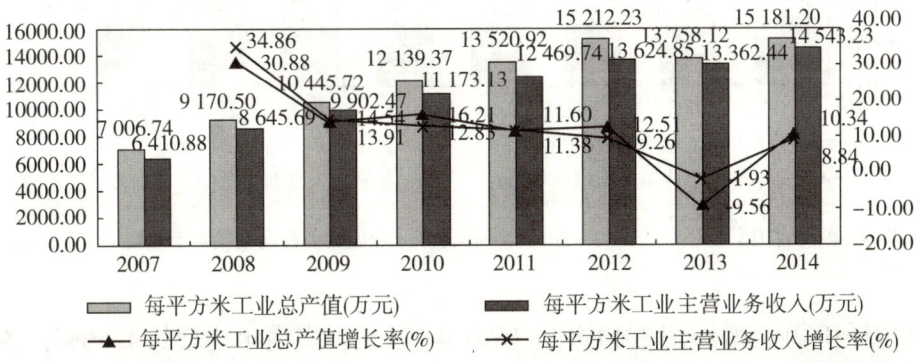

图 3　湖北省国家级开发区 2007—2014 年每平方米工业总产值和主营业务收入变化图

（五）湖北省国家级开发区每平方米主营业务收入分析

湖北省国家级开发区每平方米主营业务收入从 2007 年的 6410.88 万元增加到 2014 年的 14543.23 万元，实现年均增长 12.41%；2008—2013 年的同比增长率呈下降趋势，2013 年下降 1.93%，到 2014 年转而上升，如图 3 所示。

（六）湖北省国家级开发区每平方米工业增加值分析

湖北省国家级开发区每平方米工业增加值从 2007 年的 2154.94 万元增加到 2014 年的 4447.29 万元，实现年均增长 10.91%；2007—2014 年，各年的同比增长率波动较大，2008 年增幅最高为 33.02%，2013 年同比下降到 14.07%，如图 4 所示。

（七）湖北省国家级开发区每平方米高新技术产业增加值分析

湖北省国家级开发区每平方米高新技术产业增加值从 2007 年的

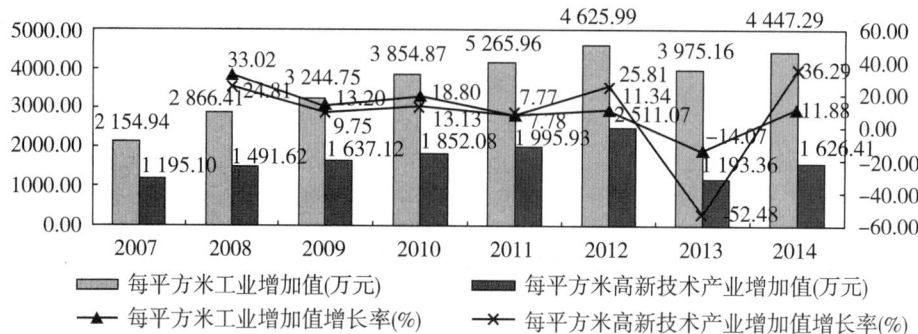

图4 湖北省国家级开发区2007—2014年每平方米工业增加值和高新技术产业增加值变化图

1195.10万元增加到2014年的1626.41万元,实现年均增长4.50%;各年的增长率波动较大,2014年增幅最高为36.29%,2013年同比下降到52.48%,如图4所示。

(八)湖北省国家级开发区每平方米税收总额分析

湖北省国家级开发区每平方米税收总额从2007年的412.86万元增加到2014年的709.62万元,实现年均增长8.04%;2008—2013年,各年的同比增长率呈下降趋势,2013年同比下降了12.65%,到2014年转而上升,如图5所示。

(九)湖北省国家级开发区每平方米出口总额分析

湖北省国家级开发区每平方米出口总额从2007年的53.34万美元增加到2014年的94.83万美元,实现年均增长8.57%;2007—2014年,各年的同比增长率波动较大,2010年增幅最高为42.71%,2012年同比下降到16.97%,如图5所示。

(十)湖北省国家级开发区土地利用经济效益分析

对湖北省11个国家级开发区2007—2014年土地利用效率的对比分

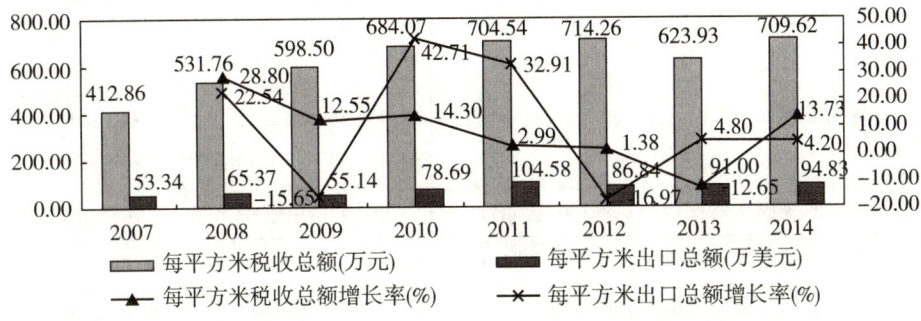

图5 湖北省国家级开发区2007—2014年每平方米税收和出口总额变化图

析(见表4),湖北省国家级开发区的土地利用呈现出以下特点。

1. 湖北省相关部门为国家级开发区的建设投入较大

2008—2014年,湖北省国家级开发区的规划占地面积年均增长28.73%,实际占地面积年均增长17.48%,每平方米的固定资产投资年均增长19.96%,基础设施投资年均增长16.71%,为国家级开发区的经济发展奠定了良好的基础。

2. 湖北省国家级开发区土地经济效益指标增幅较小

2008—2014年,湖北省国家级开发区的单位土地经济效益指标的年均增长率均没有超过土地面积、固定资产投资及基础设施投资的增长率,其中每平方米高新技术产业增加值、税收总额及出口总额的年均增长率仅为个位数。

3. 湖北省国家级开发区土地经济效益指标波动较大

受国内外经济波动的影响,2008—2014年湖北省国家级开发区的单位土地经济效益指标的增长率波动幅度也较大,其中波动最大的是每平方米高新技术产业增加值,增长率最低2013年为-52.48%,最高2014年为36.29%,相差88.77个百分点;波动最低的是每平方米税收总额,增长率最低2012年为1.38%,最高2008年为28.80%,相差27.42个百分点。

表4 湖北省国家级开发区2008—2014年相关经济指标年均增长率一览表

	指　　标	2008—2014年增长率(%)		
		年均	最高	最低
1	规划占地面积(平方公里)	28.73	56.69(2012年)	12.08(2014年)
2	实际占地面积(平方公里)	17.48	29.48(2012年)	7.40(2008年)
3	每平方米固定资产投资总额(万元/m²)	19.96	47.79(2008年)	6.79(2014年)
4	每平方米基础设施投资总额(万元/m²)	16.71	39.13(2008年)	-5.80(2011年)
5	每平方米工业总产值(万元/m²)	11.68	30.88(2008年)	-9.56(2013年)
6	每平方米主营业务收入(万元/m²)	12.41	34.86(2008年)	-1.93(2013年)
7	每平方米工业增加值(万元/m²)	10.91	33.02(2008年)	-14.07(2013年)
8	每平方米高新技术产业增加值(万元/m²)	4.50	36.29(2014年)	-52.48(2013年)
9	每平方米税收总额(万元/m²)	8.04	28.80(2008年)	1.38(2012年)
10	每平方米出口总额(万美元/m²)	8.57	42.71(2010年)	-15.65(2009年)

四、湖北省国家级开发区①土地利用效率分析

(一)面板数据模型及数据说明

面板数据模型主要有以下三类。

1. 不变系数模型,也称为联合回归模型(pooled regression model)

$$Y_{it}=\alpha+\beta X_{it}+\mu_{it}, \ t=1, 2, \cdots, T, \ i=1, 2, \cdots, N \quad (1)$$

2. 变截距模型,也称为个体均值修正回归模型(individual-mean corrected regression model)

$$Y_{it}=\alpha_i+\beta X_{it}+\mu_{it}, \ t=1, 2, \cdots, T, \ i=1, 2, \cdots, N \quad (2)$$

---

① 由于仙桃高新技术产业开发区和随州高新技术产业开发区为2015年年底由部分园区合并而成,相关统计数据无法获取,暂不进行分析;荆门高新技术产业园区仅有2011年以来的数据,为不影响湖北省其他国家级开发区的分析,因此未将其纳入进行研究。

3. 变系数模型，或称为变系数模型或无约束模型(unrestricted model)

$$Y_{it} = \alpha_i + \beta_i X_{it} + \mu_{it}, \quad t=1, 2, \cdots, T, \quad i=1, 2, \cdots, N \qquad (3)$$

具体选择以上何种模型，使用协方差分析，主要检验如下两个假设：

$$\begin{aligned} H_1 &: \beta_1 = \beta_2 = \cdots = \beta_N \\ H_2 &: \alpha_1 = \alpha_2 = \cdots = \alpha_N, \beta_1 = \beta_2 = \cdots = \beta_N \end{aligned} \qquad (4)$$

如果接受 H_2，则认为样本数据符合模型(1)；如果拒绝 H_2，则需对 H_1 进行检验：如果接受 H_1，可以认为符合模型(2)；如果拒绝 H_1，则认为符合模型(3)。

假设 H_2 的检验统计量 F_2 服从自由度下的 F 分布，即：

$$F_2 = \frac{(S_3 - S_1)/((N-1)(k+1))}{S_1/((N(T-k-1))} \sim F((N-1)(k+1), N(T-k-1)) \qquad (5)$$

假设 H_1 的检验统计量 F_1 服从相应自由度下的 F 分布，即：

$$F_1 = \frac{(S_2 - S_1)/((N-1)k)}{S_1/((N(T-k-1))} \sim F((N-1)k, N(T-k-1)) \qquad (6)$$

在式(5)和式(6)中，S 分别是模型式(3)、式(2)和式(1)的残差平方和，N 为截面个数，T 为期数，k 为自变量个数。

此外，在回归过程中还要考虑数据是否平稳，即是否有单位根，如果具有同样的单整阶数，才能进入回归方程。若不平稳，要通过差分等方式来处理。

文中涉及产出和资本、劳动力、土地等变量，分别用 2008—2014 年湖北省 11 个国家级开发区的规模以上工业增加值、固定资产投资总额、从业人员、实际占地面积等表示。所有数据均来源于湖北统计年鉴 2009~2015。

(二) 湖北省国家级开发区生产函数的构建

假设湖北省各国家级开发区的生产函数为：

$$Y_{it} = A_i L_{it}^{\alpha_i} K_{it}^{\beta_i} T_{it}^{\gamma_i} \qquad (7)$$

其中，Y_{it}，L_{it}，K_{it}，T_{it} 分别表示 i 国家级开发区 t 时期的产出、资本投入量、劳动力投入量和土地投入量；$i = 1, 2, \cdots, 11$；$t = 1, 2, \cdots, 7$，分别表示开发区数和期数；α_i、β_i 和 γ_i 分别表示湖北省各国家级开发区劳动、资本和土地的产出弹性；A_i 表示 i 开发区的全要素生产率。

对式(7)两边取对数，$LnY_{it} = LnA_i + \alpha_i LnL_{it} + \beta_i LnK_{it} + \gamma_i LnT_{it}$ (8)

通过对式(8)采用面板数据模型(pool data model)进行回归，可以得到劳动力、资本和土地的产出弹性 α_i、β_i 和 γ_i。

按照式(5)和式(6)进行 F 检验的结果，选择个体固定效应模型。运用最小二乘法，得到式(7)的回归模型：

$LnY_{it} = 0.413\,545 + 1.261\,305 LnL_{it} + 0.233\,154 LnK_{it} + 0.228\,292 LnT_{it}$
$\quad -1.107\,929 D_1 + 0.206\,697 D_2 - 0.257\,172 D_3 + 0.290\,326 D_4$
$\quad +0.503\,369 D_5 + 0.295\,508 D_6 + 0.653\,280 D_7 + 0.091\,923 D_8$
$\quad -0.354\,259 D_9 + 0.218\,355 D_{10} - 0.539\,677 D_{11}$

$R_2 = 0.958\,161$，$RSS_u = 4.492\,537$，

$DW = 1.698\,089$，$F = 110.982\,7(0.000\,000)$

其中虚拟变量 D_1，D_2，$\cdots$，D_{11} 的定义是：$D_i = 1$，如果属于第 i 个个体，$i = 1, 2, \cdots, 11$；$D_i = 0$，其他。

计算得 $\alpha_i^* + \beta_i^* + \gamma_i^* = 1.722\,751$，则该模型表明湖北省国家级开发区的生产函数表现为规模报酬递增，即增加劳动力、资本和土地的投入，可以有效地增加湖北省国家级开发区的规模以上工业增加值；但有两个国家级开发区的全要素生产率为负，且各国家级开发区的全要素生产率存在着较大的差异，最高(1.066, 825)与最低(-0.694, 384)相差 1.761, 209。

对劳动力、资本和土地的产出弹性 α_i、β_i 和 γ_i 进行归一化处理，即：

$$\alpha_i^* = \frac{\alpha_i}{\alpha_i + \beta_i + \gamma_i}, \quad \beta_i^* = \frac{\beta_i}{\alpha_i + \beta_i + \gamma_i}, \quad \gamma_i^* = \frac{\gamma_i}{\alpha_i + \beta_i + \gamma_i} \quad (9)$$

得到 $\alpha_i^* = 0.732, 146$，$\beta_i^* = 0.135, 338$，$\gamma_i^* = 0.132, 516$，γ_i^* 与

β_i^* 的数值十分接近,即土地与固定资产投资对湖北省国家级开发区的规模以上工业增加值具有相近的产出弹性,但两者之和也仅占了 26.7854%,要远远小于劳动力的产出弹性。因此,要促进湖北省国家级开发区规模以上工业增加值的快速增加,一条切实可行的道路是增加湖北省国家级开发区的劳动力投入。

五、提升湖北省国家级开发区土地利用效率的对策建议

根据上述分析研究结果,结合湖北省国家级开发区的经济发展现状,特提出如下几点建议,以进一步提升湖北省国家级开发区土地利用效率。

(一)产城融合,促进开发区的转型升级

20世纪90年代以来的开发区建设不仅迅速提升了中国的工业化水平,也快速拓展了城市的空间,很多开发区已经成为非农产业和非农人口集聚地①。然而,我国开发区的发展普遍存在"重生产、轻生活;重产业、轻配套"的现象,即以基础设施投资和招商引资为重点,实行以工业区为主导、以产业需求为出发点的发展模式,忽视了城市社会功能建设,导致很多开发区出现产业空间和生活空间的分离②。一方面,开发区的基础设施比较完善、又能享受到财税优惠政策,因而能很快吸引到跨国公司加工制造活动的集聚,这实际上是全球化条件下、产品内分工深化过程中,跨国公司劳动密集型生产制造环节区位选择的结果③,更多地体现了我国在劳动力价格、基础设施和优惠政策等方面的综合优

---

① 孔翔,杨帆. "产城融合"发展与开发区的转型升级[J]. 经济问题探索,2013(5):124-128.

② 邹伟勇,黄炀,马向明,戴明. 国家级开发区产城融合的动态规划路径[J]. 规划师,2014(6):32-39.

③ 孔翔,杨帆. "产城融合"发展与开发区的转型升级[J]. 经济问题探索,2013(5):124-128.

势；另一方面，这些产业活动主要以降低成本来赢得竞争力，因而对产业基础设施要求较高，而对员工工资标准要求较低，进而造成了开发区就业人员和居民的收入不高，对生活设施的要求比较低，消费市场规模比较小[①]，导致了开发区生活配套不足和城市综合功能发展滞后，仅仅实现了土地、产业和人口的城市化，却未能实现城市功能的优化[②]，成为"工业孤岛"，产城分离的功能分区越来越无法满足新时期开发区发展的需要[③]。

湖北省开发区的产城融合在空间层级上，分为三个层次：宏观层面关注城市与园区的融合，中观层面关注园区内部生产生活功能的融合，微观层面则关注人与环境的融合[④]。

——宏观层面：城市与园区互动融合

作为城市总体结构的重要组成部分，开发区与城市之间既要保持一定的独立性，又在功能与空间上密切联系，互动发展，如图6所示。从时空轨迹分析，开发区与城市互动可以分为五个阶段：第一阶段，城区产业空间的产生和集聚；第二阶段，郊区产业空间的兴起；第三阶段，城区产业空间的更新迁移；第四阶段，郊区产业空间的发展壮大；第五阶段，城区与郊区互动发展。

要从宏观层面强调开发区与城市的互动融合，如广州开发区，通过扩区及四区合一等措施加强与城市空间融合，使基础设施基本完善，交通网线四通八达，加强了开发区与周边区域的联系往来，整个开发区焕发新的发展活力，成为区域性中心之一。

——中观层面：园区内部生产与生活功能融合

---

① 邹伟勇，黄炀，马向明，戴明. 国家级开发区产城融合的动态规划路径[J]. 规划师，2014(6)：32-39.

② 孔翔，杨帆. "产城融合"发展与开发区的转型升级[J]. 经济问题探索，2013(5)：124-128.

③ 邹伟勇，黄炀，马向明，戴明. 国家级开发区产城融合的动态规划路径[J]. 规划师，2014(6)：32-39.

④ 孔翔，杨帆. "产城融合"发展与开发区的转型升级[J]. 经济问题探索，2013(5)：124-128.

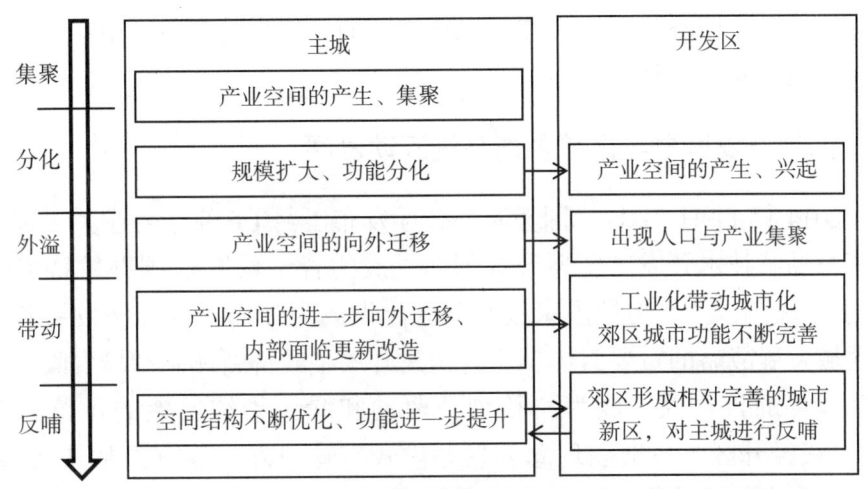

图6 开发区与主城的互动关系图

资料来源：王兴平. 开发区与城市的互动整合——基于长三角的实证分析[M]. 南京：东南大学出版社，2013.

随着经济发展的转型，开发区开始由以生产制造为主转向制造和服务并行发展，生产空间与生活空间的联系愈加紧密。随着产业层次的提高，开发区企业对服务配套的需求不断加强，并促进开发区积极地通过加强园区的配套服务来提升自身的竞争力。一个成熟的产业园区，必定是一个独具特色、个性十足的城镇社区。因此，在园区发展方面应注重生产与生活功能的匹配发展，强化与城市功能的契合，注重园区的功能化建设，协调好产业设施、居住设施、配套服务设施等在园区及周边范围的合理布局，注重与临近区域设施资源的共建共享，逐步实现由园区向综合性城区的转变。

——微观层面：人与环境的融合

产城融合的本质是从功能主义导向到"以人为本"导向的一种回归，由注重功能分区和产业结构向关注融合发展、关注人的能动性和关注创新发展的转型。国内成熟开发区的经验表明，需要针对开发区的不同阶段和实际需求制订社会发展计划，有步骤、有计划地完善开发区的社会服务功能,对于不同层次的人群,要注重针对性,从人群自身需求出发,从细微化服务入手,使在开发区生活的人群享受到与城市居民一样的品质服务和宜居环境。

(二)开发区要与区域创新系统互动发展

2014年11月21日,国务院办公厅发布了《国务院办公厅关于促进国家级经济技术开发区转型升级创新发展的若干意见》(国办发[2014]54号),指出要"努力把国家级经开区建设成为带动地区经济发展和实施区域发展战略的重要载体,成为构建开放型经济新体制和培育吸引外资新优势的排头兵,成为科技创新驱动和绿色集约发展的示范区","国家级经开区要在发展理念、兴办模式、管理方式等方面加快转型,努力实现由追求速度向追求质量转变,由政府主导向市场主导转变,由同质化竞争向差异化发展转变,由硬环境见长向软环境取胜转变"。[①]

国家级经济技术开发和国家级高新技术产业开发区为区域创新系统的建设发挥着重要的作用[②]。

——开发区聚集了区域创新系统的建设资源

开发区聚集了密集的智力资源,在基础知识创造、知识获取和知识运用方面具备相当的基础和条件,成为人才、资金和技术的聚集地,为区域创新系统的建设奠定了坚实的基础。

——开发区吸引了区域创新系统所需的产业

产业集群的出现有助于大幅度提升区域创新能力,是区域创新系统的又一重要载体。开发区的体制和制度在"二次创业"的引导下进一步强化创新,可以有效促进高等院校、科学研究机构以及各类企业、地方政府与中介服务机构的有机结合与连接互动。

——开发区改善了区域创新系统的建设环境

---

① 国务院办公厅.《国务院办公厅关于促进国家级经济技术开发区转型升级创新发展的若干意见》[EB/OL]. http://www.gov.cn/zhengce/content/2014-11/21/content_9231.htm.

② 何凡,罗洎,陈一君.高新技术开发区与区域创新系统互动发展研究[J].四川理工学院学报(社会科学版),2014(12):40-45.

在相同的产业基础等内部要素供给下，创新环境的好坏便成为决定区域创新能力强弱的关键因素。开发区不仅在基础设施、公共设施等硬环境方面日益完善。而且在政务环境、法制环境、市场环境、社会环境等软环境建设方面都相当成功。开发区所形成的良好的区域性创新环境，为区域创新系统的建设提供了更为优良的外部土壤。

——开发区为区域创新系统提供了制度保障

制度能促进技术与其他创新要素的有效连接[①]。区域创新系统在进行了大量的基础设施建设和高级技术人才储备之后，制度安排的好坏对于区域创新系统的建设便起到了决定性的作用。20多年来，各开发区在行政管理体制、运行机制、劳动人事制度等方面率先进行了改革和探索，建立了具有特色的"小机构、大服务"的管理和服务体系，形成了既有秩序、又有一定灵活性的制度安排和组织保障制度环境，为区域创新系统建设提供了制度创新的基础。

要促进湖北省开发区与区域创新系统的互动发展，应做好如下工作[②]。

——将开发区发展与区域创新系统建设有机结合

区域创新系统获得成功的前提是基于本地的创新网络，其目标是通过知识有效的积累、传承与增长来促进技术创新，从而促使生产率的大幅度提高。开发区作为一个创造、扩散和应用知识的系统，是区域创新系统的重要模式，正成为提升区域创新能力的有效途径。因此。要将开发区的设立与发展和区域创新系统的建设结合起来，构建创新创业环境，形成活跃的创新创业局面。

——以开发区为基础，构建区域科技创新的平台

在开发区中构建有效的科技创新平台，是实施区域科技创新战略的切入点。作为开发区创新平台的核心，开发区内具有较强创新能力的科

---

① 姜峰.行政区经济协作促进产业发展——以渝湘黔交界地区锰产业为例[J].重庆师范大学学报(哲学社会科学版)，2013(3)：97-101.

② 何凡，罗洎，陈一君.高新技术开发区与区域创新系统互动发展研究[J].四川理工学院学报(社会科学版)，2014(12)：40-45.

技创新中心有着重要的地位,需要重点建设。不同的开发区可以根据自身情况选择科技创新中心的不同组建方式,既可以通过开发区内相关行动主体共同组建科技开发中心,也可依托开发区内某大型企业的研发中心。开发区内不同行动主体的积极参与而形成有力的科技创新网络,是开发区科技创新平台进行有效科技创新的关键。

——依托开发区资源,打造区域的知名经济品牌

依托开发区灵活的自主创新机制和区内高新技术企业,培育区域创新龙头企业,改变区域经济的低层次重复建设和恶性竞争的状态,提高科技资源及公共物品的使用效率,打造区域知名积极品牌。

(三)先进制造业与现代服务业融合发展

中国传统制造业的转型升级,有两个轮子——数字化和服务化。单轮驱动或通过数字化可以升级为先进制造业,或通过服务化可以转型为现代服务业;双轮驱动,则是先进制造业与现代服务业的融合[1]。

"高附加值"是制造业提高核心竞争力的手段之一,这些增值大部分来源于"生产性服务"。所以,众多的企业在生产性服务上不断加大投入。制造业的制造和服务功能逐渐渗透融合,经营行为也从制造领域逐步延伸到服务领域,一些企业已经逐步从以制造为中心转向以服务为中心。另外,很多企业为了更好地专注于核心竞争力,将产业链上的部分或大部分服务功能从企业中分离出来,通过寻找更为专业的服务企业,与之合作,从而促使提供生产服务的专门企业迅速发展起来,并逐步实现规模化和产业化。这样就催生了制造业服务化、服务业产业化的融合发展模式[2]。

先进制造业和现代服务业融合发展,既是现代产业演进的客观规律,也是推进工业化进程和调整经济结构的重要举措。湖北具有较好的

---

[1] 先进制造业与现代服务业的融合——访中欧国际工商学院院长朱晓明教授[EB/OL]. http://www.ceconline.com/manufacturing/ma/8800070023/02/.

[2] 孙萍. 关于开发区先进制造业与现代服务业融合发展的思考[J]. 财经界(学术版), 2014(9):19.

工业基础,是全国重要的先进制造业基地之一①。

湖北生产性服务业与制造业之间的融合依然不够,现代产业体系仍然不够健全,主要表现在以下两个方面。

一方面是制造业对生产性服务业的拉力不足。湖北的三次产业结构1978年为40∶42∶18;从1992年开始第一产业低于第二、三产业;2000年三次产业结构为19∶40∶41;2000—2003年第三产业略高于第二产业;到2014年形成了12∶47∶42的产业结构形式,第二产业为地区GDP贡献了半壁江山(见图7)。

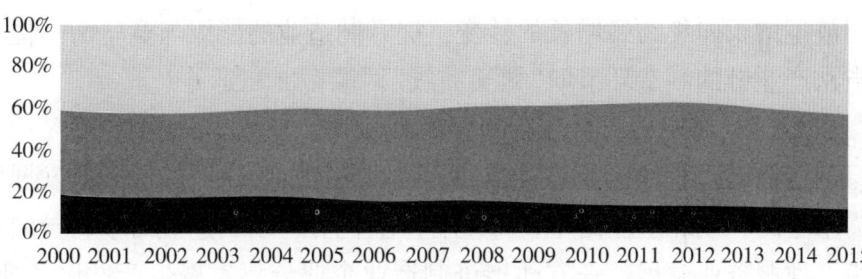

图7 2000—2015年湖北三次产业结构的年际变化趋势图
数据来源:湖北统计年鉴2016.

2004—2014年,湖北三次产业中主要依靠第二产业拉动增长的特征十分明显。主要是因为湖北是工业大省而不是工业强省,是经济大省而不是经济强省,产业的粗放型增长方式还没有根本改变,物质材料消耗成本较大,与产品制造相关的金融、信息、技术等占全部支出的比重小,全省装备制造业除汽车产业外,其他行业主营业务过30亿元的重点企业仅10家左右,资本、技术、品牌实力等在市场竞争中无法与国内国际大型企业抗衡。

另一方面是生产性服务业对现代制造业推力不够。湖北研发设计、

---

① 刘兆麟.湖北:先进制造业与现代服务业融合发展的思考[J].宏观经济管理,2012(4):70-72.

物流服务等相对薄弱，产业协作配套体系不完整，提供全面解决问题方案的能力还比较弱，不能满足现代制造业企业发展的需求。没有生产性服务业的配套发展，湖北制造业产业集群仅仅等同于"企业集中"，很难通过外部优势的获得取得更快的发展，更不可能实现跨越式发展。

湖北经济正处于工业化中期加快推进的新阶段，经济结构呈现新变化，人均 GDP 突破 4000 美元。要实现新一轮跨越式发展，一方面，要着力于制造业结构的调整优化升级，通过发挥先进制造业优势，为服务业发展提供有力支撑；另一方面，注重现代服务业的培育发展引领，以服务业发展加速制造业升级，带动先进制造业的更大发展，实现制造业由粗放型增长向集约型增长的转变，提升制造业的能级与竞争力，促进全省从产业链的制造环节向"微笑曲线"两端拓展和延伸①。

1. 努力提高制造业对服务业的拉力

制造业是生产性服务业发展的基础和支撑，为生产性服务业发展创造需求空间，湖北应立足于发挥现有产业优势，以制造业需求为导向加快生产性服务业发展。一方面推进制造业企业分离发展生产性服务业；另一方面延伸制造业产业链，促进生产性服务业集聚发展。

2. 着力提高服务业对制造业的推力

第一，围绕"九州通衢"新优势，全力推进现代物流业发展，建成中部乃至全国重要现代物流基地；

第二，创新金融服务，为先进制造业发展提供融资平台，建设中部地区金融机构聚集区；

第三，依托东湖国家自主创新示范区，强力推进知识密集型制造业与高技术服务业互动发展，打造中部地区重要的高技术服务业发展高地；

第四，大力发展服务外包，提升制造业核心竞争力，打造武汉中国服务外包示范城市名片；

---

① 刘兆麟. 湖北：先进制造业与现代服务业融合发展的思考[J]. 宏观经济管理，2012(4)：70-72.

第五,规范发展商务服务业,增强现代服务业活力,建立辐射中西部地区的商务服务网络。

(四)注重资源综合利用,发展循环经济

2011年,131个国家级开发区占地面积占全国土地面积的0.15%,工业新鲜水消耗总量占全国工业新鲜水取用总量的1.9%,综合能源消耗总量占全国能源消耗总量的2.2%,COD和SO2排放量分别占全国COD和SO2排放总量的0.8%和0.6%,但同时国家级开发区创造了占全国8.7%的地区生产总值和占全国15.6%的工业增加值。国家开发区整体以较小的资源、能源消耗量和污染排放量,创造了巨大的经济效益[1](见表5)。

表5 2011年国家级开发区与全国资源、能源利用强度和污染排放强度水平比较表

项目	单位土地面积地区生产总值	单位工业增加值新鲜水耗	单位工业增加值综合能耗	单位地区生产总值COD排放量	单位地区生产总值SO_2排放量
单位	万元/KM^2	吨/万元	吨标煤/万元	千克/万元	千克/万元
国家级开发区	25391.0	8.0	0.4	0.3	0.6
全国	492.8	30.9	1.8	5.3	4.7

数据来源:张玥等.国家级经济技术开发区绿色发展绩效评估.中国人口·资源与环境,2015(6):12-16.

传统开发区的发展路径是由"资源—产品—消费—排放"构成物质单向流动的线性经济。循环经济倡导的是一种建立在物质资源不断循环利用基础上的发展路径,它要求经济运行遵循自然生态系统规律,组织成一个"资源—产品—消费—再生资源"的物质反复循环流动的过程,

---

[1] 张玥,乔琦,姚扬,方琳,郭静,白卫南.国家级经济技术开发区绿色发展绩效评估[J].中国人口·资源与环境,2015(6):12-16.

这样既使物质资源得到充分合理的利用,又将经济活动对环境的影响降低到尽可能小的程度。从而形成一种"低消耗、低污染、高利用率和高循环率"的新的经济发展路径,实现经济效率性和环境合理性的协调共进。为此,国家开发区要克服企业叠加的陈旧观念,努力形成企业之间相互协作、相互配套、相互循环的生态系统,实现由单纯工业园区向生态工业园区的转变①。

为在湖北省开发区实现循环经济、绿色发展,建设低碳园区,应做好以下几点。②

1. 科学规划设计,倡导低碳理念

摒弃"先污染后治理、先低端后高端、先粗放后集约"的发展老路,充分考虑建设低碳生态工业园区的需要,高标准做好园区各项规划设计;在抓项目设计时,充分利用自然条件,贯彻落实节能与环保理念;在加快园区建设时,优先使用新型节能低碳材料,园区功能设计要提前考虑将来低碳生活的需求。

2. 推广低碳技术,实现低碳环保

大力发展高新技术产业;鼓励企业发展低碳产业和生产低碳产品;支持企业发展循环经济;提高能源回收利用效率。淘汰高耗能产业和生产工艺,加大对高耗能工业行业,特别是对非金属矿物制品业、饮料制造业、农副食品加工业、造纸及纸制品业等行业的整治力度,减少资源、能源消耗。

3. 加强生态建设,实现低碳环保

加快推进排水、排污管网、污水提升泵站建设和园区污水处理厂建设,形成健全的污水收集和集中处理系统;加快垃圾中转站、垃圾无害化处理设施建设,进一步做好园区绿化、亮化、美化工程,提升园区环境水平。

---

① 陈家祥. 国家级开发区扩容后的发展策略研究[J]. 科技与经济,2014(6):31-35.
② 阳小华,廖松. 湖北开发区创新发展问题探析[J]. 学习月刊,2013(12)下:88-89.

4. 发展清洁能源，实现低碳环保

加强技术创新，大力开发风能、水能、太阳能、地热能、核能、生物质能等可再生能源，逐步降低碳素能源在能源消费结构中的比重，真正实现能源结构低碳化。

(五) 强化园区规划，促进土地集约利用

我国开发区早期发展状态同一般发展中国家的出口加工区相吻合，外资企业看重的是中国廉价的劳动力和土地等要素。但随着时间的推移，土地在开发区发展过程中的作用在逐渐减弱[1]，劳动力数量对开发区经济增长的贡献逐步降低[2]。因此，应通过增加存量土地投入、科学配置生产要素、提高科技含量、改善经营管理等途径，不断提高土地的利用效率并取得更高的经济效益[3]。

为规范开发区土地集约利用评价工作，促进开发区土地节约集约利用，提高开发区土地管理水平，为开发区扩区升级审核、实施动态监管、建立相关评价考核制度提供依据，根据《中华人民共和国土地管理法》等法律法规，国土资源部于2014年4月制定了《开发区土地集约利用评价规程》。开发区土地集约利用是指以符合有关法规、政策、规划等为导向，通过增加对土地的投入，改善经营管理，挖掘土地利用潜力，不断提高开发区土地利用效率和经济效益的一种开发经营模式。开发区土地集约利用评价是对开发区土地利用状况进行调查、分析，评价土地集约利用程度，测算土地集约利用潜力的过程[4]。

---

[1] 张占录，李永梁. 开发区土地扩张与经济增长关系研究——以国家级经济技术开发区为例[J]. 中国土地科学，2007(6): 4-9.

[2] 田成诗，盖美. 我国劳动生产率对经济增长贡献的经济计量研究[J]. 中国软科学，2004(6): 53-58.

[3] 何芳，魏静. 城市化与城市土地集约利用[J]. 中国土地，2001(3).

[4] 国土资源部.《开发区土地集约利用评价规程》[EB/OL]. http://wenku.baidu.com/link?url=-wUQBXj4Q91RKevXSS4DvC3Qaihv9NPyyRuEOSpbs-hIvDS_lYdAY1N1IYHRwZskBLqrMqmuAqA_HsJlob024r6WN99y_3ZXhWZlUWLFpFG.

为进一步提高湖北省开发区的土地利用效率,应做到以下几点①。

1. 加强园区的土地利用规划,优化土地利用结构

将土地利用总体规划与交通、水利、城建等各项基础设施专项规划相衔接,科学划定重点项目建设用地区域,为今后重点项目落地创造条件;科学规划开发区及其周边区域的土地资源,合理确定产业园区及配套设施的布局和建设规模;统筹安排各类用地,真正实现土地资源从源头节约集约利用。

2. 强化项目准入和供地管理,提高土地利用效益

坚持把土地供地量与投入产出效益、土地集约利用程度挂钩,严把入区项目质量关。严格用地、规划、环保等审批,科学合理利用土地资源。在企业规划评审时,从投资强度、容积率、建筑系数、行政办公及生活服务设施用地所占比重、绿地率五项指标规定进行审查,通过提高园区准入门槛,有效提高园区土地集约利用水平。对于科技含量高、投资规模大、经济效益好、污染程度低的项目,加快预审环节,提高园区集约用地的效率。

3. 加大闲置土地处置力度,建立适当的推出机制

充分盘活存量土地,建立低效用地退出机制。对土地利用效率低、经济效益差的企业,应督促其提高土地投资强度,达不到土地出让合同约定的企业应退出开发区。

4. 积极探索立体发展新模式,提高土地利用效率

鼓励开发区和区内企业盘活土地存量和利用现有土地增资扩规的政策措施,引导节约用地、集约用地;引导企业应用多层标准厂房,实现由平面发展向立体发展转变,由向地面要效益到向空间要效益转变。

(六)加大人才培养,促进人力资本发展

国家级开发区具有高投入、高产出的特性,其投入和产出过程需要

---

① 阳小华,廖松. 湖北开发区创新发展问题探析[J]. 学习月刊,2013(12)下:88-89.

大量的集知识型、创新型、技能型、复合型和合作型为一体的人力资本，以及高端的技术资本。而人力资本的形成时间相对较长，因此一方面应加大对教育和培训的投入力度，积极鼓励产学研合作，提高国家级开发区的人才素质和水平，另一方面应采取多种激励措施吸引国内外高质量人才进入到国家级开发区，构建"产业引人、产业聚人、产业留人、产业培人"的国家级开发区人才引进和培养的新型发展模式。

1. 强化产学研相结合的人才培训

党的十八届三中全会提出关于创新高校人才培养机制，加快现代职业教育体系建设，深化产教融合、校企合作，培养高素质劳动者和技能型人才的战略部署，为国家级开发区的人才培养提供了新的思路。各地政府和相应的职能部门应根据国家级开发区的发展方向、人才需求数量与特征，结合本地区实际，进一步探索和创新产学研的合作模式，充分发挥高等院校、职业院校和科研院所的作用。高等院校应主动适应产业结构调整的需要，适时对学科专业、教学计划、课程内容等教学环节进行必要调整；职业院校应进一步优化和强化具有优势的职业教育体系，增强就业稳定性、提高就业质量；科研院所应通过科技成果转化的过程，发现和培养创新型、复合型人才；企业应一方面向高等院校、职业院校及时传递人才需求信息，另一方面应通过技术合作、项目研究、咨询策划、培训讲座等形式促进校企合作。同时，进一步强化社会资本功能，通过降低民间资本投资培训机构的资金、税收等门槛，引进一些专业的、有影响力的教育培训和职业技能培训机构，以求在中短期内提高企业员工的职业化程度和专业水平。

2. 优化工作环境，吸引多方人才

著名的百老汇、华尔街、中央公园、联合国总部、大都会艺术博览馆等建筑设施在纽约的汇集，形成了其对各种人才持久不变的吸引；而在伦敦CBD工作的外企高层管理人员中，98%的高管认为工作环境促使他们更加了解全球商务，90%则认为商业文化激发了其积极性且提供了更好的职业发展空间；94%的高管称宽松的生活方式有助于他们吸纳更多不同意见①。因此,良好和宽松的工作环境,不仅有利于国家级开发区人才的聚集,还能为国家级开发区人才的发展提供广阔的创新平台。

3. 建立多元高效的人才激励机制

建立人力资源配置的市场调节机制,构建和完善劳动力市场体系,建立人才预警机制,提升人才自我调节能力,搭建人才交流服务平台;建立健全体现生产性服务业特点的、由资本、知识、技术、管理等要素决定的人才薪酬体系,实现薪酬与价值的对等②;优化设计人才晋升通道,拓宽人才发展空间,最大限度地实现人尽其才。

课题负责人及执笔人:邹 蔚 江汉大学商学院副教授、博士
　　　　　　　　　　　　　武汉城市圈制造业发展研究中心副主任

---

① 蒋三庚. 著名 CBD 现代服务业人才聚集借鉴[J]. 北京工商大学学报(社会科学版),2010(4):8-11.
② 杨力. 中国经济转型背景下现代服务业人才培养战略研究[J]. 改革与战略,2014(4):127-131.

湖北省高新区创新政策体系研究

胡 然 等

当前湖北已经进入科学发展、跨越式发展的关键阶段，高新区作为湖北创新发展的重要载体之一，积极实施高新区创新驱动战略提升行动，加快发展转型是湖北创新发展的必然选择。构建具有湖北特色的高新区创新政策体系，对发挥高新区对湖北整个区域发展的示范引领效应，推动湖北省高新区成为区域创新的增长极，促进湖北省经济社会发展具有重要意义。

一、湖北省高新区政策的变迁历程及特点

我国高新区政策的变迁是伴随着高新区的建设发展而不断完善的，按照时间顺序，大致可以将我国高新区政策分为前期探索、成长推动、创新发展、转型升级融合发展四个阶段。从地方经济发展战略的微观层面看，各高新区的发展又具有不同于宏观层面的阶段性特征，这并不意味着与宏观层面的发展阶段相矛盾，而是在总体发展进程中体现出高新区所在地区经济发展的差异性和特殊性。湖北省高新区政策也是在这样大的政策背景下逐渐发展成熟，形成了一系列符合湖北实际，颇具湖北特色的制度体系，其政策演变历程与国家关于高新区的政策发展历程大体一致(见图1)。我们认为湖北省高新区的创新政策发展可分为三个阶段，政府的扶持政策各有其阶段性特征。一是政策发展阶段(1991—1999年)，加速推进高新区建设；二是政策加速阶段(2000—2009年)，完善和促进高新区管理及产业发展；三是政策密集阶段(2010—2016

年），引导高新区自主创新发展。

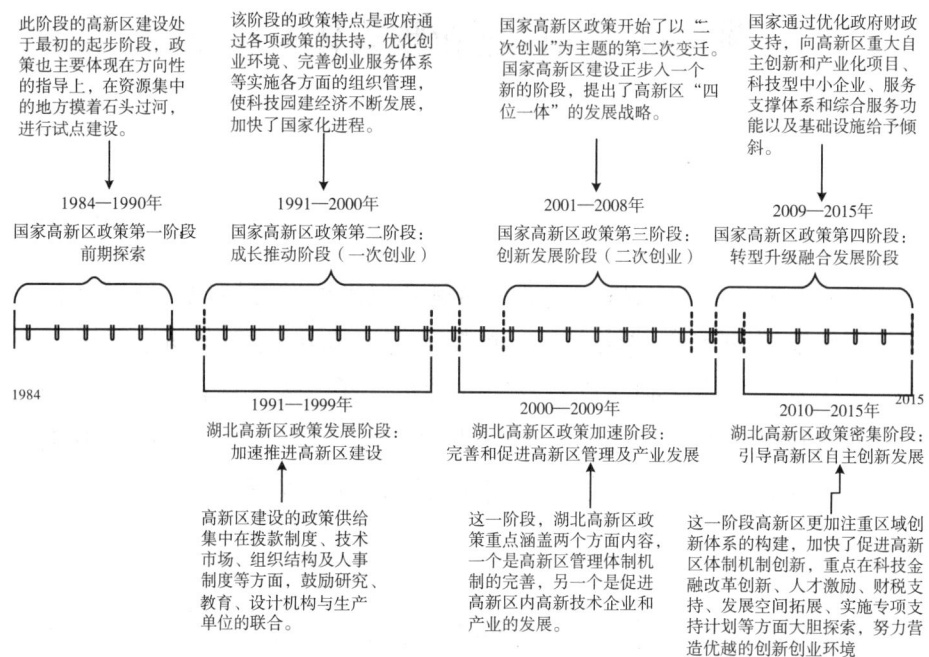

图1 湖北省高新区创新政策历史演变时间轴

（一）政策发展阶段（1991—1999年）：加速推进高新区建设

这一阶段湖北省高新技术产业发展领域政策主要是推进高新技术产业开发区建设。1991年，武汉东湖高新区被国务院批准为首批国家级高新区之一，极大地促进了湖北高新技术产业的发展，增加了湖北发展高新技术产业的积极性。为了进一步促进高新技术产业的发展和高新区的建设，湖北省委省政府制定出台了一系列重要政策：1992年湖北省政府相继出台了《关于加快湖北省经济技术开放开发区建设有关问题的通知》《关于进一步放宽、完善经济技术开放开发区有关政策的补充通知》，1994年湖北省人大常委会通过了《武汉东湖新技术开发区条例》，东湖高新区成为全国最早具有地方立法保护的高新区之一。这一阶段政策供给集中在拨款制度、技术市场、组织结构及人事制度等方面，鼓励研究、教育、设计机构与生产单位的联合。

（二）政策加速阶段（2000—2009年）：完善和促进高新区管理及产业发展

这一阶段，湖北省高新区政策主要重点涵盖两个方面内容，一个是高新区管理体制机制的完善，另一个是促进高新区内高新技术企业和产业的发展。在湖北省高新区管理方面，2000年，湖北省科技厅制定了《湖北省高新技术产业开发区（园）考评暂行办法》，2005年省政府办公厅出台了《关于进一步促进开发区规范管理和健康发展的决定》，2006年湖北省科技厅制定了《湖北省高新技术产业开发区考评办法（试行）》，这些条文规范了高新区管理，并确定通过经济发展情况、创新创业环境、高新技术产业发展情况等指标对高新区进行考评。在促进高新区产业发展方面，湖北制定了高新区产业发展的"产业布局政策"，形成了湖北省高新技术产业整体联动、区域布局的构架。在省级层面，2009年湖北省人民政府制定《关于支持武汉东湖新技术产业开发区加快产业发展的若干意见》，进一步推进东湖高新区跨越式发展，同年底，武汉东湖高新区获国务院批准建设国家自主创新示范区，成为国务院批准的第二个国家自主创新示范区。在地市层面，武汉、襄阳、荆门等地也出台了促进高新区创新发展的政策，2009年武汉市人民政府办公厅印发了《武汉市新兴产业投资贴息补助实施办法》、2006年襄阳市人民政府出台了《关于进一步加快高新技术产业开发区建设和发展的意见》、2002年荆门市政府出台了《高新技术产业开发区投资优惠办法》，这些政策较好地引导和促进了湖北省高新区高新产业的发展。

（三）政策密集阶段（2010—2016年）：引导高新区自主创新发展

这一阶段高新区更加注重区域创新体系的构建，积极探索制定科技金融改革创新、人才激励、财税支持、发展空间拓展、实施专项支持计划等政策措施，推进了高新区体制机制创新，努力营造优越的创新创业环境。特别是重点支持东湖示范区先行先试，使其成为新制度创新中心。2009年东湖国家自主创新示范区获国务院批准建设国家自主创新示范区后，2010年湖北省委省政府随即出台了《关于加快东湖国家自主创新示范区建设的若干意见》，为其政策先行先试和体制机制创新创造条件，推进其打造世界一流园区。2011年，湖北省人民政府又出台了《关于支持武汉东湖新技术产业开发区，加快五大产业发展的若干意见》，意在促进光电子信息、生物、新能源、环保和消费电子等五大产业集的创新发展。2010—2015年，武汉市人民政府和武汉东湖新技术开发区管委会相继出台了《武汉市委市政府关于全力推进建设武汉东湖国家自主创新示范区建设的决定》、《武汉市人民政府关于促进东湖国家自主创新示范区科技成果转化体制机制创新的若干意见》、《东湖国家自主创新示范区打造资本特区的暂行办法》、《武汉东湖新技术开发区"3551光谷人才基地"建设管理办法（试行）》等若干意见和办法，进一步促进高新区创新创业、成果转化、人才培育和科技金融发展。为了引领和推动东湖国家自主创新示范区改革发展，2015年湖北省十二届人大常委会第十三次会议审议通过了《东湖国家自主创新示范区条例》，该条例以法律形式赋予东湖开发区管委会更多权力，同时在技术创新、产业引导、金融服务、人才支撑、开放合作等多方面作出明确规定，为高新区"先行先试"提供制度保障，也为成功申报自贸区创造了条件。除东湖自主创新示范区外，宜昌、襄阳、孝感、荆门、仙桃、随州等高新区也出台了一系列政策文件支撑高新区发展，例如《宜昌高新区"三峡英才工程"实施办法》、《关于印发襄阳高新区先行先试改革试点工作任务路线图的通知》、《孝感市委市政府关于实施创新驱动战略，加快高新区转型升级的实施意见》、《关于支持荆门高新区建设"人才特区"的意见》等。

二、湖北省高新区创新政策现状、特点与存在的问题

湖北省各市县及高新区，纷纷围绕产业、人才、财政支持、税收优

惠、企业发展、科技金融等方面,颁布实施一系列配套政策文件,形成了较为完整的创新政策体系。我们将重点对湖北省7家国家级高新区所在地的113条高新区创新政策①作为研究对象进行分析。

(一) 湖北省高新区政策现状

1. 从发文主体解析

从发文机构来看,当前湖北省高新区创新政策主要包括三类,一是省级层面出台的政策,包括湖北省委省政府及省直部门出台的政策,二是国家高新区所在地市(州)政府及市直部门出台的相关政策。三是各高新区管委会自身制定的政策。各政策制定主体的数量如图2所示,高新区管委会制定的政策有59个,占比52.2%,超过总数的一半,其次是国家高新区所在地市(州)政府及市直部门出台的政策,有41个,占比36.3%,省级层面出台的政策最少,仅有13个,占比11.5%。

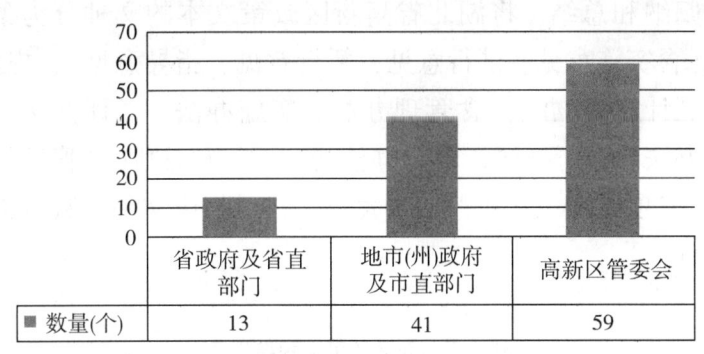

图2 湖北省高新区政策制定主体构成及发文数量

2. 从湖北省高新区政策历史阶段的政策文本数量解析

从表1可以看出,湖北省高新区政策的制定和颁布数量呈绝对增长趋势,根据湖北省高新区创新政策演变的三个历史阶段,可以看出:

---

① 来源于湖北省直相关部门网站及各高新区政务网公开颁布的关于高新区建设发展的法律法规、规划、意见、办法等能体现政府政策的文件(1991—2016年)。

1991—1999 年基本处于政策发展阶段，政策文本仅有 3 个；2000—2009 年处于政策加速阶段，政策文本制定达到 14 个；2010—2016 年进入政策密集阶段，政策文本数量剧增，达到 57 个。

表1　　　　　　湖北省高新区政策的历史阶段文本数量表

发展阶段	1991—1999 年	2000—2009 年	2010—2016 年
文本数量	3	14	57

3. 从湖北省高新区政策文种结构看

根据对 113 项政策文本文种进行统计和分析，1991—2016 年，湖北省高新区政策以条例、通知、意见、办法、管理办法、实施意见、实施细则、规划纲要、决定、实施方案、计划、规定等多种形式出现，基本涵盖了改革开放以来历史所出现过的全部的文件形式和种类。对这些文种进行归纳和总结，将湖北省高新区政策文本的文种分为条例、决定、意见（含实施意见、试行意见、暂行意见、指导意见）、规划（规划纲要、发展计划）、办法（含管理办法、实施办法、考评办法、评估办法、认定办法、暂行办法、试行办法等）、实施细则（含管理细则、实施细则）、专项通知、其他等 8 个大类，并对相应文种的数量进行了分析（见表2）。

表2　　　　　　湖北省高新区政策文种结构表

文种类型	条例	决定	意见	规划	办法	实施细则	专项通知	其他
文本数量	2	3	41	8	34	5	3	17
占比	1.8%	2.7%	36.3%	7.1%	30%	4.4%	2.7%	15%

从表 2 可以看出，湖北省高新区政策的两个突出重点是指导性文本和规范性文本，占比最高的两大类文本分别是意见类和规范工作管理的办法类，分别各占文本总数的 36.3% 和 30%。湖北省高新区政策注重

战略、原则的规章条例、决议决定、指导意见等几类占总数的40.8%，而注重管理、实施的发展规划、管理办法、实施细则、专项通知等占到总数的59.2%。

4. 从政策内容解析

从各高新区政策所涉及的领域来看，湖北省高新区政策主要涵盖了综合发展战略规划、产业政策、企业政策、创新创业政策、人才政策、科技金融政策、成果转化政策、知识产权政策、股权激励政策、工商税收政策等方面。从图3可知：支持高新区建设与发展的综合型政策最多，占分析样本政策总量的25%；排在第二位的是产业政策，占比为14%，说明各高新区把产业发展视为实现转型升级、培育新经济增长点的重要途径；排在第三位的是人才政策，占到12%，这说明高新区重视人才资源开发，把人才作为发展的动力和持续创新的保障；排名第四的是科技金融政策，占比11%。湖北省一直将提高企业创新能力作为重要任务来抓，相关政策占比达到9%。同时，我国大力支持"大众创业，万众创新"，各高新区紧随国家步伐，湖北省也纷纷出台相应政策，科技创业政策占比7%。此外还有知识产权政策(5%)、园区管理政策(10%)、对外开放政策(3%)和工商税收政策(4%)等。

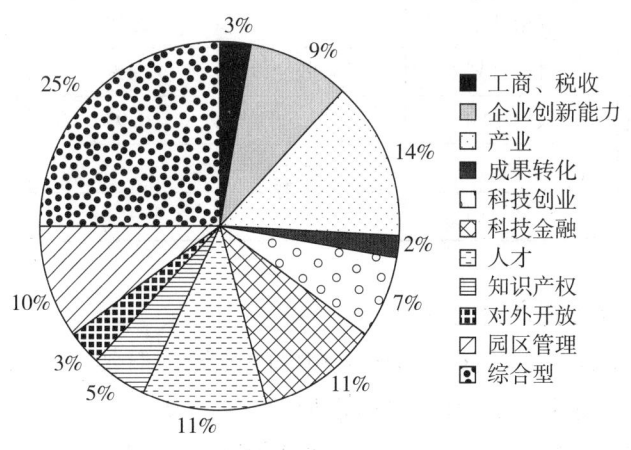

图3 湖北省高新区政策内容结构分布图

5. 从政策工具类别解析

湖北省高新区创新政策在供给、环境和需求方面均有涉及,重点是在供给型与环境型政策两方面。在供给型政策工具层面上,资金投入、人才建设和产业发展等方面的政策较多;在环境型政策工具层面上,集中在科技金融与法规管制两方面,尤其在科技金融方面的力度较大,法规管制方面侧重于园区管理政策的制定(见表3)。

表3　湖北省高新区供给型、环境型和需求型政策分布

基本工具类型	工具名称	数量	百分比	总占比
供给型	资金投入	15	13.3%	63.6%
	人才建设	12	10.6%	
	创新创业服务	10	8.9%	
	公共服务	9	8%	
	产业支持	20	17.7%	
	知识产权	6	5.3%	
环境型	金融支持	15	13.3%	35.5%
	税收优惠	2	1.8%	
	法规管制	11	9.7%	
	资格认定	3	2.7%	
	目标规划	9	8%	
需求型	政府采购	1	0.9%	0.9%
	外包	—	—	
	贸易管制	—	—	

6. 从高新区角度对比解析

尽管湖北省各高新区均出台了相应的政策,但各高新区出台政策的情况不一。以湖北省7家国家级高新区为例,从数量上看,作为全国排名前列的国家自主创新示范区,东湖高新区出台的政策数量最多。除去省级层面对湖北省高新区的指导性政策(4条)外,东湖高新区自身出台

的政策，加上省级层面和武汉市出台的政策，与东湖高新区相关的政策多达62条，远远多于其他6家国家级高新区。其次是宜昌高新区和襄阳高新区(16条)，孝感高新区、荆门高新区、仙桃高新区及随州高新区政策数量相差不大(见图4)。

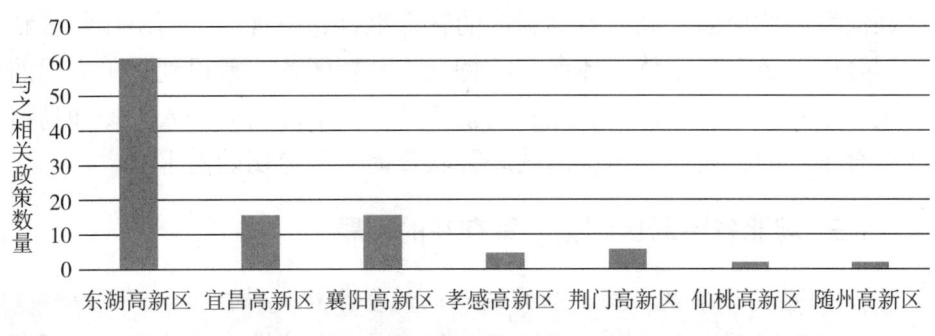

图4 湖北省国家级高新区政策数量对比

(二)湖北省高新区创新政策特点

1. 在政策支持方向上越来越强调"创新"

自2001年9月，科技部在武汉召开国家高新区所在市长座谈会并提出"二次创业"的战略构想以来，高新区政策向强调创新要素的系统化配置和紧密互动转变，创新已超越了创新系统本身，政策需要横架在一个更为广阔的领域里牵动不同部门之间互动与合作。湖北省原来的高新区政策更侧重于物理空间的创建和总体的规划布局，在促进科技创新过程中，如今的政策优先支持软环境建设，推动科技创新与城市发展的高度融合，通过制度红利创新驱动。

2. 在政策任务设定上越来越细化

随着高新区的发展壮大及对创新发展的诉求，高新区政策逐渐细化，政策制定者不再单纯以招商引资数量和GDP增长速度来考核园区管理者的政绩，更加重视产业内相互关联的各种要素及配套企业的聚集、产业配套能力建设和产业链条的完善，以及企业和产业竞争力的培育，因此更加强调创新创业的政策环境、创新服务体系、科技金融、特色优势产业布局、人才开发等创新支撑内容。

3. 在任务统筹上各级联动，多部门合作

湖北省各个高新区在自身发展的进程中，积极对接国家、省里的各项政策，并结合自身发展出台相应的政策措施，形成了省、市(县)、区联动发展的局面。湖北省高新区的管理也日益呈现多部门协作、公私部门合作以及创新主体群体参与的特点。高新区各方意识到，单部门的政策很难有效的统筹协调，随着创新活动在各个部门的深入贯彻和高新区综合事务的扩展，对多部门的政策联合提出了迫切的需求。

(三) 湖北省高新区创新政策存在的问题

1. 顶层设计不足，缺乏从省级层面的全方位支持政策

从省级层面来看，湖北省缺乏对高新区的系统性支持政策。除了湖北省政府2005年出台的《关于进一步促进开发区规范管理和健康发展的决定》，湖北省科技厅于2000年和2006年出台的高新区考评办法外，湖北省缺乏专门针对高新区发展的政策措施。

2. 马太效应严重，各高新区支持政策发展不均衡

湖北省的高新区包括三类——国家自主创新示范区、国家级高新区、省级高新区。各类高新区发展十分不均衡，东湖国家自主创新示范区不仅在发展上遥遥领先于湖北省其他高新区，在政策措施上也是湖北省其他高新区无法比拟的。一是从省里对高新区的政策支持来看，在省级层面出台的13条政策里，有9条是与支持东湖高新区发展相关的，省里对其他高新区的支持力度十分欠缺。二是从东湖自创区与其湖北省其他高新区对比来看，7家国家级高新区所出台的政策总量为113条，武汉市及东湖高新区自身出台的政策多达62条，除去省里出台的政策，其他6家高新区出台的政策量之和为47条，仍少于东湖高新区制定的政策。东湖高新区已建立了一系列完整的政策体系，其他高新区与之相比明显不足。

3. 政策支持方向和方式有待调整

部分高新区的政策措施依然停留在支持高新区的建设规划、产业布局、招商等方面，缺乏有效的人才政策，对人才吸引力不足；缺乏科技

金融相关政策，金融资本对产业发展的支撑度不够；缺乏知识产权保护意识，不能有效保护创新成果等。在创新驱动发展的大背景下，高新区对政策的要求已进入以创新为中心的全要素全部门创新的阶段。部分高新区需要转变发展思路，不只是简单地停留在空间规划、大力招商等政策措施上，而要综合考量自身发展实际情况，积极向先进园区取经。全方位地制定支持产业创新发展、创新主体培育、创新环境营造、人才开发、知识产权保护、科技成果转化、创新资本利用等方面的政策。

4. 政策制定缺少前瞻性与开放性

在政策制定时需要统筹考虑政策创新和区域发展的关系，坚持问题导向、需求导向和前瞻导向。目前的政策体系还缺少跨域区合作、跨区域创业的内容。下一步，应加强区域政策的前瞻性研究，研究制定区域政策创新路线图，深化区域科技资源配置，在政策壁垒上有所突破，形成创新合力。

5. 政策配套还需进一步完善

在调动本地大学、科研院所服务于区域发展方面的政策还不充分。需求端政策少，比如市场调研、营销、产业研究等方面的公共支持都比较缺乏，对产业发展不同阶段的特征，创新链特定环节的特定需求，不同形式的创新政策组合不充分，影响市场需求表达或创新吸收的障碍。部分政策受有关市场准入标准的严格限制等造成一些企业无法享受，对战略投资及天使投资等还缺乏政策手段。支持政策的风险评估机制需加强研究，出台相关配套措施。

三、新形势下湖北省高新区创新驱动政策体系建设的总体思路和基本框架

(一) 湖北省高新区创新驱动政策体系建设的总体思路

以加快实现创新驱动格局为立足点，以优越的创新创业发展环境为建设重点，以提高科技创新效率、加快创新价值实现为主线，深化科技体制改革，着力加强前瞻战略布局，着力加强企业主体培育，着力完善

创新体系建设,着力深化政府职能转变,抢占科技制高点,培育经济增长点,服务民生关注点。从需求端寻找政策创新的切入点,即将政策创新向纵深方向推进,向市场推进,向企业需求、用户导向推进。

(二) 湖北省高新区创新驱动政策体系建设的基本框架

湖北省高新区创新政策体系是由高新区战略布局规划、产业发展政策、创新环境政策、体制机制四部分组成。战略布局规划是从战略性空间规划、战略性产业布局、创新支撑条件布局三个方向对园区进行顶层设计指导;产业发展政策,是为了产业做大做强、促进产业化的政策,具体包括企业创新能力提升,技术转移转化和产业集群创新三方面;创新环境政策主要是围绕高新区创新要素的形成和资源的集聚,具体包括资本环境、人才环境、知识环境、物理环境和服务环境等五个方面的政策创新;体制机制主要是高新区行政管理体制和运行机制。这些政策共同构成了湖北省高新区创新政策体系,完整的政策体系有助于促进湖北省高新区创新发展,具体如图5所示。

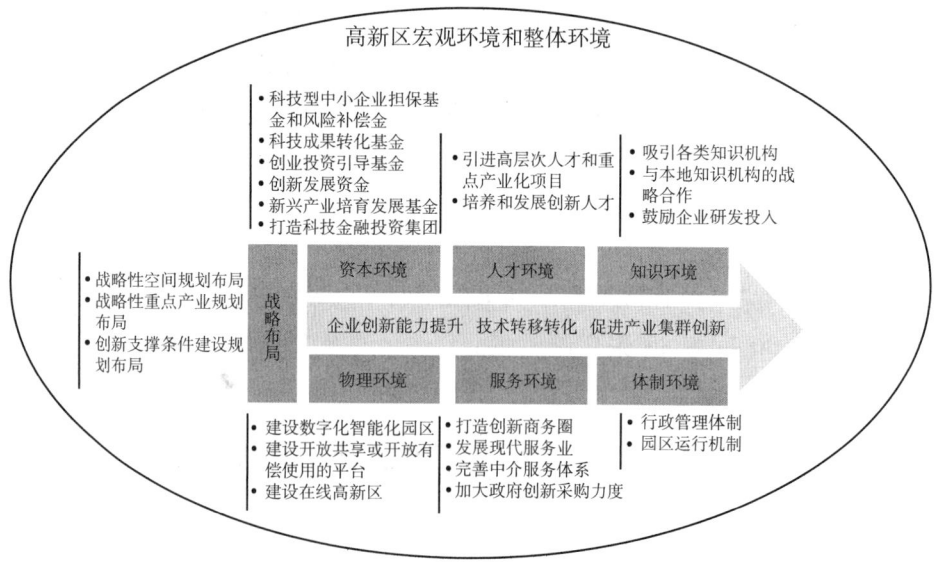

图5 湖北省高新区创新驱动政策体系建设的基本框架设计

四、新形势下湖北省高新区创新驱动政策体系建设的重点任务

(一)顶层设计,加强高新区的战略性规划和布局

1. 对湖北省高新区发展的战略性空间规划布局

一是要将空间布局理念纳入高新区发展的顶层设计,做好"一区多园"、拓区建设的规划,继续支持东湖自主创新示范区开展"一区多园"试点,支持襄阳、宜昌、孝感、荆门、随州、仙桃等国家高新区建设创新型特色园区。二是积极对接国家和省级战略布局高新区,要以长江经济带、长江中游城市群、汉江生态经济带沿线城市为重点,集中布局发展省级高新区,对该区域有优势、有特色、符合条件的省级高新区,支持创建国家高新区。三是要推进高新区与城市联动协作发展,推动核心区域、规划区域与主城区、周边区域的产业联动发展、基础设施联动建设、资源要素联动配置、生态环境联动保护。

2. 对湖北省高新区发展的战略性重点产业规划布局

结合湖北"十三五"高新技术产业和战略新兴产业发展的重点方向,以及湖北各地方的优势产业,对湖北省高新区发展的战略性重点产业进行规划布局。一是要突出以战略高技术为先导,应当符合国家和湖北战略需求,力争形成湖北长远发展的战略优势,避免创新过程中在产业化环节上的过度竞争和重复投入,要在先导性战略高技术上取得重大突破,要带动新产品开发、产业技术升级,要发现创新成长点,培育创新点,使之逐步成长为具有产业化条件的增长点。二是要形成产业链和价值链的优势。通过产业带的发展规划引导相关产业形成集群效应,推动区内产业合理布局,构建"产业链全景图",有针对性地"造链""补链""强链",促进传统产业向价值链高端发展,加快培育新的经济增长点,实现新区资源和产业由聚集到聚合、聚变,实现产业集群发展、集约发展。

3. 对湖北省高新区发展的创新支撑条件建设规划布局

要进一步加强湖北省高新区创新支撑条件建设的规划布局，一是以技术转移为主线的服务体系建设，如孵化器、生产力促进中心，以及技术转移、技术交易、产学研合作、成果转化、风险投资等与高科技企业和产业发展密切相关的工作。二是强化综合服务功能，促进创新创业和科技中介体系建设，大力开展面向中小企业的科技咨询、信息服务、知识产权服务等专业化服务。

(二) 跨越发展，构筑高新技术产业战略高地

1. 促进技术转移转化的政策

设立专项合作资金，通过财政补贴、建设产学研合作平台和政府直接牵线对接等方式鼓励企业开展产学研合作。对科技项目研发、科技成果转化与产业化、科技创新与科技成果产业化的奖励等产学研关键环节进行引导和扶持。鼓励高新区与大学、科研院所共建产业化基地、科技计划成果产业化基地。设立科技成果转化专项资金。

2. 促进企业创新能力提升的政策

完善高企自主创新支持政策。抓好高新技术企业税收优惠、企业研发费用加计扣除、职工教育经费税前扣除、企业研发机构税收优惠等政策的落实，调动企业开展技术创新的积极性。充分发挥科技计划的引导和激励作用，运用科技奖励政策、知识产权政策、财政科技投入等扶持政策，综合运用后补助、投融资服务、企业自主创新岗位等多种支持方式，推动企业加强研究开发活动，建设创新型人才队伍，完善产学研合作机制，不断提升企业创新能力。

3. 促进产业集群创新的政策

科学编制产业集群发展规划，从牵动地方经济发展全局的高度出发，瞄准新兴产业，战略性、前瞻性地谋划集群建设发展规划，明确发展方向、发展思路、重点领域、发展目标和政策措施，保证集群建设的高水平。

(三)集聚资源，优化产业发展环境

1. 知识环境建设的政策

通过规划、财政和直接投入等政策措施，促进国内外大学和科研机构以及本地大学和科研机构在高新区设立大学科学园、产业化中心、研发中心等研发机构，出台吸引产业研发机构或技术平台落户高新区的政策。面向产业需求建设以应用为导向的产业技术研究院，并出台相应支持政策。在高新区层面，通过税收优惠、项目补贴、资金配套、政府采购等多种措施激励园区企业设立研发机构，通过政府直接投入等方式以企业为依托建立各种产业研发机构。

2. 人才环境建设的政策

主要体现在出台高新区高层次人才引进计划，鼓励留学人员创业的政策等政策文件。对接国家和省市各种人才引进计划，出台优惠政策。结合人才引进政策措施，对符合高新区发展导向、具有技术先进性和应用前景广阔的高新技术项目给予重点支持。从建设创新人才服务平台、支持创新人才落户工作、创新人才培养发展、创新人才生活服务体系等方面建设高新区完整的创新人才工作体系。根据产业发展需要，大力引进教育培训机构，支持高新区人才市场和服务机构快速发展。

3. 资本环境建设政策

建立高新区科技创新发展资金。支持高新区实力中小型科技企业担保公司，吸引社会资本共同对区内中小型科技型企业提供信贷担保和贴息优惠。设立科技型中型企业风险补偿金，对科技型中小企业贷款和贷款担保按一定比例提供风险补偿。鼓励风险投资政策。围绕优势科技领域，建立产业发展资金。加快股权代办系统试点的相应支持政策。

4. 服务环境建设政策

着眼于总部经济区、创新商务圈的打造和高新技术产业发展，通过税收、财政补贴等方式支持教育培训、交易展示、现代物流、会展旅游、文化传媒、商务和设计等现代服务业发展。支持中介服务业发展，通过财政补贴、直接投入等政策方式，支持发展技术交易市场、人才市场、资本市场、产权交易市场等各类知识服务型中介组织，培养和引进项申报、成果转化、项目评价、政策解读等科技中介机构以及法律、财务、管理咨询、市场咨询等商务中介机构。结合园区开发建设和其他园区创新经验，开展自主创新产品的政府采购政策探索。从财政、税收、金融、政府采购等方面出台政策鼓励公共技术服务平台建设和发展高新技术服务业。建设园区信用体系，重点发展商业信用体系，推进中小企业信用制度建设，培育和发展信用服务机构。搭建国际科技商务合作平台。

5. 基础和条件建设的政策

结合物联网相关产业的培育发展，建设一流科技园信息基础设施，加快智慧园区建设。建立开放共享或开放有偿使用的平台和机制。建设在线高新区。

(四) 深化改革，加快管理体制机制创新

1. 高新区行政管理体制

重塑管理理念，精简管理机构，提高办事效率，建立法治、规范化和精简高效园区行政管理体制。制订高新区发展规划，提供优惠政策支持，营造高新区良性运行的制度和政策环境；做好市场监管工作，打击破坏市场经济秩序的假冒伪劣等不良竞争行为；完善区内基础设施，营造和谐的人文氛围，创造良好的投资环境；提供启动资金，引导和支持高新技术和产品的开发；制定市场准入规则，优化区内产业结构，促进良性互动的产业链的形成。加强对社会中介机构的支持与指导，积极发挥社会中介组织的作用。

2. 高新区运行机制

探索推进"省部市共建"机制，加强高新区与部委的常规性协作，进一步整合资源，在政策、项目、资金等方面给予倾斜，确保省部政策自上而下执行落实，形成国家部委共同支持高新区发展的态势，确保国家层面对高新区的政策联动。完善"一区多园"管理体制机制，可以在分园设立管委会派出机构或分支机构，明确分园区的开发建设以及经济

和行政管理实务、财政、人事的管理制度，形成网络型行政组织，加强衔接协调创造支撑高新区发展政策合力。

五、保障措施

（一）加强跨部门的政策协同性和多部门的政策互补性

政策制定需要本着"对内联动、对外互动"的原则，不断创新科技法规政策，完善高新区科技政策管理体制。秉承湖北省委省政府的要求，政府在制定政策的过程中需要多级联动，将创新高新区政策研究摆在重要位置，形成综合科室和专业科室的相互配合、齐头并进协调发展的大好局面。一方面，加强各部门的政策协同性，做好部门与部门之间的沟通协调工作，在基础性调研、起草工作中做好科技创新政策研究。加强部门间、部门与地方间的联动机制，在政策制定和政策落实上保持一致，确保政策落到实处。另一方面，加强多部门的政策互补性，制定科技政策法规时应有针对性和地方特色性，应在跟踪国家政策的同时加强政策内容的创新，抱着"具体问题具体分析"的态度不断完善高新区政策制定。

（二）形成政策制定和执行过程的广泛参与网络

形成政策制定和执行过程的广泛参与网络，从以往单项的政府制定并要求公民参与的形式逐渐转变为以政府和公民一起，全面参与制定和执行政策的多渠道网络。首先，要规范立法和政策制定过程，加强调研和公众参与，确保立法和政策制定的科学规范、公开和透明。其次，政策制定过程保证公民参与政策建设的权利，让公民能够从不同的角度发声，表达政策制定和实施过程中存在的问题和建议。最后，加强政策建设中广泛参与的宣传工作，让更多公民能够参与到政策建设过程中，形成政府和公民之间的监督制约关系，加深公民对于政策建设的理解，增强公民对于政府政策的信任感。

(三) 建立高新区创新政策跟踪监测和评估制度

建立政策跟踪监测和评估制度,实时反馈科技政策法规落实情况。根据高新区创新政策战略的要求,首先,必须正确评估高新区关键发展趋势,把握行业结构的调整,跟踪正在出现的连续性与突发性政策变化,以及分析现有政策的发展方向,从而协助整个组织保持和发展政策方面持续性的竞争优势,帮助高新区制定更加适应的创新政策。其次,建立高新区创新政策跟踪监测制度,了解最新创新政策去向,跟踪检测主要通过相关政策信息、高新区企业已经试用的创新政策以及创新政策咨询机构等方式来跟踪监测。最后,建立绩效评估方案,运用科学的公共科技政策实施效果评估方案。从事实维度和价值维度构建高新区创新政策的评估体系,加强高新区创新政策的评估,帮助高新区更好地自我定位,进而制定出更适合高新区发展的创新政策,指引高新区创新政策健康发展。

课题负责人: 胡　然　湖北省科技信息研究院助理研究员
课题组成员: 盛建新　林　洪　雍婷婷　李喜英　邹小伟　牛婧红

以完善基层用药供应保障机制推动"健康湖北"建设

武汉大学健康学院药物政策课题组

目前,我国正处于全面推进"健康中国"建设、深化医改、实现全民健康的新历史时期[1]。药物流通领域改革的推进、药品供应保障的完善,既是"三医联动"这一"医改共识"[2]的重要内容,也是"健康中国"建设整体布局下的一项重大民生工程。我国社会经济发展差异大、卫生资源分配不平衡的现象长期存在,民众医疗健康需求、用药结构日趋复杂,稳定的药品供应保障日益成为基层健康保障的重要基础和必须攻破的难点,对推进"分级诊疗"等重要医改任务、实现"健康公平"的重大战略目标具有深远意义。

为全面贯彻《"健康中国 2030"规划纲要》精神,《湖北省"十三五"卫生与健康事业发展规划》提出实施《"健康湖北 2030"行动纲要》(以下简称"健康湖北"),将"建立规范有序的药品供应保障制度,保障药品有效供应,巩固完善基本药物制度;加强特殊人群基本用药保障"[3]作为"健康湖北"重点工程任务之一,纳入湖北省"十三五"卫生规划重要战略布局。完善药品供应保障机制既是大力提升湖北省"全民健康"获得感的突破口,也是推进"2020 年分级诊疗达成"等医改任务的迫切需要。

---

[1] 方鹏骞,闵锐. 新常态下的健康中国建设[J]. 中国卫生,2016(3):65-67.
[2] 孟宪鹏. "三医联动"是医改的魂[J]. 中国卫生,2016(7):43-44.
[3] 《湖北省人民政府关于印发湖北省卫生与健康事业发展"十三五"规划的通知》(鄂政发〔2017〕28 号).

一、我国基层用药供应保障政策沿革

自我国2009年启动新医改以来,基层药品供应保障问题就一直是各项医改政策持续关注的重要内容。国家卫计委等相关部门相继出台了一系列政策规范,凸显了国家层面对于区域卫生协调发展、实现健康公平战略目标的高度重视。从政策演变中可以看出,新医改时期基层药品供应保障政策框架已现雏形,国家多项改革环环相扣,对利益相关方行为做出了政策规范。具体举措有:第一,通过压缩药品流通环节,改革药价加成,从而挤压药价水分,使医疗机构收入结构得以调整,为医疗、医保改革创造了可行的实施环境①;第二,权衡了药物政策和医药产业政策之间的利益冲突,提高了配送企业的准入标准,强调企业在特殊地区药品供应保障中的责任②;第三,国家从基层用药实际需求出发,给予了地方一定的政策调整空间③;第四,针对药品短缺的供应保障突出问题,开启短缺药品供应保障体系和机制全面建设工程。新医改启动以来涉及基层药品供应保障的主要政策文件如表1所示。

表1 新医改启动以来涉及基层药品供应保障的主要政策文件

文件	发文字号	主要相关内容
《中共中央国务院关于深化医药卫生体制改革的意见》	中发〔2009〕6号	建设覆盖城乡居民的公共卫生服务体系、医疗服务体系、医疗保障体系、药品供应保障体系。建立便民惠农的农村药品供应网
《关于进一步加强基层医疗卫生机构药品配备使用管理工作的意见》	国卫药政发〔2014〕50号	强化基本药物配备使用的主导地位。坚持城乡结合、远近结合,督促供货企业按照药品购销合同规定的时间、地点、数量及时配送,尤其是做好偏远、山区、交通不便地区的药品配送服务,供货企业不得因个别药品用量小、价格低而拒绝配送

---

① 伍芳. 鞍山市公立医院改革补偿机制研究[D]. 沈阳:中国医科大学,2013.
② 高强. 落实公立医院改革中的政府责任[J]. 中国医疗保险,2014(4):52-52.
③ 李孟涛. 基本药物遴选机制优化研究[D]. 济南:山东中医药大学,2015.

续表

文件	发文字号	主要相关内容
《国家卫生计生委关于落实完善公立医院药品集中采购工作指导意见的通知》	国卫药政发〔2015〕70号	公立医院药品配送要兼顾基层供应，特别是向广大农村地区倾斜。鼓励县乡村一体化配送，重点保障偏远、交通不便地区药品供应。要落实药品生产企业是供应配送责任主体的要求，建立和完善药品配送约谈、退出、处罚制约机制。对配送率低、拒绝承担基层药品配送、屡犯不改的企业取消中标、挂网、供货资格
《国务院办公厅关于完善公立医院药品集中采购工作的指导意见》	国办发〔2015〕7号	对偏远、交通不便地区的药品配送，各级卫生计生部门要加强组织协调，按照远近结合、城乡联动的原则，提高采购、配送集中度，统筹做好医院与基层医疗卫生机构的药品供应配送管理工作。鼓励各地结合实际探索县乡村一体化配送
《关于实施健康扶贫工程的指导意见》	国卫财务发〔2016〕26号	统筹推进贫困地区医药卫生体制改革。加快健全贫困地区药品供应保障机制，统筹做好县级医院与基层医疗卫生机构的药品供应配送管理工作。按照远近结合、城乡联动的原则，提高采购、配送集中度，探索县乡村一体化配送，发挥邮政等物流行业服务网络优势，支持其按规定参与药品配送
《印发关于在公立医疗机构药品采购中推行"两票制"的实施意见（试行）的通知》	国医改办发〔2016〕4号	要打破利益藩篱，破除地方保护。按照远近结合、城乡联动的原则，鼓励支持区域药品配送城乡一体化，打通乡村药品配送"最后一公里"。为特别偏远、交通不便的乡（镇）、村医疗卫生机构配送药品，允许药品流通企业在"两票制"基础上再开一次药品购销发票，以保障基层药品的有效供应
《关于改革完善短缺药品供应保障机制的实施意见》	国卫药政发〔2017〕37号	到2020年，实现药品供应保障综合管理和短缺监测预警信息资源的共享共用，建立成熟稳定的短缺药品实时监测预警和分级应对体系，构建短缺药品信息收集、汇总分析、部门协调、分级应对、行业引导"五位一体"工作格局，形成具有中国特色的短缺药品供应保障制度

由于我国人口、医疗卫生资源配置、医药产业处于特殊发展阶段等客观因素影响，我国药品供应链的结构与运行机制相对复杂，基层用药的供应保障仍面临诸多挑战。主要困难包括：第一，生产及招标、采购

环节利益扭曲影响药物供应稳定性①;第二,药品价格与市场份额影响企业配送意愿;第三,配送回款时间影响配送持续性②;第四,企业配送能力不足、资源配置不合理影响配送及时性;第五,地理位置、交通状况差异增加配送、储存成本,从而影响基本药物可及性③;第六,各地疾病谱及用药习惯差异情况未能在药物供应层面得到有效反馈④;第七,基层医疗机构服务能力不足,造成某些类别药品长期不配备;第八,药品库存预警环节管理不健全加重了药品短缺状况。

根据上述我国基层药品供应的整体背景和问题,湖北省基层用药供应保障机制的完善亟须科学统筹:从宏观上把握基层药品供应保障各环节的内在逻辑;从微观上基于地方实际信息数据、厘清基本药物供应保障各环节的因果机制,摸清基层,尤其是偏远的特殊地区真实供需现况,进行合理可行的政策设计。

二、湖北省部分县域基层用药供应保障现状

2017年,武汉大学健康学院"药物政策评估"团队,在国家卫生部门有关课题支持下,选取湖北省部分县域基层医疗机构,通过面板数据梳理和广泛的现场实地调查,分析湖北省2016年基层用药供应保障现状及存在的问题。本研究基于供应链治理视角,结合世界卫生组织(World Health Organization,WHO)基本药物"可获得性"测量的维度和指标,将药品供应保障研究边界界定于药品供应链供需机制相契合的采购、配送环节。

---

① 王素珍,汪汛,江泽慧,占电群.适合新医改目标的基本药物流通模式研究[J].中国卫生经济,2011(6):75-77.

② 徐伟,李梦姣.药品价格变化对我国制药企业市场份额和市场价格的影响研究[J].中国药房,2015(24):3313-3315.

③ 禧恩.内蒙古地区基本药物配送现状及对策研究[D].呼和浩特:内蒙古大学,2014.

④ 周余.基层医疗卫生机构实施国家基本药物制度监测评价指标体系研究[D].武汉:华中科技大学,2011.

(一)湖北省基层医疗机构药品采购情况

采购情况分析,即从基层用药需方角度,反映基层医疗机构需求结构和层次。

主要结论:湖北省基层用药需求集中于价格低廉的基本药物;采购金额与全国基层用药平均水平基本持平;不同基层医疗机构用药临床主要类别具有一致性。

(1)从基层用药需求结构来看,湖北省基本药物总体采购需求较高,基本药物采购占比为79.9%,高于湖北省基药比规定①,国家目录采购占比高于省目录(见表2)。

表2　　　　　湖北省19家基层医疗机构药品采购情况

省份/基药目录		采购品种(%)			采购金额(万元)(%)		
		化学药	中成药	合计	化学药	中成药	合计
湖北	国家目录	182(50.7)	144(53.7)	326(52.0)	3186.9(70.4)	1894.3(66.6)	5081.2(68.9)
	省目录	114(31.8)	61(22.8)	175(27.9)	1190.4(26.3)	661.1(23.2)	1851.5(25.1)
	目录外	63(17.5)	63(23.5)	126(20.1)	147.7(3.3)	289.5(10.2)	437.2(5.9)
	合计	359(100)	268(100)	627(100)	4524.9(100)	2844.8(100)	7369.9(100)

注:( )内采购品种占比=相应目录(化学属性)采购药品数量/所有采购药品品种数。药物编码及分析依据:国家基本药物目录(2012版)有化学药317种,中成药203种,合计520种;湖北省增补基本药物目录有化学药187种,中成药93种,合计280种。

(2)从基本药物采购费用看,湖北省样本基层医疗机构平均1年采购药物为364.88万元(含下属卫生室代购),根据《2016年中国卫生统计年鉴》数据,与我国基层采购年度药品金额平均水平基本持平;从基本药物采购单价看,采购前10的药物品种多为价格低廉的基本药物,均价集中在5~10元区间(见表3)。

---

① 《湖北省医疗卫生机构基本药物配备使用管理办法》鄂卫生计生发〔2014〕46号.

(3)从药物采购的临床应用类别上看,基层医疗机构化学药从品种和金额上略高于中成药,各机构之间采购类型具有高度一致性,化学药中采购最多的均为抗微生物、心血管、消化、神经、精神类药,中成药中采购最多的均为内科用药及骨科药(见表3)。

表3　　湖北省样本医疗机构采购前10基本药物品种(剂型)及均价

排序	药品名	均价(元)
1	阿莫西林胶囊	4.72
2	盐酸左氧氟沙星氯化钠注射液	5.58
3	奥美拉唑肠溶片	2.69
4	注射用炎琥宁	6.40
5	注射用头孢呋辛钠	8.37
6	午时茶颗粒	7.86
7	布洛芬混悬液	7.98
8	复方氨酚烷胺片	5.40
9	云南白药膏	30.58
10	阿莫西林/克拉维酸钾片	12.24

(二)湖北省基层医疗机构药品供应情况

供应情况分析即从药品供方角度,掌握供方在生产、配送环节完成情况以及存在的障碍如供应不及时、短缺等,对其原因进行定量、定性相结合的分析。

1. 配送情况

湖北省样本基层医疗机构2016年药品入库率较高,基药及非基药入库率均在89%以上(见表4)。即使在边远地区基层,配送企业在技术能力上可满足其用药需求。但未及时入库情况仍存在,多为流通环节导致,利润因素是造成配送不及时的主要原因,配送率根据药品单价增高而提升(见表5),1年内连续未入库次数最多前10种药品即易产生短缺风险的药品,集中于均价0~5元较为低廉的药品。

表4　　　　　湖北省样本医疗机构药品配送入库率(%)

省份	类别	化学药	中成药	合计
湖北	国家目录	89.99	89.80	89.94
	省目录	90.13	89.73	90.04
	目录外	90.31	82.79	87.50
	合计	90.05	89.05	89.81

注：配送入库率=采购金额/入库金额

表5　　　　　　不同价格区间药品入库情况

省份	价格区间(元)	入库率(%)
湖北	0~1	91.8
	1~5	92.5
	5~10	92.7
	10~30	94.6
	30以上	94.6

2. 湖北省基层用药短缺风险的原因分析

(1)药品数据平台上显示的短缺风险药品

湖北省药品采购平台上显示的未及时入库药品主要为两种：一是企业未及时配送药品(98.6%)(即配送企业未及时接受配送请求的药品)；二是配送后未及时送达药品(见表6)。根据调研现场医疗机构药品采购人员、相关配送企业人员各利益方访谈结果，药品未及时配送主要是药物"量价"低，统一备货才送(78.9%)、价格倒挂、出厂价低(52.6%)等利润原因(见表7)。配送后未及时入库药品则较少(1.4%)，主要是医疗机构未及时确认入库(78.9%)、配送企业备货不足(52.5%)等医疗机构和企业的药品购销管理操作原因。即使在边远地区，天气及交通状况即配送能力等技术性问题导致未及时入库情况也较少(3.5%)(见表8)。

表6　　　　未及时入库次数前10名药品品种及均价

省份	品种	均价(元)
湖北	藿香正气口服液	4.75
	头孢呋辛	2.66
	正红花油	3.94
	左氧氟沙星	3.58
	酚磺乙胺(注射)	2.98
	珍珠明目滴眼液	4.80
	槐角丸	7.63
	氨苄西林	5.70
	肌苷	3.80
	阿莫西林	4.85

表7　　　湖北省样本医疗机构药品未及时配送原因频次统计结果

未及时配送原因	频次	占总例数比(%)
1. 药物用量小，为节省成本待各医疗机构订单集中后统一配送	45	78.9
2. 价格倒挂或出厂价低，不能持续稳定供应	30	52.6
3. 生产企业供货不足	12	21.0
4. 部分药品储存条件、使用期限特殊导致经常性备货不足	12	21.0

表8　　　湖北省样本医疗机构配送后未及时入库原因频次统计结果

未及时入库原因	频次	占总例数比(%)
1. 采购人员并未按实际入库时间确认	50	87.7
2. 部分药品储存条件、使用期限特殊导致临时性备货不足	26	45.6
3. 临近效期路途损耗产生退货	3	5.3
4. 天气及交通状况延迟入库	2	3.5

(2)临床医务人员反映的短缺药品

为从需方角度反映真实的短缺情况,除以上监管平台数据分析出的存在短缺风险的药品,本研究还搜集了湖北省81家基层医疗机构医务人员,根据临床需求提供的短缺药品清单及问卷调查,分析临床短缺药品范围及原因。

主要结论:临床反映的短缺药品与数据平台上反映的易短缺药品具有较大不一致性(见表9、表10),其原因主要包括:长期供应不足放弃采购;线下备案采购;医生用药习惯和基层用药目录不相符等。

表9 湖北省样本医疗机构临床反映的短缺药品(化学药)

临床类别	短缺品种
1. 抗微生物	左氧氟沙星注射液、克林霉素胶囊、氟康唑注射液、克拉霉素胶囊、利巴韦林注射液、阿奇霉素分散片、奥硝唑片、阿苯达唑片、青霉素400万单位
2. 抗寄生虫	无
3. 麻醉药	无
4. 镇痛、解热	双氯芬酸钠栓、小儿退热栓
5. 神经	苯巴比妥钠注射液、尼可刹米、洛贝林、新斯的明、安定
6. 精神	氟哌利多
7. 心血管	美托洛尔、利血平片、复方利血平氨苯蝶啶片、肾上腺素注射液、多巴胺、苯磺酸氨氯地平、单硝酸异山梨醇二、甲双胍肠溶片
8. 呼吸	氨茶碱注射液、α蛋白酶注射液、盐酸纳洛酮注射液
9. 消化	法莫替丁片、西咪替丁片、消旋山莨菪碱
10. 泌尿	
11. 血液	酚磺乙胺注射液、肾上腺色腙片
12. 激素内分泌	无
13. 变态反应	异丙嗪
14. 免疫	无

续表

临床类别	短缺品种
15. 肿瘤	无
16. 维生素、矿物质	维生素E胶囊
17. 水电平衡	门冬氨酸钾镁注射液、氯化钾注射液
18. 解毒	无
19. 生物制品	破伤风免疫球蛋白
20. 诊断用药	无
21. 皮肤用药	红霉素眼膏、三九皮炎平
22. 眼科用药	无
23. 耳鼻喉科用药	盐酸地芬尼多片
24. 妇产科用药	黄体酮胶囊、黄体酮注射液、垂体后叶素、双唑泰栓
25. 计生用药	无
合计	43

表10　湖北省样本医疗机构临床反映的短缺药品(中成药)

类别	短缺品种
内科用药	感冒清片、丹参注射液、小儿化痰止咳颗粒、健胃消食片、柴胡注射液
外科用药	湿润烧伤膏
妇科用药	益母草膏(胶囊)
眼科用药	无
五官用药	无
骨科用药	无
合计	7

以上临床反映的短缺药品从形成原因上可分为三种：流通性短缺药品(80%)及与目录、招采、生产相关的生产性及政策性短缺药品(20%)。前者是基层供药不稳定的主要原因，后者成因则更为复杂如

药品未中标(14.0%)、生产企业长期不供货(2.0%)、剂型不在基本药物目录内(2.0%)、医疗机构用药目录层级限制不能使用(2.0%)等(见表11)。值得注意的是，还存在一种"可替代性短缺"情况，即临床反映的部分药物尤其是中成药物，实际具有较强可替代性。因此明确短缺标准、规范上报渠道，厘清"真性短缺"和"假性短缺"是完善相关监测、加强供应保障的必要基础和迫切任务。

表11　　　　湖北省样本医疗机构临床反映药品短缺原因

临床反映药品短缺原因	占比
目录药品未中标	7(14.0%)
生产企业长期不供货	1(2.0%)
所需剂型不在基本药物目录中	1(2.0%)
医疗机构受目录层级限制不能使用	1(2%)
价格倒挂、不愿配送	40(80%)
合计	50(100%)

三、湖北省基层用药供应保障存在的问题

根据以上定量、定性相结合的研究，湖北省基层药品供应保障仍存在以下问题。

(1)部分基层医疗机构用药供应稳定性不足。相较于一级、二级医疗机构出现的生产性短缺，地处边远分散的基层医疗机构更易出现流通性短缺。此类短缺药物与省级监管平台现有上报数据具有较大差异，甚至部分国家已重点保障、定点生产的药物仍出现较频繁的供应断链情况。

(2)临床用药安全性和有效性风险仍存在。受整个供应运行机制影响，相关医务人员面对供应不足的现实时，经配送企业游说，被迫改变用药偏好，仅在能够稳定供应的药物中选择替代药物，导致基药制度、

集中招采等制度的"政策红利"效应发挥受限。由于经营企业药物批发、储存等成本原因及医疗机构地理位置的特殊性，还存在部分配送药物临近效期问题，给临床药物合理、有效使用带来一定风险。

(3)短缺预警和监测机制有待整合和完善。现阶段全国各地区对于药品短缺的界定、标准不一，湖北省县域间上报标准和渠道也尚不清晰，难以切实起到以上报的短缺药物为依据进行供应关系调控的作用。

四、完善湖北省基层用药供应保障机制的对策建议

2017年6月，国家卫计委、发改委、工信部等九部门联合印发《关于改革完善短缺药品供应保障机制的实施意见》（下称《意见》），全链条发力推动建立健全短缺药治理长效机制，完善国家药品供应保障体系和机制，以提高要素配置效率和有效供给能力，为全面深化医药卫生体制改革、推进健康中国建设提供有力支撑。湖北省相关部门应贯彻国家党中央、湖北省委、省政府关于卫生与健康发展的部署要求，围绕《意见》"分级应对、分类管理、会商联动、保障供应"的原则，加快达成建立健全短缺药品供应保障体系的主要目标，助力"健康湖北"，促进居民医药可及、提升区域健康公平，为"健康中国"的雄伟蓝图贡献力量。

(一)加快供应监测体系建设，完善供应监测机制

1. 明确药物短缺相关标准

在短缺概念上，结合国家相关政策、其他省份已探索的相关规定和湖北省实际进行界定，在根据短缺时长、频次、范围，并综合湖北省部分偏远地区特殊情况基础上，厘清药物"真性短缺"和"假性短缺"界限，明确一般地区和偏远地区药品短缺分级及上报原则、标准，以合理确定监测试点。

2. 合理确立供方监测试点

《意见》明确提出，各省份须布局不少于15个药品供应监测哨点，以实现短缺药品信息监测全覆盖。为准确掌握药品供应信息，湖北省在

药品供应监测点选择上，确立对象应包括生产企业、经营企业及医疗机构供应链各方；在监测层级上，省监测范围应到县一级，依据当地社会人口等因素确定各级监测医院比例；在监测时长上，应相应有所区别，医疗机构应为长期监测，生产企业、配送企业根据监测试点医疗机构药物实际供应情况进行长期、短期分级动态监测；在监测内容上，监测信息应包括短缺上报药物及需求用量信息，积极反馈至国家供应保障平台，从各层面打通企业与医疗机构间用量信息壁垒。

3. 规范监测信息上报流程

短缺药品上报应由地方市所有（县）医疗机构药事采购和管理人员根据临床反馈实际，按月上报省药物采购及监管平台，依照短缺相关标准进行相应备注。纳入监测点的生产企业、经营企业供应、配送不足药物信息直接报送国家供应保障平台。

4. 完善药物供应相关企业考核及遴选办法

在药物短缺相关标准明确的基础上，各省据此完善配送企业考核办法：在配送企业考核方式上，应坚持以金额、品种"双入库率"为标准进行考核，同时不定期抽检基层医疗机构入库率，避免单价较高的药物、采购量较高的医疗机构优先、集中配送，分布分散的基层医疗机构供应无法充分保障的情况；在配送企业遴选上，结合医疗机构反馈企业配送信用和质量情况，遵循"两票制"相关政策的同时，针对边远地区冷链运输保管困难的特殊实际，对已在县域一级建立分公司、并驻扎储存库的配送企业进行关注，避免配备临近效期药物、储存不当药物的风险。

(二) 理顺药物供需信息，分类应对药物供应问题

1. 部门联动协作，促进供应信息整合

省卫生部门、医保部门、药监部门相关信息的整合是区域药物生产、流通、使用供应链信息联通以及供应问题分类分析、应对的基础。现阶段药物采购、配送数据集中于省平台，生产信息不透明性较大，碎片化存在于工信、药监等相关部门。因此须各部门纵向和横向联动协作，统一相关平台上药物基本信息条目设置，便于研究分析和预判。

2. 厘清短缺动因，推动分类应对常态化

对上报的各级短缺药物信息，厘清其生产性短缺、流通性短缺、政策管理性短缺、使用可替代性短缺等短缺动因和具体情况，分类应对。

(1)生产性短缺。

对于生产性"量价低"，即需求量小、价低且临床必须而生产意愿受限未纳入国家定点生产范围的药品，联合省内外相关部门、企业及数据畅通购销渠道信息，探索互通机制常态化可能；对于临床效果佳、普遍需求强烈但定价低廉、生产不稳定的药物，价格应由市场形成；对于生产企业内部管理、调整产生的临时性短缺药物，形成提前供货断链报备机制；对于原料药短缺药物，追溯及加强监测相关企业生产情况，切实论证基础上，开拓原料药购买渠道。

(2)流通性短缺。

对于配送环节导致短缺药品，落实湖北省药物配送资质企业药品品种入库率，金额入库率"双考核"标准；对部分服务范围分散、地处边远的医疗机构进行季度抽样配送率；对于流通性"量价低"，即因需求分散、中标价低而推诿配送、囤货不及时配送企业依据考核标准进行严惩；对于回款不及时影响配送意愿及质量的现象进行核实查处。

(3)政策管理性短缺。

对于因湖北省部分地区医疗服务能力、药事服务条件而限制采购、使用药物造成的政策管理性短缺药品，根据地方实际需求进行调整相关目录，会同相关部门，制定有针对性的药事帮扶政策，以加强用药供应及保障用药安全。

(4)使用可替代性短缺。

对于有充分循证证据证明可替代性强的、有更优替代药物、但临床基于用药习惯反应的短缺药品，应尽快论证排除于短缺标准之外，加强医师用药培训，引导患者合理用药。

(三)探索特色供应模式，全面提升药品保障水平

药品供应保障涉及药物政策环境保障、药物供应使用等供应链核心要素。在药物政策制定上，针对部分基本药物药物剂型、规格临床使用便利性不足的问题，进一步完善及调整省目录及相关配备规定，根据用药人群优化剂型结构，如合理增加儿科、妇科用药，调整常用药物针剂占比，或调整基层用药考核标等，如长阳等地基层医疗机构尝试"便民药店"等举措提升了民众药物的可及便利性。在药品供应上，探索利民、便民的新模式，如湖北省十堰市、黄冈市自2015年作为"购买转配送服务"试点，允许配送企业以购买服务的方式向乡镇卫生院支付适当比例的配送费用，委托其负责辖区内村卫生室配送工作，此举对解决当地药物配送"最后一公里"问题起到了积极作用。应进一步结合湖北省用药实际以及各地应对供应保障问题经验，继续探索湖北省特色模式，从药物政策制定到供应模式创新，全面提升药品保障水平。

课题负责人：张欲晓　武汉大学健康学院博士、博士后
课题组成员：殷　潇　武汉大学健康学院博士研究生
　　　　　　　毛宗福　武汉大学健康学院教授、博士生导师

武汉水生态保护法治建设：现状、问题与对策

杜 群 邓 瑞

2017年1月22日召开的武汉市第十三次党代会提出建设生态化大武汉，其中以防洪水、排涝水、治污水、保供水为内涵的"四水共治"成为生态化大武汉建设的重要内容。在当前环境、资源、生态法律保护一体化发展的背景之下，水生态保护法治因在水污染防治、水资源利用与水生态修复的规范制度效用，与四水共治理念相互呼应。生态化大武汉建设的内涵多元，包括法治建设、技术管理建设、生态人文建设等，水生态保护法治无疑是建设生态化大武汉的重要且是核心的内容，其以法律规制功能满足生态化大武汉建设的法治需求。武汉水生态保护法治也因此迎来了制度深化发展的政策契机与社会实践机遇。

一、武汉市水生态保护法治的规范建设

武汉市水生态保护法治的基石是建设涉水地方性法规、规章体系。进入21世纪以来，作为"千湖之省"的首府，武汉市日益重视涉水公共事务管理和生态公益保护，经过近二十年的发展，武汉市水生态保护法治建设实现了有法可依的法制绩效。目前武汉市已经形成了比较完善的水资源管理、水体保护和水务管理的地方法规、规章体系。

武汉市相继出台或修订了《武汉市防洪管理规定》（武人常〔2001〕24号）、《武汉市城市排水条例》（武人常〔2002〕36号）、《武汉市城市节约用水条例》（武人常〔2005〕14号）、《武汉市水土保持条例》（武人常〔2009〕9号）、《武汉市城市供水用水条例》（武人常〔2011修订〕）、《武

汉市水资源保护条例》（武人常〔2011〕21号）及《武汉市湖泊保护条例》（武人常〔2015修订〕25号）七部地方性法规。这些涉水法规尤其以《武汉市水资源保护条例》最为突出，在规范内容与问责考核方面落实用水总量控制、水域纳污总量控制和用水效率控制三条红线。同时，武汉市加强涉水政府规章的建设，颁布了《武汉市湖泊保护条例实施细则》（武政〔2005〕165号）、《武汉市地下水管理办法》（武政〔2007〕174号）、《武汉市建设项目配套建设节水设施管理规定》（武政〔2007〕182号）、《武汉市湖泊整治管理办法》（武政〔2010〕207号）、《武汉市城市居民住宅二次供水管理办法》（武政〔2015〕258号）、《武汉市江滩管理办法》（武政〔2015〕259号）及武汉市《关于全面推行河长制的实施意见》（2017）等一系列政府规章与规范性文件。这些都为武汉市水生态保护法治实践提供了规范依据。

此外，武汉市涉水规划体系以其宏观性的指导效用成为武汉市水生态法治宏观管理不可或缺的蓝本。为此，武汉市出台了《武汉市水资源综合规划（2000—2030）》、《武汉市水环境治理与保护规划（2005—2020）》、《武汉市水务发展"十二五"规划（2011—2015）》、《武汉市节约用水"十二五"规划（2011—2015）及远景展望》、《武汉市水土保持规划（2011—2020）》、《武汉市城市节水规划（2002—2010）》、《武汉市水生态系统保护与修复规划（2006—2020）》、《武汉市中心城区湖泊保护规划（2004—2020）》、《武汉市农田水利建设总体规划（2009—2020）》及《武汉市主城区污水收集与处理专项规划（2010—2020）》等一系列涉水专业规划。2016年武汉市组织编制了《武汉市水务发展"十三五"规划》、《武汉市水生态文明建设规划》、《武汉市污水专项规划》等规划。这些涉水规划是武汉市推进水资源利用、水生态修复、水污染防治的重要的政策工具。

二、武汉市水生态保护法律制度实施现状

水生态法治的实践成效考察，笔者认为应当从"最严格水资源管

理"确立的三条红线的遵行情况着眼。《中共中央国务院关于加快水利改革发展的决定》(中发〔2011〕1号)提出实行最严格的水资源管理后,国务院相继出台了《国务院关于实行最严格水资源管理制度的意见》(国发〔2012〕3号)和《实行最严格水资源管理制度考核办法》(国办发〔2013〕2号)。"最严格水资源管理"的制度内容包括水资源管理的三个红线控制制度——用水总量控制、用水效率控制和水功能区限制纳污制度,以及水资源管理责任和考核制度。笔者从这四个方面对武汉市水生态法治成效进行考察,总体而言成效显著,以下为具体分析内容。

(一) 用水总量控制制度

基于水资源开发利用控制红线管理的用水总量控制包括规划管理、水资源论证、流域和区域取用水总量及取水许可等水量管控措施。武汉市在用水总量控制的制度实践主要表现为用水计划与水权交易。

(1) 严格执行用水计划。按照《武汉市城市节约用水条例》(武人常务〔2005〕14号)的规定,武汉市节水办制定了用水计划核定和考核办法、超计划加价收费工作程序等一系列具体工作制度与程序,同时将非居民用水户全部纳入计划用水管理。非居民用水户可以在《长江日报》、"武汉水务网"、"武汉节水网"查询用水计划。用水计划的审批则由武汉市民之家负责(2012年设立),而对于恶意欠缴超计划用水加价水费的,则会下达《超计划加价水费征收决定书》。以截至2013年8月的统计为例,共对1000余户用水户下达《征收超计划用水决定书》,其中对20余户申请法院强制执行。

(2) 推行水权交易。湖北省自2011年被列为全国加快最严格水资源管理制度试点省份以来,相继颁布了《湖北省加快实施最严格水资源管理制度试点方案》(鄂政办发〔2012〕60号)、《湖北省取水许可和水资源费征收管理办法》(政令〔2016〕第387号),重点增加了"取水许可"部分。为了合理分配水资源与提高水资源使用效率,2011年《武汉水资源保护条例》要求逐步建立水权交易制度,鼓励获得取水权的单位或者个人依法进行水权交易(第18条)。同年,武汉市委托中国水利水电科学研究院开展"武汉市水权交易研究",以支撑开展取水权、排水(污)权交易的试行实践。自2014年以来,武汉市政协协商会等部门逐步推进水权交易制度探索,深化生态文明制度建设。

(二)用水效率控制制度

2005年来,依据《武汉市城市节约用水条例》规定,除日常检查和执法外,武汉市每年针对用水大户开展专项行政执法工作,先后开展了高校用水器具专项整治、游泳池用水专项检查和整改、洗车行业用水检查、锅炉蒸汽冷凝水情况专项检查、宾馆饭店用水器具专项整治和绿化用水专项检查和整改等节约用水专项行政执法工作。为落实节水"三同时"规定,武汉市2007年年底颁布了《武汉市建设项目配套建设节水设施管理规定》(武政〔2007〕182号),武汉市节水办与相关部门联合推动节水"三同时"管理工作。2008年、2009年,武汉市相继获得"全国第三批节水型社会建设试点城市"、"节水型城市"称号。同时,为配合《武汉市城市节约用水条例》的实施,2016年5月武汉市通过了《武汉市水平衡测试实施办法》,以此为技术指导,明确水平衡测试各责任主体的权利和义务,提高用水效率。在各项制度的实施下,武汉市取得了较好的节水成效,2015年全市节水总量达0.68亿吨,节水型企业(单位)达331家,节水型小区达97个。

(三)水功能区保护制度

为了加强实现水功能区限制纳污红线管控目标,武汉市实行水功能区限制纳污制度,又分为三个方面的工作。

(1)水功能区纳污控制。2005年《武汉市水功能区划》把中心城区的所有湖泊、远城区水面面积0.1平方公里以上的湖泊全部列入了《武汉市湖泊保护条例》(武人常〔2002〕34号)保留区范围之内。同年,武汉市被水利部确定为"全国水生态系统保护与修复"首批试点城市,并于2009年在全国第一个通过水利部验收。2013年7月,武汉市人民政府常务委员会通过《武汉市水功能区划》(修编),其中新城区5个湖泊由开发利用区改为保留区。2017年,《武汉市水生态文明建设规划纲要》指出当前武汉市水功能达标率偏低,拟定了2020、2030年重点功能区水质达标目标分别为85%、95%,并对水功能区实行分类分区管理。

(2)湖泊岸线管理。2012年,武汉市政府出台《武汉市中心城区湖泊"三线一路"保护规划》,明确了中心城区湖泊的规划范围。2013年划定新城区23个湖泊的保护范围,2015年新增新城区103个湖泊。三线一路湖泊范围的划定实现了湖泊保护范围的明晰化、规范化、法定化,锁定湖泊岸线,固定湖泊形态。

(3)提高污水集中处理能力。武汉市加强了污水处理厂的建设和运营监管。2012年,武汉市政府颁布了《主城区污水全收集全处理五年行动计划》,欲形成完善的污水收集骨干管网体系。2014年颁布《武汉市中心城区排涝、治污、供水两年决战行动计划》,拟新改扩建一批污水处理厂,污水处理能力提高至287万吨/日。根据2016年武汉市水资源、水环境及水土保持状况公报显示,全市11条江河水质基本稳定,全市主要集中式饮用水水源地水质优良,均达到或优于地表水环境质量Ⅲ类标准。武汉市湖泊保护的发展方向已经由原来的单一湖泊破坏与污染控制转变为对湖泊保护的生态修复。

(四)责任考核制度

武汉市推行"四水共治"的进程中,强化政府责任、党政同责是生态法治的必然要求,而河长制、湖长制成为武汉市政府责任、党政同责考核的两种重要组织形式。

(1)湖长制。武汉市创新湖泊保护责任制,推行"湖长制",实行湖泊保护行政首长负责制。截至目前武汉市已经有166个湖泊划分责任人,其中划定了93位"湖长",2013年以来已将湖泊保护纳入市政府对各区的绩效考核体系。在责任形式方面,武汉市出台《武汉市水务局湖泊保护综合管理考核办法(试行)》(武水〔2012〕102号)、《武汉市涉湖违法案件移送暂行规定》(2013)、《关于完善湖泊保护管理责任制的实施意见》(武政办〔2013〕122号),以规范性文件明晰湖泊保护管理的权力、义务与责任内容。2015年,武汉市首次将全市166个湖泊的湖岸线分段细化,结合湖泊蓝线,划定了93位"官方湖长"湖泊岸线的管理责任范围。

(2)河长制。2017年3月,武汉市颁发了《关于全面推行河长制的实施意见》,要求:建立市区街道三级河长工作体系,落实河长所担负的水资源保护、岸线保护、水环境治理等八项任务,实施严格的考核问责机制;每年度对河流管护工作进行考核,同时将河流保护纳入市级绩效目标体系,年度绩效考评实行"一票否决"。此外,为配合《关于全面推行河长制的实施意见》,武汉市还将拟定《武汉市河长制工作考核办法》。

三、武汉市水生态保护法治建设存在的问题

在水资源管理、水体保护和水务管理的规范体系日渐完备的基础上,武汉市水生态法治进入了夯实发展的轨道。笔者在考察现状和实施成效过程中发现,武汉市水生态保护法治在规范建设、执法机制、资金保障和市场调节等方面仍有待改进。

(一)涉水法规体系亟待梳理和修制

现行的《武汉市城市排水条例》(武人常〔2002〕36号)、《武汉市城市节约用水条例》(武人常〔2005〕14号)、《武汉市建设项目配套建设节水设施管理规定》(武政〔2007〕182号)等多部法规、政府规章发布已经多年,从水生态文明建设的要求来看,很多涉水法规的条款、规章的内容已经不能满足当前武汉市水资源管理与水生态保护法治的需要,具体分析如下。

(1)居民用水、农业用水管理制度缺位。目前,《武汉市城市节约用水条例》(武人常〔2005〕14号)用水计划及用水效率管理对象主要针对城市非居民用水户。而对于居民用水的法律规制,仅在第八条中对居民用水进行了一般性的规定和要求,远不能满足国家有关法律法规对居

民用水节水管理的要求。同时，其适用范围并不包括农业用水。据统计资料显示，武汉市农业用水约占全市用水量的30%。农业节水相对城市工业用水和生活用水较为滞后，与国内先进水平有较大差距。

(2) 涉水法规中制度间衔接不足。主要表现以下几个方面。①节水"三同时"与环境影响评价制度衔接不够。《武汉市建设项目配套建设节水设施管理暂行规定》(武政〔2007〕182号)对节水"三同时"制度进行了较为具体的规定，但在环境影响评价制度中并未与节水"三同时"制度进行衔接，且"三同时"制度中的环境保护设施主要为防治环境污染、环境破坏以及放射防护设施，这就导致管理部门之间自说自话，致使建设项目的节水设施"三同时"管理出现真空的现象。②环境影响评价制度与水环境影响评价制度、占湖许可制度之间衔接不足。目前环境影响评价对占用湖泊施工对水环境的影响考虑不够细致，湖泊水环境影响评价是结合湖泊占用许可开展的，只能对已经选定的施工方案进行评价，错过了建议修改施工方案的有利时机。③环境影响评价制度、排污许可制度与入河排监督管理制度之间衔接不足。一方面，环境影响评价制度与入河排污口监督管理制度在程序上衔接不足，致使许多建设项目的排污口设置直接跨过了入河排污口设置论证直接进行环境影响评价；另一方面，对排污标准，水务部门和环保部门的执行技术标准不同，对污水排放水域的水质管理有区别。因此，目前一些新建的污水处理厂仍然建在湖边，污水处理厂的出水标准虽然达到环保部门的要求，但相对于湖泊的水质管理目标而言依然属于污染序列。

(3) 处罚力度过低，违法成本低、守法成本高。《武汉市城市节约用水条例》(武人常〔2005〕14号)对于法律责任的规定只限于四个条款(第32、33、34、35条)，分别对居民用户、非居民用户的用水行为进行法律责任规制。例如，对于居民用水户将生活用水用于生产经营与非居民用水户超过国家规定时间后仍安装使用国家明令淘汰和禁止使用的用水器具的行为，行政处罚设置明显过低，特别是对上述非居民用水户的行为处罚仅为1000元以上3000元以下，造成"守法成本高、违法成本低"的倒逆现象。

(二)涉水执法机制建设不足

武汉市涉水执法机制建设不足表现在部门间联动响应无力和执法能力孱弱。首先，涉水部门之间联动机制尚未形成。所谓涉水部门主要指武汉市环保局与武汉市水务局。《武汉市湖泊保护条例》(武人常〔2015〕25号)提出建立湖泊保护联席会议制度。武汉市水务局为"湖泊保护和管理"的牵头责任部门，并建立湖泊保护和管理的部门联席会议。从实施成效上来看，并未取得明显进展，推动力度明显不足。当前，两部门间并未建立起常态的部门协同合作机制，致使节水"三同时"、水环境影响评价、入河排污口监督管理及水环境监测工作难以有效的展开。其次，执法能力及其建设均不足。学者对于中国环境(资源)执法机构(特别是基层机构)的现状困境归纳为执法装备差、监控手段落后、执法人员少、经费难以保障、执法简单草率等问题。就武汉市而言，则主要是执法机构与执法人员不足。以武汉市节水监督管理及湖泊日常管理为例，其机构设置及人员配备明显不足。武汉市成立了湖泊管理局作为武汉市统一湖泊管理与执法机构，其为武汉市水务局所属事业单位，编制设定为60人，这一配备与武汉市166个湖泊冗杂管理需要相形明显不足，而武汉市部分区尚未建立相应的湖泊管理机构，这已经成为武汉市区域湖泊的常态化、日常化保护与管理的不利条件。

(三)资金保障不够稳定和持续

立法应当提供自然资源可持续利用和生态保护、管理所需的财政机制。由于水环境治理与水生态修复具有长期性、复杂性、系统性和反复性的特点，武汉市涉水管理、水体保护都需要大量资金投入，目前这些资金主要依靠政府投入，民间资本较少参与进来。即便是政府投入的水生态保护和建设项目，由于项目很难产生即时的经济效益或产生社会效益所需周期长、政绩表现力差，往往缺乏稳定的资金投入渠道，资金短缺、工程项目难以按规划及时实施推进的现象时有发生。以大东湖生态水网工程为例，作为武汉市水生态建设的重要部分，其在水污染控制、水生态修复、水网连通以及交通旅游方面发挥着生态、经济与社会效用。然而由于资金费用过高，工程调水过大等为题，总体实施成效并未达到预期。

(四) 水权交易等市场机制不力

水权交易能发挥用水总量控制与用水效率控制的双重制度功能，水权交易能够在水资源总量一定的情况之下完成富余水资源的再分配与配置，同时提高水资源使用效率。水权交易的实质是取水权交易。尽管武汉市的水权交易制度已经提出，但也只是宏观性的口号，依然停留在法律规范探索与学理研究层面，尚未真正触及制度实施。目前水利部已经出台了《水权交易管理暂行办法》(水政法〔2016〕156号)，湖北省取水权交易具体规定尚未出台，因此，武汉市水权交易制度走向实践的关键步骤在于如何根据武汉市实际情况，制定出具体的、可操作性的水权交易制度的细则，即取水权转让实施办法。

四、推进武汉市水生态保护法治建设的对策

(一) 完善相关法律法规，构建武汉市水资源综合管理法律体系

当前建设生态化大武汉的政策呼喊，需要完善水生态保护法治予以回应。因此，应当完善相关法律法规，构建武汉市水资源综合管理法律体系。具体对策建议如下。

(1) 修改《武汉市城市节约用水条例》(武人常〔2005〕14号)，重点将居民用水户以及农业用水户纳入用水管理对象，形成工业用水、居民用水、农业用水全覆盖的用水管理制度。

(2) 修改《武汉市环境影响评价实施办法》(武政〔2006〕169号)，重点根据武汉市的实际情况，将建设项目的水环境影响评价作为环境影响评价的一部分。在程序上规定，将入河排污口设置审批作为建设项目进行环境影响评价的前置条件，否则不予进行环境影响评价。

(3) 制定《武汉市入河排污口监督管理办法》，加强武汉市入河排污口的监督管理工作。入河排污口的监督管理是横跨水污染防治与水资源保护的管理环节，与环境影响评价制度、排污许可制度、重点水污染物排放总量控制制度等多个水污染防治法律制度紧密相连。水利部已于2005年发布《入河排污口监督管理办法》（水利部〔2005〕22号），并于2015年进行了修订。与此同时，部分省市制定了配套的管理办法，如《湖南省入河排污口监督管理办法》（湘政办发〔2016〕82号）、《山东省入河排污口监督管理办法》（鲁水规字〔2017〕1号）等。一方面，将入河排污口的整治工作制度化、法律化。另一方面，以制定《武汉市入河排污口监督管理办法》为契机，通过制度安排协调武汉市水务局与环境保护局水资源保护及水污染防治工作，就部门间的联合执法、联合监测提供制度保障。

(4) 制定《武汉市水污染防治条例》。根据武汉市的实际情况，制定《武汉市水污染防治条例》，形成以《武汉市水资源保护条例》、《武汉市水污染防治条例》、《武汉市湖泊保护条例》、《武汉市城市节约用水条例》为主体的，涵盖水资源总量控制、水资源用水效率控制、水功能区纳污能力控制的水资源综合管理法律体系。

(二) 建立涉水部门间联动机制，形成部门合力

执法联动机制作为一种行政管理中的创新性执法机制，应当纳入武汉市涉水执法（包括常态化执法与应急执法）体系。当前武汉市涉水管理部门和机构主要有三：一是统一管理武汉市涉水事务的水行政主管部门——武汉市水务局，二是涉水环境监测的武汉市环保局，三是负责武汉市供水的武汉市水务集团。笔者建议，在武汉市节水"三同时"、涉水建设项目环境影响评价、水环境综合整治、入河排污口日常监管、水环境监测等基本制度执法方面，上述部门应当通过地方性法规授权或行政协议等形式建立部门间常态化、制度化的联动机制；建立武汉市水资源保护联席会议，以增强联动机制的统一协调和综合执法能力。

(三)扩展水保护资金来源,增强水资源配置市场能力

针对武汉市水环境治理与水生态修复工程资金供应不持续性问题,笔者认为应当坚持"政府主导、多方筹资"原则开辟资金来源渠道,在加大政府(市、区)财政投入同时,引导社会资金投入水环境建设。具体对策建议是:加快探索完善武汉市水务市场化融资新方法,引导社会资金投入,扩展资金来源;统筹社会项目资金,整合城市建设、土地综合整理等各类资金,发挥财政资金的杠杆作用和放大效应。针对水资源市场配置问题,应当抓住生态文明制度建设契机,通过制定、实施武汉市取水权转让实施办法等措施,实质推进取水权交易制度,发挥市场调节水资源配置的作用,促进节约用水、污水预防和治理。

生态化大武汉建设进程中的防洪水、排涝水、治污水、保供水的"四水共治"与水生态保护法治的任务和功能是一致的,都是以实现武汉都市圈饮用水安全、可持续的城市水资源管理、水生态系统保护为目标。生态化大武汉建设更为武汉市水生态法治建设迎来崭新的政策契机,拓宽了武汉水生态保护法治的作用领域。随着武汉市水生态保护法规、规范体系的修制和完善,相关法律制度的进一步发展、创新和有效实施,武汉市水生态法治建设将步入新的发展时期,为"四水共治"城市治理提供更坚实的法律和制度基石。

(本文为国家社科基金重大招标项目"法治的生态转型与生态文明法律制度建设研究"阶段性成果之一)

课题负责人:杜 群 武汉大学环境法研究所教授、博士生导师
报告执笔人:杜 群 邓 瑞

武汉市产业、就业结构变化与城镇化发展的动态关系研究

邹艳皎　朱丽霞　曾菊新

《国家新型城镇化规划(2014—2020年)》中明确提出城市产业就业是新型城镇化的强力支撑,要优化城市产业结构,促进城市经济转型发展,扩大就业容量,支撑新型城镇化发展。2014年年底,国家发改委等11部委印发《国家新型城镇化综合试点方案》,湖北省武汉市、孝感市、仙桃市以及宜城市被列为试点城市。其中,武汉市作为国家中心城市、长江经济带核心枢纽、国家新型城镇化试点地区,确定新型城镇化的发展目标是到2017年,常住人口城镇化率达到81%以上,户籍人口城镇化率达到71%以上;到2020年,常住人口控制在1200~1300万人,常住人口城镇化率达到84%以上,户籍人口城镇化率达到75%以上,逐步缩小户籍人口城镇化率与常住人口城镇化率的差距。这既是武汉市发展的机遇,也是一项挑战。改革开放以来武汉市城镇化发展速度较快,取得了极大的进步,2016年城市化水平已达到70%以上,在我国城市中位于领先地位。但在新常态发展背景下,武汉市经济发展面临着传统产业加快转型升级的压力及随之而来下岗职工的再就业问题。此外,高新技术产业发展势头强劲、后劲充足,需要大量高技术人才队伍支撑,而目前就业市场仍缺少大量的高知识、高技能型人才。这种"结构性失业问题"若得不到良好的解决,对未来武汉市新型城镇化目标的达成以及未来发展势必会造成阻碍。因此,本研究通过建立向量自回归模型,试图解析武汉市产业与就业结构的变化对城市化水平的动态影响过程,并以改善就业结构为切入点,一方面通过协调产业—就业结构,

促进产业结构优化升级;另一方面通过改善就业结构,促进非农就业的发展,保证未来武汉市城市化发展的速度和质量。

一、武汉市城镇化发展与产业、就业结构演变过程

(一)城镇化发展历程

1949年,武汉市城镇化水平仅有28%。新中国成立以来工业化进程加快,城镇化水平有了明显的提升,直到2016年城镇化水平已发展到70%以上,是中部城镇化率最高的城市,并且远高于全国平均城镇化水平。武汉市城镇化发展历程具体可分以下几个阶段。

(1)快速发展期(1949—1957年)。

这一阶段国民经济开始恢复发展,工业开始起步,人口流转、就业机制等方面没有政策限制,城镇化发展速度较快,平均每年递增近3个百分点,城镇化率从28%上升到50%,与本时期的工业发展速度相协调。

(2)波折动荡期(1957—1978年)。

这一阶段武汉市城镇化发展经历了"过山车"式发展。初期在"大跃进"政策影响下城市人口得到大量增加,城镇化发展速度极快,1960年城镇化水平为53.4%;但1961年以后,受到国际、国内环境、政策的影响,经济发展受挫的同时城镇化率增长速度较慢,甚至出现停滞和衰退现象,尤其是"文化大革命"时期,大批城市居民"上山下乡"致使城镇化水平到1969年下降到45.8%。

(3)恢复发展期(1978—2000年)。

1978年以后,城镇化发展开始进入恢复发展期,但此时城镇化发展速度比较缓慢。稳定的政策环境给城镇化提供了有利的发展空间,20世纪80年代中期,乡镇企业开始快速增长,农村非农就业迅速增加,再加上政府放宽了设镇、设市、农民进镇落户的标准,更加快了城镇化发展的步伐。但改革开放初期国家较为重视东部沿海地区发展,并且仍然存在严格的户籍管理体制,虽然武汉市经济发展也取得不错成绩,但城

市人口的吸纳能力不强导致城镇化发展速度较为缓慢。

(4)全新高速发展期(2000年至今)。

21世纪以来,国家加大对中西部的重视程度,特别是2006年将促进中部崛起上升作为国家战略,2007年国务院批准武汉城市圈为全国资源节约型和环境友好型社会建设综合配套改革试验区,在国家政策支持下武汉市经济实力持续增强,乡镇企业快速发展,同时政府政策放宽农业人口转为非农业人口的条件,因此武汉市城镇化率以年均1%的增长率得到高速稳定的发展。2014年国务院印发《国家新型城镇化规划(2014—2020年)》是全国城镇化健康发展的一次基础性和宏观性的政策引导,也是对武汉市城镇化发展的一次推进,特别是将武汉市作为新型城镇化试点城市,对新形势下武汉如何实践新型城镇化建设,推动中部崛起具有深刻的理论和现实意义。

(二)产业结构演化过程

武汉市产业发展是一个不断变化与优化的过程。新中国成立之初武汉市经济生产总值仅有3.38亿元,第一产业、第二产业、第三产业的产值构成所占比例为25∶25∶50,第三产业所占比重最大;改革开放初期三次产业结构中类型为"二三一",第二产业所占比重超过60%,形成以工业为主导、农业和服务业为辅的产业体系;2015年武汉市经济生产总值为10905.6亿元,产业格局为"三二一",三次产业产值构成所占比例为3∶46∶51,二、三产业是武汉市经济发展的支柱产业。

武汉市三次产业发展经济了不同的演变过程。第一产业产值所占比重一直处于下降的趋势,这也符合工业化发展的一般规律。

第二产业呈波动式发展,总体来看可分三个阶段。

(1)波动上升阶段(1949—1980年)。新中国成立后工业发展开始起步,武汉市作为国家重要的重工业基地,在这段时期抓住机遇,工业产值得到大幅度提升,经济取得长足的进步,带动了城市就业,提高了城镇化水平。期间个别年份受到自然环境、国家政策等的影响出现了产值下降的情况,但总体来看还是呈现持续上升的趋势。

(2)缓慢下降期(1980—2011年)。20世纪80年代以后,第二产业产值比重开始下降(见图1)。此时工业发展面临"瓶颈期",前期单一重视重工业发展也带来许多产业限制、环境污染、就业单一等问题,与此同时政府开始重视第三产业的发展。

(3)新一轮增长期(2012年至今)。2012年"围绕建设国家中心城市、复兴大武汉"的发展目标,武汉市启动工业倍增、城建攻坚等计划,工业发展又重新进入稳步上升阶段,与第一阶段不同的是注重工业、制造业转型发展,从劳动密集型产业转向技术、资本密集型发展,着力于打造现代制造业和现代都市工业基地。"十二五"期间,武汉工业总产值每年攀上一个千亿台阶,2015年预计突破1.5万亿元,"十三五"期间,武汉将推进"互联网+先进制造业",加快新一代信息技术与制造业、制造业与服务业深度融合。

第三产业的发展历程与第二产业恰好相反,20世纪90年代党中央、国务院下达了《关于加快发展第三产业的决定》,武汉市响应国家号召大力发展第三产业,服务业进入快速增长期并逐渐成为武汉市经济增长的重要拉动力量。进入21世纪以来,在国家和武汉市政策发展下,服务业发展势头依然比较猛烈。2007年12月,国务院批准武汉城市圈为"两型社会",实现"两型社会"的发展目标必须依靠产业升级、高新技术和现代服务业。武汉市建设委员会指出,武汉应立足产业基础,发挥比较优势,重点发展生产性服务业,大力培育新兴服务业,全面提升传统服务业,形成现代服务业发展的新格局。2013年5月,武汉市宣布启动服务业升级、自主创新、创新环保模范城市、国际化等四大升级计划,重点打造现代物流、商贸、金融、房地产、会展旅游等十大产业,并配套出台一系列鼓励政策。2015年,湖北省政府关于加快服务业发展的若干意见中指出,经济新常态背景下服务业是促进经济社会持续健康发展、引领经济转型升级的新引擎、新动力,因此要加快推进全省服务业发展,促进经济结构调整优化升级。在此背景下,武汉市产业发展从最初依靠工业为主带动经济增长逐渐成为以工业、服务业为主共同带动经济增长的格局,产业结构不断趋于高级化,服务业成为武汉市经济增长的动力源泉。

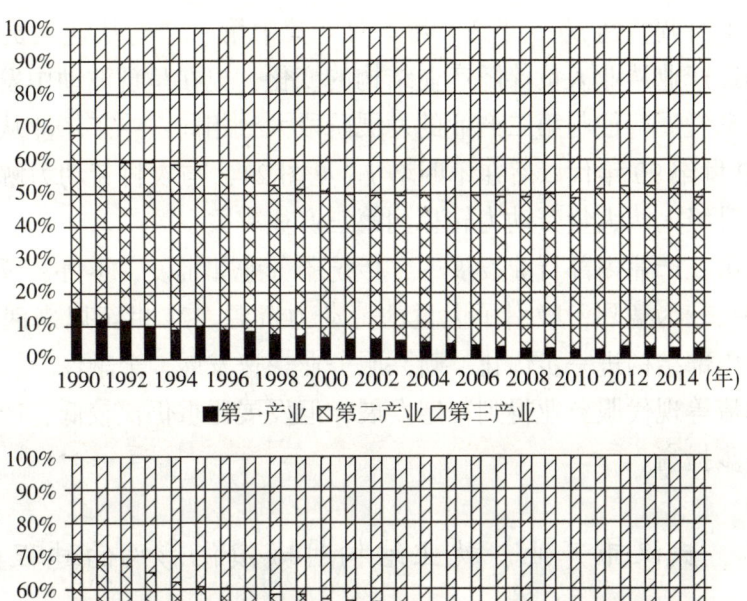

图1 武汉市1990—2015年三次产业结构(左)、就业结构(右)的演变历程
资料来源：根据历年《武汉市统计年鉴》整理。

(三)就业结构演化过程

中国科学院院士陆大道曾指出，"城镇就业是决定城镇化发展速度、城镇发展规模的主要支撑条件"。我国城镇化发展需要转型，城镇就业是支撑条件，因此要重视城镇就业问题。武汉市就业结构与产业结构历程大致相同，也是一个不断发展与优化的过程。

1978年，武汉市就业人员总数为271.92万人，2015年增长到544.92万人，37年增长了一倍，三次产业劳动力结构从1989年28∶41∶31调整到2015年3∶46∶51。其中第一产业从业人员持续下降；第二产业从业人员伴随产业结构的变化，也在呈现波动中发展的现象，波动发展特征与第二产业的发展阶段大致相同；第三产业从业人员数自20世纪90年代以后在不断增加(见图2)，与农村劳动力解放、工业改造升级淘汰大量劳动力转移到第三产业有关。

在第三产业内部行业发展中，传统服务业如批发、零售、餐饮业等发展势头较为猛烈，吸引了大量的劳动力资源。21世纪以来武汉市第三产业内部结构进一步优化，新兴服务业快速发展，金融保险、信息软件、物流等现代服务业得到一定发展，但发展比重仍比较低，产业层次需进一步提高。

二、武汉市产业、就业结构对城镇化影响的过程分析

(一) 协整关系检验

在实际经济数据中，大多数时间序列都是非平稳的，因此在进行模型回归分析时往往不能得到正确的结果。美国经济学家Engle, Robert F. 和C. W. J. Granger认为虽然某些经济变量本身是非平稳序列，但它们的线性组合却有可能是平稳序列，故把这种经过线性组合能得到平稳序列的变量组合之间的关系称为协整，其意义是表示变量之间存在长期的稳定均衡关系。本研究对变量进行协整分析之前，分别对时间序列进行平稳性检验，确定了三次产业比重、三次就业比重以及城市化率都是一阶单整序列。利用JJ协整检验"特征根迹检验"与"最大特征值检验"进行协整分析。结果表明(见表1)，Urb、Ind1、Ind2、Ind3在5%的显著性水平下存在1个协整关系；Urb、Emp1、Emp2、Emp3在5%的显著性水平下存在3个协整关系，即三次产业产值、三次产业就业人员与城市化率都存在长期稳定的均衡关系。

表1　　　　　　　　　　Johansen协整检验结果

序列	原假设	特征根值	迹统计量	临界值（5%）	最大特征值统计量	临界值（5%）
Urb	零个协整*	0.79179	67.2839	47.85613	37.66134	27.5843
Ind1	至少一个协整	0.4512	29.6226	29.79707	14.40401	21.1316
Ind2	至少两个协整	0.43132	15.2186	15.49471	13.54648	14.2646
Ind3	至少三个协整	0.06730	1.67215	3.841466	1.672151	3.84146
Urb	零个协整*	0.99483	178.434	47.85613	110.5992	27.5843
Emp1	至少一个协整*	0.88932	67.8347	29.79707	46.22424	21.1316
Emp2	至少两个协整*	0.57483	21.6104	15.49471	17.96072	14.2646
Emp3	至少三个协整	0.15953	3.64976	3.841466	3.649769	3.84146

注：*表示在5%的显著性水平下拒绝原假设，研究数据由Eviews软件计算得到。

(二) VAR模型及动态过程分析

采用原序列的一阶差分平稳序列建立VAR模型，分别记为模型Ⅲ（Urb、Ind1、Ind2、Ind3）、模型Ⅳ（Urb、Emp1、Emp2、Emp3），并用AR根的图表（AR Roots Graph）检验模型的稳定性，经过检验，两个模型都是稳定的。在稳定的模型基础上做出相应的脉冲响应函数和方差贡献表。

脉冲响应图中（见图2）横轴代表冲击作用的滞后期间数（单位：年），纵轴代表影响程度的大小，虚线代表脉冲响应函数，实线代表正负两倍标准差偏离带。当期第一产业产值比重受到一个标准差单位的正向冲击后，1~3期能够促进城市化水平的提高。从第3期开始，对城市化的推进作用减弱并逐渐变成负向作用，8期后又成为正向作用，后期趋于稳定。当期第二产业产值比重受到正向冲击后，1~5期内能够促进城市化的发展，3~4期正向冲击作用最为强烈，5期后成为负向作用但9期以后又转变成正向的推进作用。当期第三产业产值变动受到正向冲击后，1~4期内对城市化的发展形成一定的阻碍，5期后逐渐转变成正

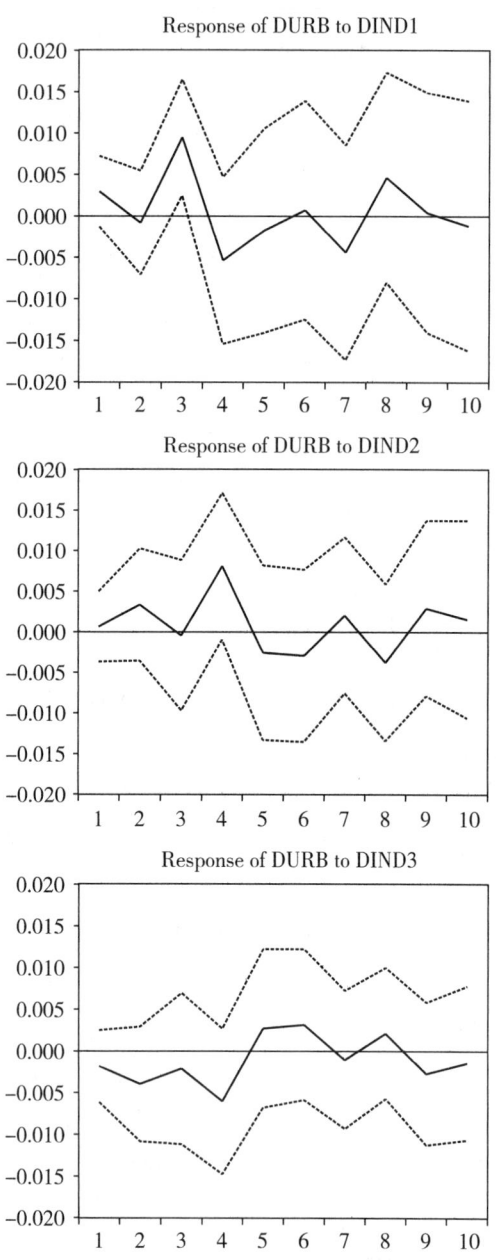

图 2 三次产业产值变化对城市化变动的脉冲响应

数据来源：Eviews 软件计算。

向作用,9期后又成负向作用。总体来看三次产业的发展有利于城市化水平的提高。第一产业产值提高对城市化发展的贡献度大于第三产业,其次是第二产业(见表2)。增加第一产业产值城市化水平提升意味着农业生产方式的变革,农业劳动生产效率改进会淘汰农村劳动力转移到非农工作中去,从而带动城市化的发展。第二产业发展对城市化发展的贡献程度最小,主要是因为武汉市第二产业劳动密集型制造业已逐渐被资本、技术密集型企业所代替,依靠工业化带动农业人口转移的作用已并不显著。服务业部门的进入门槛相对较低、劳动力需求量大,产业发展带动农村剩余劳动力向第三产业转移,提高城市化发展水平。但二、三产业产值比重的增加对人口城市化的推进都有一定程度滞后,并且第三产业滞后时期较长。

表2　　　　　　　　　　DUrb 的方差分解

滞后期(年)	标准误	DUrb	DInd1	DInd2	DInd3
1	0.012723	100.0000	0.000000	0.000000	0.000000
2	0.017735	86.08686	3.938944	2.897071	7.077126
3	0.019990	77.05051	12.76573	2.707114	7.476643
4	0.022137	66.67023	18.44974	2.292390	12.58764
5	0.023215	60.90679	20.23891	3.577237	15.27707
6	0.024830	59.42136	22.49652	3.916915	14.16520
7	0.026050	62.99095	20.44084	3.619450	12.94876
8	0.027473	63.95068	19.28407	4.783538	11.98172
9	0.028351	62.95358	19.69649	4.501214	12.84872
10	0.029159	59.52192	23.09363	4.268723	13.11573

数据来源:Eviews 软件计算得到。

当期给第一产业就业比重一个正向冲击后,无论短期还是长期都不利于城市化水平的提高。第二产业恰恰相反,当期给第二产业就业比重一个正向冲击后,对城市化的发展是正向作用的,短期内正向作用较大,3、4期促进作用最显著,8期后趋于稳定。当期给第三产业就业比重一个正向冲击后,1~3期对城市化的影响是正向的,并且效果逐渐增大,3期达到最大,3期后变成负效应并趋于稳定(见图3)。分析表明,

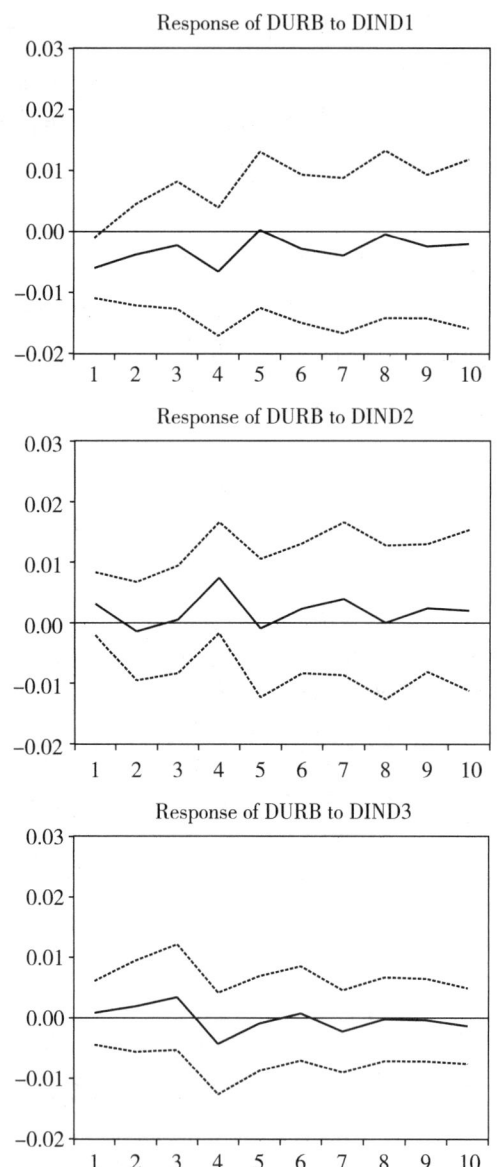

图3 三次就业结构比重变化对城市化变动的脉冲响应

数据来源：Eviews 软件计算。

增加二、三产业从业人员数有利于城市化水平的提升,第三产业从业人员数的增加对城市化发展的贡献程度要大于第二产业(见表3),但第三产业就业的变动对促进城市化的发展缺乏长期驱动力。

表3　　　　　　　　　　　DUrb 的方差分解

滞后期(年)	标准误	DUrb	DInd1	DInd2	DInd3
1	0.012328	100.0000	0.000000	0.000000	0.000000
2	0.015883	60.97192	5.229596	14.11844	19.68004
3	0.017030	59.15037	4.569275	12.63377	23.64659
4	0.01963	59.07159	6.394182	15.18422	19.35001
5	0.020320	56.82768	6.308345	14.69976	22.16422
6	0.020826	57.47143	6.301220	14.16659	22.06076
7	0.021517	56.95271	7.171493	14.07503	21.80076
8	0.021606	56.56871	7.281156	14.03198	22.11816
9	0.021887	56.99466	7.379271	13.99233	21.63374
10	0.022084	56.51632	7.696970	13.90073	21.88598

数据来源:Eviews 软件计算得到。

总体来看,产业发展促进城市化的发展,但二、三产业的发展对武汉市人口城市化的提高有一定滞后,尤其是第三产业更为明显。人口城市化实质是劳动力从第一产业向第二、三产业的转移,因此就业结构的改变可以更细致地描述人口城市化的转变过程。从就业来看,二、三产业就业人员增加促进武汉城市化的发展,尤其是第三产业就业人数贡献较大,但缺乏长期动力。为此需要分析第三产业与就业结构的动态影响过程,研究第三产业产值增加对武汉人口城市化滞后的原因。

(三) 第三产业对就业影响的过程分析

已知 DInd1、DInd2、DInd3、DEmp1、DEmp2、DEmp3 为平稳序列,因此建立 VAR 模型,在模型稳定性的基础上作出脉冲响应图和方差分解表,在此借助第三产业产值变化对各产业就业的影响来分析其对城市化的动态影响过程(见图4)。当期给第三产业产值比重一个正向标

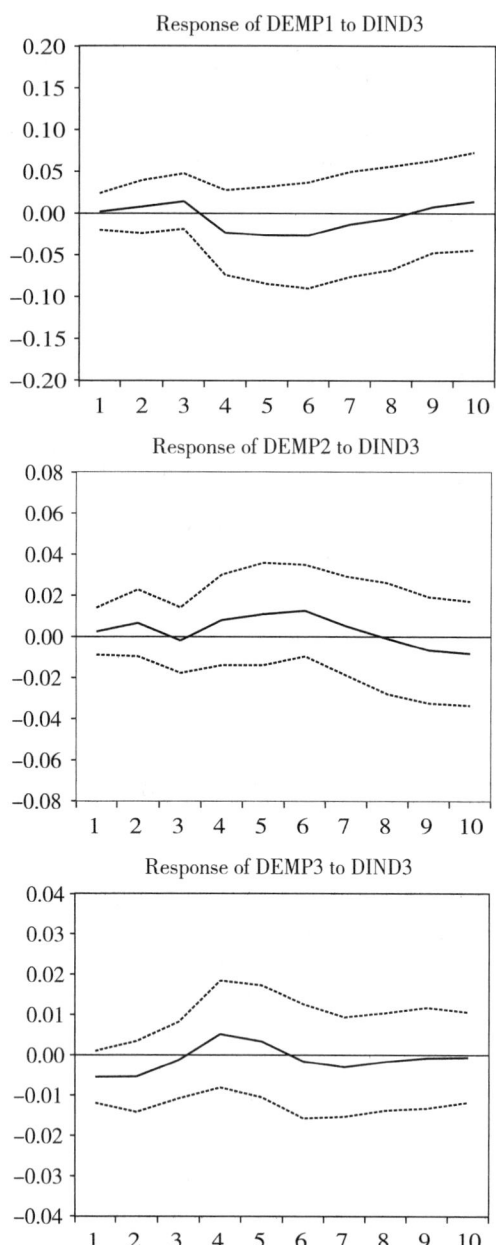

图4 第三产业产值比重变化对三次产业就业影响的脉冲响应
数据来源：Eviews 软件计算。

准差冲击后，1~3期对第一、二产业就业比重是正向的促进作用，而对第三产业就业比重的变化是负向作用。表明增加第三产业产值短期内阻碍了第三产业从业人员数的增加，反而增加了第一、二产业的就业人口数，第三产业产值增加对人口城市化的迟滞就体现在第三产业就业的发展滞后于第三产业的发展。因此，需提高第三产业内部某些行业的就业吸纳能力促进就业人员增加，改善第三产业发展与就业的协调性，从而对武汉市城市化水平的提高具有重要意义。接下来着重分析第三产业内部各行业的发展与就业吸纳能力。

三、第三产业发展与就业结构的协调关系

根据国民经济行业分类（GB/T 4754—2011），第三产业可分为批发和零售业、交通运输、仓储和邮政业、住宿和餐饮业、信息传输、软件和信息技术服务业、金融业、房地产业、租赁和商务服务业、科学研究和技术服务业、水利、环境和公共设施管理业、居民服务、修理和其他服务业、教育、卫生和社会工作、文化、体育和娱乐业、公共管理、社会保障和社会组织15个行业门类。鉴于数据的可获取性，除交通运输、仓储和邮政业、信息传输、计算机服务和软件业、批发和零售业、住宿和餐饮业、金融业、房地产业、教育、文化、体育和娱乐业以外的其他服务业部门统称为其他社会服务业。因数据获取有限，指标数据来源于武汉市第一、二、三次经济普查数据，时间节点是2004年、2008年、2013年。通过产业—就业偏离度分析第三产业内部各行业与就业发展的协调性。

交通运输、仓储和邮政业、教育和其他社会服务业的结构偏离度在2004年、2008年、2013年一直都为负值并且变化不大，表明这些行业具有较强的劳动力吸纳能力。但从产值、就业比重变化来看（见图5），交通运输、仓储和邮政业、教育行业产值比重和就业比重都有衰减的趋势，行业应考虑转型发展带动新一轮就业增长。金融业、房地产业结构偏离度一直都为正值，说明行业发展较好，产值比重呈上升态势，但未

充分带动就业人员的增加。

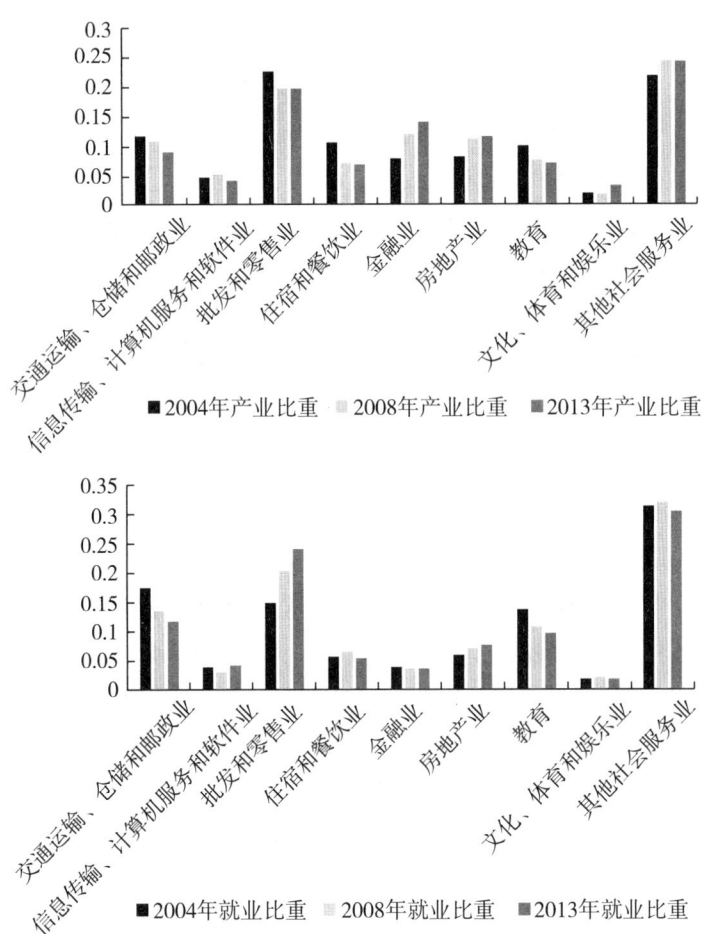

图5 2004年、2008年、2013年第三产业各行业产值、就业人员比重
数据来源：根据武汉市第一、二、三次经济普查数据整理。

在第三产业行业发展中，无论是产值还是从业人员数量，批发和零售业所占比重都是最大的，这说明批发和零售业是武汉市第三产业的主导产业。2004年批发和零售业的结构偏离度是正值，2008年和2013年成为负值，说明2004年以后，批发和零售业行业发展速度加快，再加上其自身行业就业容量大并且就业门槛较低，就业吸纳能力逐渐提高，充分带动了武汉市劳动力的转入。住宿和餐饮业在武汉市产业发展也占有较大比重，与批发和零售业发展情况也是比较相似。因在本文中采用产业单位从业人员数量，有证照的个体经营户从业人员数量因数据获取有限未纳入考虑，而个体经营户中批发和零售业、住宿和餐饮业占了极大部分比重，因此若都考虑在内，批发和零售业、住宿和餐饮业的结构偏离度应比现值小，即武汉市批发和零售业、住宿和餐饮业的就业较为充分。

信息传输、计算机服务和软件业在2004—2008年产业发展速度较快（见图6），但因其行业发展要求高技术、高知识型人才，短时间内未带动从业人员的增加，因此结构偏离度为正值，2013年结构偏离度为负，表明此时信息传输、计算机服务和软件业注重了人才的引进，扩大了就业容量，就业人员比重已大于产值比重。

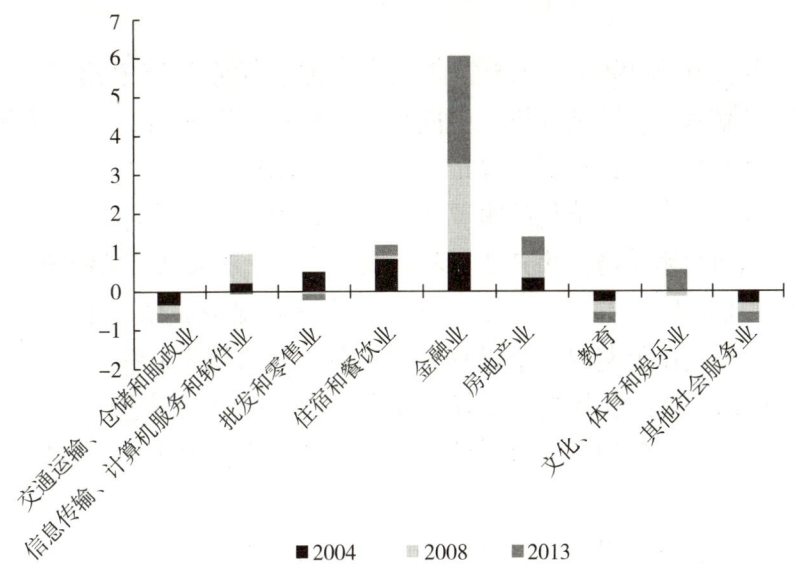

图6　各行业2004年、2008年、2013年产业—就业结构偏离度

资料来源：武汉市第一、二、三次经济普查数据整理得到；2013年金融单位从业人员数据是根据《中国城市统计年鉴》单位从业人员数据推算。

文化、体育和娱乐业在2004年产业和就业的发展较为同步；2008年结构偏离度成负值，2004—2008年的产值比重并未有明显的增加，而就业人员有一定增长，因此就业比重大于产值比重；2013年文化、体育和娱乐业蓬勃发展，产值大大增加，产业比重已远远大于就业比重。

总体来看，21世纪以来武汉市批发和零售业、住房和餐饮业、信息传输、计算机服务和软件业吸纳劳动力的能力在提高；金融业、房地产业发展势头猛烈但吸纳劳动力能力有限。就目前来看，金融业、房地产业、文化、体育和娱乐业发展企业的同时注重提高对就业的吸纳能力，注重人才的积累。交通运输、仓储和邮政业、批发和零售业、住宿和餐饮、教育以及其他服务业的就业比重已大于产业比重，因此应注重这些行业的转型和创新发展，通过提高产值带动劳动力的新一轮增加。

四、结论与讨论

本报告利用1990—2015年武汉市产业、就业与城镇化发展数据，基于结构偏离度、协整分析、空间自回归模型、脉冲响应函数以及方差分解的分析方法，针对于武汉市产业、就业结构对城镇化的动态影响问题以及第三产业对城镇化的重要作用分析，得到以下结论。

1. 城镇化水平与三次产业结构和就业之间存在长期稳定的均衡关系

从产业发展来看，一、二、三产业的发展促进城镇化水平的提高，但二、三产业在短期内这个过程有一定滞后；从就业来看，二、三产业从业人员数的增加，短期内对城镇化水平会有明显的促进作用，特别是第三产业从业人数的增加对城镇化水平促进作用更为明显，但长期驱动力不足。

2. 第二产业发展力度不够，带动就业与城镇化发展的作用较小

工业改造升级会淘汰大量劳动密集型产业，像武钢面临大量裁员的现实势必会阻碍城市人口就业与新型城镇化的推进。但工业经济仍是城市经济增长的主要力量，新一轮现代工业发展会带动经济技术开发区、

高新技术产业园的发展，从而带动住在城市边缘区、新城区进城务工人员的就业，改善边缘区环境，进一步推进城镇化发展。

3. 第三产业对城镇化的促进作用具有滞后性

究其原因，主要是第三产业发展与劳动力增加不匹配，一个是数量上的不匹配，一个是质量上的不匹配。数量上劳动力增加的速度要快于就业岗位的增加速度，产业支撑不力；质量上农村释放了大量劳动力，但大部分劳动力受教育水平偏低，新兴行业部门的出现虽创造了更多就业岗位，但往往需要对就业人员有较高的知识和技能要求，劳动力素质偏低不能胜任。批发和零售业、餐饮和住宿业等生活性服务业部门短期内就业吸纳能力强，但能力有限；金融业、房地产业等生产性服务业发展不足，短期未能带动人员增加，这也与产业对高素质、高技能人才的要求有关，长期未给第三产业产值增加以及城镇化的长远发展提供长期驱动力量。

基于以上结论，提出以下几条建议。

1. 重振工业重镇地位，促进产业融合

近些年来，我国各地区都在进行"退二进三"的产业结构调整，优先重视第三产业的发展，但产业结构优化升级还应依据地区实际情况。武汉作为历史工业重镇，自20世纪八九十年代后武汉工业在中国地位渐衰，工业和制造业竞争优势减弱，这就要求武汉市发展现代先进制造业和现代都市工业。2011年武汉启动实施工业倍增计划，坚持工业强市，努力建设国家先进制造业中心。应坚持工业发展战略，夯实基础，转变先进生产方式，改善投资环境，工业是武汉实现跨越式发展的决定性因素，工业倍增最直接的体现是对新城区带动，扩大就业容量，缓解就业压力，带动城镇化的发展；同时制造业发展离不开服务业，服务业离不开制造业，两者必须同步进行，促进产业综合化发展。

2. 加强进城务工人员和高素质人才的就业引导，保障第三产业有足够的需求和供给

完善户籍改革制度、农民工职业培训机制及公共服务保障等方面来吸引农村剩余劳动力的进入、提高劳动者素质、保障农民工进城生活的

稳定性和未来发展。像餐饮业、文化娱乐等生活性服务业的就业门槛相对较低，就业容量相对较大，在服务业劳动力的供给能力上比较显著，因此短期内可以引导进城务工人员进入生活性服务业。同时，还应重视其他生活性服务业的发展，比如教育、医疗卫生、文化娱乐、基础设施服务，并加强各部门间的融合，在提高城镇化质量的同时提供大量就业岗位，从而带动产业的发展，促进产业改造升级；武汉市高等院校数量较多，为国家培养了众多高技能、高素质人才，但从实证研究发现高素质人才的就业并没有跟上武汉市生产性服务业发展的脚步，说明存在人才流失的情况，政府应制定"人才引进"等政策留住人才来改善"结构性失业"的情况。

3. 结合产业升级，开发更多就业岗位

武汉市要构建更具竞争力的国家中心城市，建设具有全球影响力的产业创新中心、具有全国影响力的现代服务业中心、代表国家竞争力的先进制造中心，需要依托科技、教育和人才资源优势，推动城市走创新驱动发展道路，改造提升传统产业，淘汰落后产能，壮大先进制造业和节能环保、新一代信息技术、生物、新能源、新材料、新能源汽车等战略性新兴产业。适应制造业转型升级要求，推动生产性服务业专业化、市场化、社会化发展。

4. 依托武汉城市圈和长江中游城市群，构建城镇一体化发展体系

强化城市间专业化分工协作，增强中小城市产业承接能力，构建大中小城市和小城镇特色鲜明、优势互补的产业发展格局，提升武汉城镇化水平的质量和空间。

课题负责人： 朱丽霞　华中师范大学城市与环境科学学院副教授
　　　　　　曾菊新　华中师范大学/湖北省发改委　武汉城市圈研究院教授
报告执笔人： 邹艳皎　朱丽霞　曾菊新

以提高农村产权制度改革效率助力武汉国家中心城市建设

涂　峰　邹进泰　王潋潋

产权制度改革通过农村产权交易市场化、规范化,将农村闲置和低效资源资本化、价值化,推进适度规模经营、加快现代农业发展,最终实现城乡一体化。深化农村集体产权制度改革、农地"三权分置"改革、提升土地流转和经营效率,对按照市场经济规则经营农村集体资产、盘活农村集体资产、统筹城乡发展等关乎武汉国家中心城市建设的多个环节均具有重要现实意义。

武汉市在建设国家中心城市背景下,快速推进农村产权制度改革,首先要坚持集体所有制,充分发挥集体组织的协调引导作用;其次,要在武汉农村综合产权交易所有益探索基础上,进一步完善农村产权交易配套机制;再次,武汉城郊农村还有大量农村资源,要通过村级集体经济组织股份合作制改革,明晰集体和集体成员资产产权,健全农村产权权益实现机制,保障农民从集体经济中获得永续收益;最后,要规避农地流转引导工商资本进入农业农村过程中可能发生的农地性质改变的风险。

一、武汉市在农村产权制度改革中的有益探索

2011年年底,武汉市获批全国农村改革试验区并承担农村产权制度改革的试验任务。改革实施五年以来,武汉在农村产权市场体系建设、"三村"集体产权制度创新、农地"三权分置"改革等方面取得了丰硕成果。

(一)健全农村产权市场体系,加快资源的市场化配置

主要包括建成完善的市区乡三级产权市场交易体系和"六统一"的市场管理模式、建立了"交易—鉴证—抵押"的进场交易及融资模式、多途径加强农村产权权抵押贷款风险控制,为农村生产要素和城市资源配置建立了快速通道,改变了过去农村资本向城市单边流动的状况,吸引了更多的城市资本参与农业农村建设。

(二)创新"三村"集体产权制度,盘活村集体资产

具体的措施有:完善治理结构,建立起新的农村集体经济产权结构、组织载体;规范股权管理,建立所有权与经营权相分离的内部治理结构和组织管理机构;因村制宜,试点集体资产股份合作。

(三)放活农村土地经营权,提高"三权分置"效率

主要经验有:对土地经营权流转实行"合同+进场交易+备案"管理,推动土地经营权规范流转;探索多种流转经营模式,整村流转模式优势初步显现;执行农村土地流转风险保证金制度;拓宽融资渠道,支持新型农业经营主体融资。

二、武汉农村产权制度改革中存在的四大突出问题

(一)经管体系不健全,市场体系管理体制不顺

一是武汉市农委内部经管体系不健全,2005年后,街道(乡镇)经管站并入财政所,其编制和经费都由区财政局垂直管理,区经管局对其只有业务指导职能,不利于构建农村土地承包管理的长效机制。二是武汉市三级农村产权市场交易体系管理体制不顺,市农交所仅仅是业务指导部门,对分支机构管理缺乏有效手段,同时,由于农村产权交易机构的非营利属性,各区政府的建设积极性不高。

(二) 矛盾调处机制不健全，农村产权制度改革有待加快

一是土地纠纷仲裁工作没有得到全面、实质性开展，农民即使有意愿选择仲裁方式解决一些历史遗留问题，也没有相应的化解渠道，且有的历史遗留问题通过诉讼方式也难以在短期内得到解决。二是农村产权制度改革工作进度有待加快，农村的土地整村流转、整组流转率和土地流转的规范化程度不高，同时，"三村"产权制度改革推进较慢。

(三) 村集体"三资"总量小，利益联结机制单一化

一是试点村集体可利用资源有限，经济发展空间不大。多数城郊村以农业项目发包和门面出租为主要收入来源，缺乏可供开发的项目，资产运营难以开展；多数城中村、园中村的集体土地已经被征收得所剩无几，可开发土地和经济发展空间受到极大限制。二是农村产权利益分配机制较为单一。部分村集体经济组织的统筹协调作用发挥不充分，对利益分配制衡、协调不力，同时，土地流出方与土地流入方之间的利益联结不紧密，农民增收压力大。

(四) 法律依据不足，部分政策有待调试

一是法律法规层面仍有障碍，社区股份合作社的工商登记、土地开发、税费减免都缺乏法律依据和支持，承包土地经营权的法律地位需要进一步明确。二是农村建设用地使用受限严重，休闲农业等新业态所需的配套建设用地申请手续复杂、指标紧张、审批难，发展收到制约；集体土地同地同价、留地安置、自主开发等政策难以落实。三是部分针对新型经营主体的支持政策有待调试，主要表现在配套政策措施缺位严重、支农资金的非农化现象依然存在。

三、进一步提高武汉市农村产权制度改革效率的对策

提升农村产权制度改革效率，首先，必须强化集体经济组织的统筹

协调作用，明确农村土地集体所有权的根本地位，发挥集体所有的优势和作用，让"三资"能够有效的集中归并，产生规模效益，同时又能强化"三资"管理，维持其社会功能。其次，要通过共赢共享共发展的机制设计，严格保护村集体成员基本生存权及公平分享集体资产收益的发展权。其中的三大关键环节是城乡统一的农村产权交易市场体系构建、集体经营性资产的股份合作制改革、农村土地"三权分置"改革。

(一)坚持集体所有制，发挥集体经济组织的统筹协调作用

(1)确立多元化的农村产权行使主体。首先，完善以村民小组和村委会为主体行使农村产权的组织形式。加强制度建设，规范农村集体土地所有权行使主体的行为，使农民成为集体资产的真正受益者，严防集体所有权的虚化。其次，推进以村集体经济组织为载体行使农村产权。贯彻按份共有产权原则，明确集体经济组织成员对各项产权按照份额所享有的权利，将农村产权确权给作为集体经济组织成员的农户，使农民拥有完整的占有权、使用权、经营权、收益权和处置权等，消除现行集体共同共有制度下集体土地产权不明确不完整的弊端。

(2)大力发展农村土地流转合作社，推动整村连片流转。由近及远，分片区、分步骤实施整村连片流转，逐步控制、减少全市"村内流转、户间流转"等细碎化、不规范的土地流转行为。引导连片土地优先流转给新型农业经营主体，发展适度规模经营。鼓励设立土地股份合作社，实行村级股份合作制改革，引导土地与资本的深度融合，发展多种形式的合作经营，为保底分配、二次分红奠定基础。由农村土地流转合作社与农业经营者签订流转合同，提升农民的谈判地位，确保农民权益，同时对农民形成一定的制约作用，防止农民随意违约。在武汉市选择部分近郊村启动"确权不确地、土地入股、整村流转"试点。

(3)发挥村集体经济组织在处理地块调整、抛荒地代管等问题上的优势，提升土地流转效率。在农户委托流转的基础上，对土地进行连片整治，消除土地碎片化的同时，获得一定的新增耕地。支持有条件的村集体经济组织预留少量优质机动地，用于地块调整，为可能出现的流转

违约、个别农户不愿流转土地提供缓冲空间。在符合法定条件的情况下，集体经济组织有权依法发包集体土地，调整农户承包地，对连续弃耕抛荒两年以上的土地组织代管代耕。

(二)完善农村产权交易体系，用足农交所的平台服务功能

(1)夯实交易品种、提高交易量。进一步规范现有的10大类交易品种，完善相关制度，规范交易流程。平衡产权品种之间的交易量，重点挖掘农村集体林地使用权和林木所有权、农业类知识产权、农村集体经济组织股权、农村房屋所有权、农村闲置宅基地使用权、农业生产性设施使用权、二手农机具所有权等七类产权品种的交易量，提升农交所的综合性。积极培育农村集体建设用地市场，推动农村集体建设用地入市交易，增加农村集体经济收益和农民收入。

(2)理顺武汉市农交所与区、乡镇分支机构的管理体制。完善江夏区农村产权交易服务中心法人注册程序；加快推进黄陂、新洲、江夏、蔡甸、武汉经济开发区(汉南)等五个新城区农村产权交易服务中心建设和平台完善，明确交易机构主体；出台文件和细则，明确武汉农交所对各分支机构的管理职能。

(3)深入推进农村产权抵押融资创新。试点推广以蔬菜大棚所有权、大中型农机具、农产品订单、农业知识产权等为标的物的新型抵(质)押担保方式。推广和建立农村产权抵押融资操作的"武汉模式"，依托农村产权交易市场实现农村产权抵押融资，由武汉市农交所联合相关产权管理部门制定具体的操作细则，各产权管理部门使用农村产权抵押登记系统办理抵押登记手续。设立农村产权抵押融资风险防控专项基金。

(三)分片区、差异化推进农村集体资产的股份化

首先，双维度、差异化地推进武汉的农村产权制度改革。在时间维度上，按照国家规定确权登记颁证，随着城镇化的深入，稳步推进集体资产的股份化、资本化；在空间维度上，将全域分为城中村、城郊村、园中村和远郊村四大类,分别采取不同的确权方式、集体资产股份化处理方式。其次,探索集体非经营性资产和资源性资产的量化突破。

1. "三村"集体资产的股份化

目前,武汉市"三村"或多或少地存在集体资产情况不明晰、经营管理不科学、收入分配不合理等突出问题,面临着"集体持续发展难、失地村民就业难、社区环境改善难、社会事务管理难"的困境,矛盾隐患很多。但是,"三村"或有实力较强的集体经济作支撑,或因区位优势明显而拥有一定数量的集体资产,适合成立社区股份合作社,对集体资产进行集中经营管理。

深化"三村"农村产权制度改革的具体措施:(1)确定村集体经济组织为集体土地所有权主体代表;(2)明确社区股份合作社的法律地位,赋予其自主开发集体建设用地的资格,切实解决社区股份合作社法律地位不明确、发展环境不宽松等问题;(3)制定配套政策和制度,支持社区股份合作社的工商登记、税费减免、社员户籍和社保管理;(4)允许探索多种形式的集体经济利益分配模式;(5)灵活运用各项政策,多途径挖掘农村的存量建设用地,破解现代都市农业发展中设施用地紧张的难题。

2. 远郊村集体资产的股份化

这类区域集体经济主体的功能退化严重,集体建设用地、承包地、宅基地等是主要集体资产。而集体土地所有权主体关系模糊,权能缺失,收益权、自由转让权、入股权、抵押权和继承权受到限制,导致农民个体在实现土地所有权权能上处于被动弱势地位,此外,宅基地市场流转隐形交易、产权纠纷较多。这类区域的产权制度改革应主要依靠完善的产权交易服务体系,确保产权交易的规范化。

深化"三村"农村产权制度改革的具体措施:(1)界定村委会作为集体土地所有权主体代表,鼓励组建合作社行使农民集体土地所有权;(2)全面推进农村产权确权、登记、颁证工作,明晰农村集体资产、资源使用权能,建立农村产权管理制度和信息化管理查询体系;(3)健全农村产权交易服务体系,完善资源资产价值评估、产权抵押等配套制度;(4)推动农村集体经济立法,制定农村宅基地、房屋和生产设施确权、村集体经济组织工商登记和税费减免等政策;(5)引导农村新型集体经济组织规范发展,鼓励创新合作组织利益分配机制,切实保护农民利益。

(四)放活经营权,提高"三权分置"的效率

武汉市深化农村土地"三权分置"改革的核心是加快放活土地经营权,促进农地资源优化配置。重点是在保障土地集体所有权和农户承包权的基础上,加快放活土地经营权,培育新型农业经营主体,利用三权分置"分"的机制达到"合"的目的、"合"的效益,促进武汉都市农业提质增效。

1. 明确土地的政策性补贴归属,扶持农业新型经营主体发展

原有的政策性补贴,按照之前的标准和对象发放。新增的政策性补贴,按照放活经营权、提高土地经营效率的原则,由土地经营者享有。省、市、区三级发放的涉及农业生产环节的补贴原则上由经营者享有。鼓励有条件的区(乡、镇),尤其是土地流转成本较高的新城区,给予土地流入方一定的土地流转费用补贴。抓紧调查研究,形成推进农业新型经营体系建设的完整政策体系。

2. 增强政策聚焦,加大对家庭农场等适度规模经营主体的支持

市、区财政部门要加大对家庭农场的政策扶持力度,2018—2020年,市财政每年安排专项资金,用于鼓励发展家庭农场,各区根据实际情况为家庭农场提供政策支持。支持将涉农资金建设的连片高标准农田,优先流转给家庭农场等适度规模经营主体。支持将中央财政支持适度规模经营的补贴资金,重点用于为家庭农场等适度规模经营主体提供信用担保、发展循环农业、建设烘干仓储设施等。

3. 调整支农方式,在农村金融改革上寻求突破

加快建立政府支持的三农融资担保体系,推动农业资产运营公司开展经营服务,探索涉农不良抵押资产处置方式。创新农村金融产品,深入推进"惠农贷"、"涉农贷款保证保险"等符合三农特点的金融产品和

应用，扩大抵(质)押物范围。建设武汉市农业新型经营主体征信平台，对新型经营主体的信用等级进行科学实时评价，扩大面向农业新型经营主体的信用贷款。扩大农民合作社内部资金互助试点，引导其向"生产经营合作+信用合作"延伸，制定指导意见和监管办法，重点解决资金来源、放贷对象和规范运营问题。

报告撰稿人：徐　峰　湖北省社会科学院财贸研究所　　副研究员
　　　　　　邹进泰　湖北省社会科学院农业经济研究所　研究员
　　　　　　王微微　湖北省社会科学院农业经济研究所　助理研究员

2016年湖北省国民经济和社会发展主要指标

	单位	2015年		2016年	
		实际数	增幅(%)	实际数	增幅(%)
生产总值(当年价)	亿元	29 550.19	8.9	32 297.91	8.1
其中：第一产业	亿元	3 309.84	4.5	3 499.3	3.9
第二产业	亿元	13 503.56	8.3	14 375.13	7.8
工业增加值	亿元	11 532.63	8.5	12 255.46	7.8
第三产业	亿元	12 736.79	10.7	14 423.48	9.5
全社会固定资产投资	亿元	28 250.48	16.2	29 503.88	13.1
社会消费品零售总额	亿元	13 978.05	12.3	15 649.22	11.8
出口总额	亿元	1 817.1	11.0	1 720.1	-5.3
外商直接投资	亿美元	89.48	12.9	101.29	13.2
地方公共财政预算收入	亿元	3 005.39	17.1	3 102.02	7.3
城镇常住居民人均可支配收入	元	27 051	8.8	29 386	8.6
农村常住居民人均可支配收入	元	11 844	9.2	12 725	7.4
居民消费价格指数	上年=100	101.5	1.5	102.2	2.2
城镇化率	%	56.85	—	58.1	—
城镇登记失业率	%	2.64	-0.46	2.41	-0.23
人口自然增长率	‰	4.91	—	5.07	—

数据来源：湖北省2015、2016年国民经济和社会发展统计公报。

(易晓波 整理)

后 记

《湖北发展研究报告》是湖北省教育厅和武汉大学共同发起、由湖北省普通高校人文社会科学重点研究基地武汉大学发展研究院承担的专项任务。从2003年开始,《湖北发展研究报告》由武汉大学发展研究院组织研究和编辑出版多年。根据武汉大学实施"顶天立地"发展战略的需要,2011年成立了武汉大学湖北发展问题研究中心。从2012年开始,《湖北发展研究报告》由武汉大学湖北发展问题研究中心与武汉大学发展研究院共同组编。

《湖北发展研究报告》的宗旨是:关注湖北省科技、经济和社会发展中的重大事件,分析湖北省经济社会的运行状况,探索湖北省可持续发展战略及其重要举措,提出有助于湖北省又好又快发展的对策建议。《湖北发展研究报告》力求具有科学性、探索性、创新性、时效性和实用性。《湖北发展研究报告2003》、《湖北发展研究报告2004》、《湖北发展研究报告2005》、《湖北发展研究报告2006》、《湖北发展研究报告2007》、《湖北发展研究报告2008》、《湖北发展研究报告2009》、《湖北发展研究报告2010》、《湖北发展研究报告2011》、《湖北发展研究报告2012》、《湖北发展研究报告2013》、《湖北发展研究报告2014》、《湖北发展研究报告2015》、《湖北发展研究报告2016》,已先后由武汉大学出版社出版。

在深入贯彻落实《中华人民共和国国民经济和社会发展第十三个五年规划纲要》、《湖北省国民经济和社会发展第十三个五年规划纲要》实践中,2017年6月召开的中共湖北省第十一次代表大会又开启湖北"建成支点、走在前列"新征程。《湖北发展研究报告2017》积极响应,并重点研究加快实现湖北科教大省向创新强省跨越、湖北省深化创新驱动的体制机制、科技创新引领和支撑湖北质量强省建设、湖北省精准创新驱动发展、湖北省参与长江经济带协同创新、湖北省高新区创新政策体系建设、湖北省专利创造提档升级、湖北省科技服务业聚集化发展、湖北省国家级开发区土地利用效率提升、完善湖北省基层用药供应保障机制、加快武汉国家中心城市建设、武汉市水生态保护法治建设等问题。《湖北发展研究报告2017》包括16个研究报告,这些报告分别由武汉大学、华中科技大学、华中师范大学、武汉科技大学、江汉大学、湖北省社会科学院、湖北省科技信息研究院等单位的专家学者完成。这部报告的特点是:紧紧围绕湖北省深入实施创新驱动战略和促进科技、经济、社会协调发展,力求观察问题的全面性、分析问题的透彻性、研究问题的系统性和解决问题的建设性。《湖北发展研究报告2017》是在湖北省普通高校人文社会科学重点研究基地建设基金、武汉大学人文社会科学发展基金资助下完成的。《湖北发展研究报告2017》中所陈述的只是课题组及撰稿人的看法,并不代表任何部门以及他们所属机构的观点,观点是否得当、数据正确与否均由他们自己负责。由于《湖北发展研究报告2017》是以跨学科、跨部门方式集体完成的,文字风格等不尽一致,加之时间紧迫,虽然几易其稿,最终又由武汉大学发展研究院院长李光教授统稿,但仍有许多不尽如人意之处,敬请读者不吝指教。

从《湖北发展研究报告》开始策划起,就得到中共湖北省委、省政府及其教育厅等职能部门以及武汉大学领导的关心和大力支持。在《湖北发展研究报告2017》的研究及编撰过程中,武汉大学党委书记韩进、武汉大学校长窦贤康更是为之倾注了心血,多次提出具有指导性和建设性的意见。《湖北发展研究报告2017》的面世,蕴含着多方面的关心和支持,也凝结着众多人的辛勤劳动,在此一并致以衷心的感谢和诚挚的敬意。

截至2017年,武汉大学发展研究院组建15年,《湖北发展研究报告》也组编出版了15年。期待《湖北发展研究报告2017》的读者提出建设性意见,以便进一步完善我们的组编工作,并使《湖北发展研究报告》更好地成为展示湖北省发展研究成果的公共平台。

组编者

2017 年 6 月

图书在版编目(CIP)数据

湖北发展研究报告.2017/武汉大学湖北发展问题研究中心,武汉大学发展研究院组编.—武汉:武汉大学出版社,2017.9
ISBN 978-7-307-19696-4

Ⅰ.湖… Ⅱ.①武… ②武… Ⅲ.区域经济发展—研究报告—湖北—2017 Ⅳ.F127.63

中国版本图书馆 CIP 数据核字(2017)第 224322 号

责任编辑:唐 伟　　责任校对:汪欣怡　　版式设计:韩闻锦

出版发行:武汉大学出版社　　(430072　武昌　珞珈山)
　　　　　(电子邮件:cbs22@whu.edu.cn　网址:www.wdp.whu.edu.cn)
印刷:武汉中远印务有限公司
开本:720×1000　1/16　印张:20.25　字数:289 千字　插页:2
版次:2017 年 9 月第 1 版　　2017 年 9 月第 1 次印刷
ISBN 978-7-307-19696-4　　定价:58.00 元

版权所有,不得翻印;凡购我社的图书,如有质量问题,请与当地图书销售部门联系调换。